재미있는 **속담과 인생**

저자 박갑수

서울대 명예교수, 연변대 과기학원 겸직교수
일본 天理大學, 筑波大學, 중국 洛陽外國語大學 초빙교수 역임
국어심의위원, 방송심의위원, 법제처 정책자문위원
한국어 세계화재단 이사
한국어능력시험 자문위원장
재외동포교육진흥재단 상임대표
(사)한국문화국제교류운동본부 이사장 역임
국어교육학회·이중언어학회·한국언어문화교육학회·한국문화 국제교류재단 고문
저서 : 『현대문학의 문체와 표현』, 『고전문학의 문체와 표현』, 『일반국어의 문체와
　　　표현』, 『신문·광고의 문체와 표현』, 『한국 방송언어론』, 『국어교육과 한국어
　　　교육의 성찰』, 『한국어교육의 원리와 방법』, 『한국어교육과 언어문화 교육』,
　　　『재외동포 교육과 한국어교육』, 『한국인과 한국어의 발상과 표현』, 『우리말
　　　우리 문화』 외 다수.

## 재미있는 속담과 인생

초판1쇄 발행 2015년 9월 24일
초판2쇄 발행 2016년 11월 28일
초판3쇄 발행 2016년 12월 16일

저　자 박갑수
펴낸이 이대현
책임편집 오정대 | 편집 권분옥 이소희 디자인 이홍주 | 마케팅 박태훈 안현진 | 관리 안현진
펴낸곳 도서출판 역락 | 등록 제303-2002-000014호(등록일 1999년 4월 19일)
주　소 서울시 서초구 동광로 46길 6-6 문창빌딩 2층
전　화 02-3409-2058(영업부), 2060(편집부) | 팩시밀리 02-3409-2059
전자우편 youkrack@hanmail.net
역락 블로그 http://blog.naver.com/youkrack3888

ISBN 979-11-5686-242-0 03710

정가 19,500원

이 도서의 국립중앙도서관 출판예정도서목록(CIP)은 서지정보유통지원시스템 홈페이지(http://seoji.nl.go.kr)와
국가자료공동목록시스템(http://www.nl.go.kr/kolisnet)에서 이용하실 수 있습니다.(CIP제어번호 : CIP2015025258)

재미있는 **속담과 인생**

박 갑 수

**역락**

# 머리말

고려 말 문하좌시중(門下左侍中)을 지낸 배극렴(裵克廉)이란 사람이 있었다. 그는 조선조 개국공신을 위한 주연에 참석하여 재모가 뛰어난 설매(雪梅)라는 기생에게 취중에 이렇게 희롱의 말을 걸었다.

"너는 동가식서가숙(東家食西家宿)한다 하니, 오늘은 이 늙은이를 위해 시중을 들어라."

설매는 이에 응대하여 말하였다.

"동가식서가숙하는 천기로, 왕씨(王氏)를 섬기다 이씨(李氏)를 섬기는 정승이라면 어찌 어울리지 않겠습니까?"

그러자 듣는 사람이 모두 코가 시었다(酸鼻)고, '공사만록(公私漫錄)'은 전한다.

모두가 전조(前朝) 공신으로, 역성혁명을 한 조선조의 개국공신을 위한 연회장이다. 여기에서 배극렴이 정절(貞節) 없는 기생을 거론하니, 설매는 오히려 지조 없는 재신(宰臣)에게 일침을 가한 것이다. 어느 자리라고 감히 그런 말을 할 수 있으랴? 설매로서는 죽음을 각오한 발언이었을 것이다. 이러한 말을 천기로부터 들은 배극렴은 모골이 송연했을 것이다.

설매(雪梅)의 이 일화는 '간에 가 붙었다, 쓸개에 가 붙었다.'라는 속담의 좋은 예화라 하겠다. 설매는 '왕씨(王氏)를 섬기다 이씨(李氏)를 섬기는 정승'이란 표현 대신, 이 속담을 사용했더라면 촌철살인의 효과가 더 컸을 것이다.

속담을 흔히 '민간에 전해 오는 격언이나 잠언'이라 한다. 격언이나 잠언은 대체로 현철(賢哲)이 가르침을 주거나 훈계하는 말이다. 이에 대해 속담은 필부필부(匹夫匹婦)의 생활체험에서 우러난 철학이다. 그래서 '통속적인 말'이라 하여 '속담(俗談)'이라 하는 것이다. 속담은 따라서 인생에 대해 교훈을 주는 말이요, 경계하는 말로, 격언이나 잠언에 비해 좀 더 우리 피부에 와 닿는 인생철학이다.

속담은 몇 가지 특성을 지닌다. 우선 형식적인 면에서 간결성, 운율성, 비유성 등을 지닌다. 간결성이란 형식이 짧막하다는 것이고, 운율성이란 '공든 탑이 무너지랴'와 같은 4・4조, 또는 '사랑은 내리 사랑'과 같은 3・4조 등의 율조(律調)를 지닌다는 말이다. 그리고 비유성이란 속담의 표현 자체가 비유로 표현되는가 하면, 속담이 운용에 있어 비유적 특성을 지닌다는 것이다. 앞에서 든 예에서 조선조의 개국공신을 '간에 가 붙었다, 쓸개에 가 붙었다.' 하는 공신이라 하는 것이 그것이다.

내용면에서의 특성은 교훈・경계, 비평・풍자, 지식・진리 전달, 통속성을 지닌다는 것이다. 교훈·경계의 특성은 '돈 모아 줄 생각 말고, 자식 글 가르쳐라.'와 같은 것이고, 비평·풍자'적 특성은 '물과 불과 악처는 삼대 재액'과 같은 것이다. 지식·진리 전달이란 특성은 '백성 입 막기는 내 막기보다 어렵다'와 같은 것이고, 통속성이란 '놈·년' 등 속어, 또는 비어가 많이 쓰인다는 말이다.

내용면에서는 이밖에 또 하나 특기할 것이 있다. 그것은 속담이 그 민족의 역사나 문화를 반영한다는 것이다. 그래서 각 나라나 민족의 속담은 그 나라나 민족의 심지 성정을 반영하는가 하면 문화를 직접 드러내 보인다. 그래서 속담을 통해 민족적 정체성을 찾기도 한다. '고려공사삼일, 수원 남양 사람은 발가벗겨도 삼십 리를 간다, 빨간 상놈 푸른 양반, 보릿고개가 태산보다 높다, 절에 간 색시, 홍길동이 합천 해인사 털어먹듯' 같은 것이 그 예다.

이 책은 2부로 구성되어 있다. 제1부는 '한국 속담의 다양한 모습'으로 90여 편의 속담을 살펴본 것이다. 이는 '여성중앙(女性中央)'에 '말속의 뼈 속담'이란 제목으로, 1981년 6월~1986년 4월에 걸쳐 연재한 것에, 새로 집필한 것을 추가한 것이다. 이들은 본서의 제목을 '재미있는 속담과 인생'이라 한 바와 같이 재미있고, 인생에 교훈을 주는 속담을 주로 다루었다. 특히 본서에서는 속담의 근원설화 및 배경 설화를 많이 소개하여 흥미를 돋우고, 속담의 이해를 돕기로 하였다. 따라서 이 책은 재미와 교훈과 더불어, 속담에 대한 많은 지식도 제공하는 구실을 할 것으로 기대한다.

제2부는 '한국 속담의 몇 가지 특성'을 살펴본 것이다. 제1부의 각론에 대해, 제2부는 종합이라 할 수 있는 것이다. 다양한 속담의 감상 및 이해와 함께 한국 속담을 종합하고 뭉뚱그려 그 특성을 맛볼 수 있게 한 것이다. 여기서는 한국 속담의 특성을 살피고, 나아가 속담에 반영된 한국인의 언어생활관, 딸과 며느리에 대한 가족관, 까막까치와 참새의 특성을 살펴보았다. 자못 한국 속담의 정체를 접해 볼 수 있지 않을까 한다.

한국 속담은 속담 일반의 공통적 특성과 함께, 한국 고유의 특성을 반영한다. 한국 속담은 특히 한국 고유의 특성을 반영하므로, 이를 통해 우리의 역사와 문화, 심지(心志) 성정을 살펴보고, 우리 자신을 돌아보며, 나아가 앞으로 펼쳐지는 인생에 대해 현명하게 대처할 수 있었으면 한다. 끝으로 본서 '재미있는 속담과 인생'을 통해 독자 여러분의 인생이 조금이라도 행복하고 즐거운 나날들이 되기를 기원한다.

2015년 9월 1일
사평서실(沙平書室)에서  南川

## 차례

## 제2부 한국 속담의 몇 가지 특성 · 385

# 제1부

# ❀ 한국 속담의 다양한 모습

# 가르친 사위

'딸을 낳으면 비행기를 타고, 아들을 낳으면 리어카를 탄다.'는 말이 있다(1983년). 유학이다 이민이다 하여 해외에 나가 거주하는 사람이 많아지고, 가족초청이 늘며, 딸이 시부모 아닌, 친정 부모를 많이 초청한 데서 생겨난 말이다. 가르치고 기른 사위도 아닌데 이런 현상이 빚어지는 것을 보면 우리도 꽤나 여성상위(女性上位) 시대에 접어든 모양이다.

우리 속담에 '가르친 사위'란 말이 있다. 이는 쉽게 생각할 수 있듯 처가의 신세를 져 아내에게 기를 못 펴는 사위를 가리키는 말이 아니다. 어리석은 사위를 가르쳤건만 시원치 않아 사람 구실을 못하는 데서, 사람이 못나 자주적으로 일을 처리하지 못하는 사람을 비웃는 말이다. 이러한 '가르친 사위'의 설화는 곳곳에 보이는데, 조선조 현종 때 홍만종(洪萬宗)이 지은 '명엽지해(蓂葉志諧)'에 보이는 '노궤택서(櫨櫃擇壻)'를 보면 다음과 같다.

어떤 촌로(村老)가 노목(櫨木)으로 궤를 만들고, 그 속에 쌀 닷 말을 넣었다. 그리고 사람들을 불러 모아 이렇게 말했다.

"이 궤를 무슨 나무로 만들었고, 쌀이 얼마가 들었는지 알아맞히는 사람에게는 내 딸을 주겠다."

여러 사람이 몰려왔으나 맞히는 사람이 없었다. 세월은 흘러 딸의 꽃다운 시절은 자꾸 흘러갔고, 문제를 맞히고 사위가 되겠다는 사람도 뜸해졌다. 이에 딸은 답답해졌고, 마침내 어리석은 장사꾼을 불러, 궤를 만든 나무 이름과 쌀이 얼마 들었는지를 그에게 알려 주었다.

장사꾼은 질문에 그대로 답을 하니 노인은 지혜 있는 사위를 얻었다고 기뻐했다. 그리고 무슨 일이나 사위와 상의하였다.

하루는 어떤 사람이 암소를 팔러 왔기에 노인은 사위에게 암소를 보게 하였다. 그랬더니 사위는 "노목으로 만들었군!" 하고, 이어서 "가히 쉰 닷 말은 들어가겠군!" 한다.

노인은 "그대는 망령되도다. 어찌 소를 가리켜 나무라 하느뇨?" 하였다.

그의 아내가 가만히 지아비를 꾸짖어 말했다.

"어찌 입술을 들고 이빨을 센 뒤 '젊다'하고, 그 꼬리를 들고 '능히 많이 낳겠다'고 하지 않았소?"

이튿날, 노인은 부인이 병이 나매 또 사위를 청하여 보였더니, 사위가 장모의 입술을 들치고 말하였다.

"이가 젊구나!"

그리고 이불을 걷고 장모의 뒤를 보고 "능히 많이 낳겠는걸!"

하였다.

　그러자 노인과 장모는 노하여 말하였다.

　"소를 나무라 하고, 사람을 소라 하니 참으로 미친놈이로다!"

　이 말을 듣는 사람은 모두가 웃었다.


　바보도 급수가 있다는 우스개 말이 있지만, 사람이 이쯤 되면 곤란하다 못해 난감할 것이다. 사람은 모르면 배워야 하고, 배웠으면 '가르친 사위'가 아니라, 제 의사(意思)가 나와야 한다. 그래야 창조와 발전을 할 수 있다. 그런 의미에서 인종 때의 영의정 홍언필(洪彦弼)은 환골탈태(換骨奪胎)한 '가르친 사위'다.


　　송 정승의 사위 홍랑(洪郞)은 대감댁 계집종을 건드린 사람이라 하여 장모의 노여움을 사 첫날밤에 소박을 맞았다. 신랑은 이튿날 집으로 돌아왔다.

　　신랑에게서는 몇 달이 지나도 처가에 소식이 없었다. 화가 다소 풀린 정승 부인은 말을 보내어 신랑을 청하였다. 신랑은 심부름꾼에게 매를 쳐 돌려보냈다. 몇 달이 지나 또 사람을 보내 보았으나, 전과 같았다. 사세가 이렇게 되자 처가의 모녀는 눈물로 세월을 보냈다. 장모의 청을 거절하게 한 것은 송 정승이었고, 송 정승은 때로로 사위를 만나 이리저리 대처하라고 지시하고 있었으나 처가에서는 이를 눈치 채지 못했다.

　　삼 년 뒤에 홍랑(洪郞)은 알성(謁聖) 장원을 하였고, 송 정승은 부인에게 "홍랑이 장원급제 하였는데, 부인 때문에 좋은 신랑을 놓쳐 애석하게 되었소"하고 짐짓 탄식하였다. 유가(遊街)에 홍랑이 송 정승 댁 앞을 지나자 부인은 홍랑을 부르라고 애원하였다. 그리하여 들어온 홍랑은 장모의 사죄를 받고 영부례(迎婦禮)를 갖추었다. 이는 투기가 심한 부녀의 행실을 바로잡기 위한 장인의 '사위 가르침'이었다.

'가르친 사위'라면 흔히 어리석은 사위를 말한다. 그런데 송 정승은 자주적으로 일을 처리할 수 있는 현명한 사위를 만들었다. '노궤택서' 이야기에서 '야사씨(野史氏)'라는 평자는 그 이야기의 등장인물인 노인과 딸, 사위의 세 사람이 다 어리석다고 하고 있다. 그래서 해괴한 일이 벌어졌다. 그런데 홍언필의 일화에서는 가르치는 사람과 배우는 사람이 현명했다. 그래서 교육은 성공하였다. 교육은 학습자와 교사가 올발라야 한다.

(女性中央, 1983년 7월호)

## 가마 밑이 노구솥 밑을 검다 한다

사람들은 흔히 저 잘난 맛에 산다. 남이 못나고 변변찮다고 생각하는 사람도 다 자기가 남보다 잘났다고 생각한다. '가마 밑이 노구솥 밑을 검다 한다.'는 속담은 바로 이러한 심리에서 생겨난 것이다. 가마솥이 같은 솥인 노구솥 밑의 검정을 흉보는 것은, 자기는 이들과는 다르다고 생각하기 때문이다. 사실은 가마솥 밑이나 노구솥 밑이 검은 것은 다 마찬가지일 텐데 말이다.

'가마솥이 노구솥 밑을 검다 한다.'는 이렇게 자기우월(自己優越)의 심리에서 비롯된 속담이다. 그리고 이는 제 흉은 모르고, 남의 허물을 비웃고 욕할 때에 비유적으로 쓰는 속담이다. 제 허물은 접어두고 남의 흉을 보는 일은 우리 주변에서 흔히 볼 수 있다. 여기서 우리 고담(古談)에 보이는 이러한 예 하나를 보기로 한다.

이명선본(李明善本) '춘향전'에는 다음과 같은 웃기는 대화가 보인다.

"여보게 밤덕이 내 머리에 이 좀 잡게. 자네 보면 불상하데. 조석으로 그 매를 맞고, 어찌나 견디는가? 분꽃같이 곱던 얼굴 검버섯이 돋았네."

밤덕이 눈물지며,

"그런 집은 처음 보았소 작년 섣달 시집와서 금년 정월 아들 하나 낳았더니 시어머니 별안히 여겨 말끝마다 정가하며, 삼시로 그 말이니 시집온 지 이태만에 자식 낳기 변이리까? 차마 설워 못 살겠소"

시집온 지 이태, 그러나 달수로는 두 달 만에 아이를 낳아 시어머니의 구박을 받고 있는 사실을 익살스럽게 표현하고 있는 것이다. 그런데 '춘향전'의 경우와는 달리 이러한 때 시어머니가 '가마 밑이 노구솥 밑을 검다 한다.' 한 것이 발명되어 항변하는 설화를 우리 옛 문헌은 여럿 보여 준다. 저자를 알 수 없는 '성수패설(醒睡稗說)'에는 다음과 같은 익살스러운 이야기가 실려 전한다.

며느리가 건넛집 김 총각과 난만히 희롱할 때 시어머니가 나타났다. 시어머니는 아들에게 일러 벌을 받게 하겠다고 을렀다. 그러나 남편에게는 이르지 않고, 매일 꾸짖고 고통을 주었다. 며느리는 수심이 얼굴에 가득 찼다. 이때 이웃집 노파가 와서 왜 이렇게 수심에 싸여 있느냐고 물었다. 며느리는 그간의 사정을 이야기하였다. 그러자 노파는 말하였다.

"너의 시어머니가 무엇이 떳떳하다고 능히 너를 족친단 말이냐? 제가 젊었을 때 고개 너머 김 풍헌(風憲)으로 더불어 밤낮 서로 미쳐 간통한 사실이 탄로나, 큰북을 짊어지고 세 동네에 조리 돈 것을 생각하면 무슨 낯으로 꾸짖는단 말이냐? 만약 다시 꾸짖으면 이 말을 하여라."

이 며느리는 매우 기뻤다. 그 이튿날 다시 시어머니가 꾸짖자 며느리는 말하였다.

"시어머님은 무엇이 떳떳하다고 이렇게 언제까지나 저만 볶으십니까?"

"내가 떳떳하지 못한 것이 무엇이 있느냐?"

"김 풍헌과 더불어 밤낮으로 서로 미쳐, 큰북을 짊어지고 세 동네나 조리 돌던 일을 생각해 보세요."

"그 일을 누가 네게 말하더냐? 다른 사람의 일에 공연히 말을 보태어 가지고 떠드는구나. 누가 큰북을 졌다고 하더냐? 큰북은 무슨 큰북이냐, 작은 북이었는데… 그리고 세 동네가 아니고 두 동네 반이었어……."

자기의 행실도 바르지 못한 시어머니가 며느리의 조그만 잘못을 가지고 괴롭히다가 도리어 망신을 당하게 된 이야기다. 그러니 시어머니야말로, '가마 밑이 노구솥 밑을 검다 한다.'고 한 것이다. '성수패설'과 비슷한 이야기는 홍만종의 '명엽지해(溟葉志諧)' 및 '진담록(陳談錄)'에도 보인다. '명엽지해'는 이러한 이야기를 소개하고, 편자의 말로 "속담이 '가마 밑이 솥을 웃는다(釜底笑鼎)'는 바로 이를 이름이니, 세상의 허물을 지고도 남의 그름을 책하는 자는 이를 보아 가히 경계할지니라."라 하고 있다.

요사이는 속언대로 주제를 파악하지 못하는 사람이 많다. 제 눈의 들보는 생각지 않고 남의 눈의 티끌만 시비한다. 그리고 이런 사람이 오히려 큰소리친다. 세상이 뒤집혀도 한참 뒤집힌 것 같다.

(女性中央, 1984년 10월호)

●　●　●

# 간에 가 붙고 쓸개에 가 붙는다

사람이나 나라나 능력이 없고 힘이 없으면 남의 눈치를 보게 마련이다. 여기 기대면 나을까, 저기 의지하면 좋을까? 이리 기웃, 저리 기웃한다.

자기의 이익을 쫓아 체면과 지조(志操)를 돌보지 아니하고 여기에 가 붙고, 저기에 가 붙어 아첨할 때, '간에 가 붙고 쓸개에 가 붙는다.'고 한다.

이는 우리에게 잘 알려진 속담이다. 이 속담이 이렇게 잘 알려지게 된 데는 기생 소춘풍(笑春風)의 시조도 한몫 했을 것으로 생각된다. 소춘풍은 차천로(車天輅)의 '오산설림초고(五山說林草藁)'에 의하면 조선조 성종 때 영흥(永興) 출신의 기생이다. 성종(成宗)은 주연을 자주 베풀어, 군신(群臣)들과 더불어 기녀들의 음악을 즐겼다. 하루는 소춘풍이 이 연회에 참석하여 임금의 금잔(金杯)을 문·무신(文武臣)들에게 돌리며 권주가로 시조를 읊게 되었다.

당우(唐虞)를 어제 본 듯, 한당송(漢唐宋)을 오늘 본 듯,
통고금(通古今) 달사리(達事理)하는 명철사(明哲士)를 어떻다고
저 설 데 역력히 모르는 무부(武夫)를 어이 좇으리.

소춘풍은 처음에 고금을 통해 사리에 통달한 명철(名哲)한 선비
를 마다하고, 자기가 서는 데도 분명히 모르는 무인(武人)을 어이
좇겠느냐고 무인을 멸시하는 노래를 했다. 그러자 문신은 좋아라
하고, 무신은 험상궂은 얼굴이 되었다. 이를 눈치 챈 소춘풍은 이
어서 이렇게 노래했다.

전언(前言)은 희지이(戲之耳)라 내 말씀 허물 마오
문무일체(文武一體)인 줄 나도 잠간 아옵거니
두어라, 규규무부(赳赳武夫)를 아니 좇고 어이리.

소춘풍은 능란한 기생이라, 앞서 부른 노래는 장난의 말이고,
문무일체인 줄 알지만 오히려 용맹스러운 무부(武夫)를 따르겠다고
말을 뒤집었다. 그러자 무인이 좋아하고, 문신이 눈살을 찌푸렸을
것임은 말할 것도 없다. 기생이라고는 하지만 소춘풍은 이렇게
간에 가 붙었다, 쓸개에 가 붙었다 하는 노래를 했다. 소춘풍은
그 다음 또 한 수를 읊었다.

제(齊)도 대국(大國)이요, 초(楚)도 역시 대국이라.

조그만 등(藤)나라가 간어제초(間於齊楚)하였으니

두어라, 이 다 좋으니 사제(事齊) 사초(事楚)하리라.


이는 정반합(正反合)의 합(合)이다. 앞에서 이간시켜 놓은 문무 신하를 아울렀다. 제초(齊楚) 두 나라 사이에 놓인, 약소한 등(藤) 나라는 두 큰 나라를 다 섬기겠다는 것이다. 이는 나아가 기생인 자기는 문무 신하를 다 같이 섬기겠다고 한 것이다. 재주 있는 기생이고, 재치 있는 구상이다. 그리하여 연회는 흥겨웠을 것이고, 군신(群臣)은 크게 만족하였을 것이다. 이에 성종은 소춘풍에게 큰 상을 내렸고, 소춘풍은 이로 말미암아 전국적으로 유명한 기생이 되었다.

이렇게 세상살이는 '간에 가 붙고 쓸개에 가 붙'을 수도 있다. 그러나 전통적인 삶에 있어서 이는 지탄의 대상이었다. 홍석중의 '황진이'에는 이런 이야기가 있다.


조선조의 개국공신 배극렴(裵克廉)이 술에 취해 설매(雪梅)를 끌어안고 이렇게 소리쳤다.

"너, 이년. 오늘밤 나한테 수청을 들어라. 노류장화란 오늘은 이(李)가와 내일은 장(張)가와… 오늘 나한테 수청을 든다 해도 도리에 어긋남이 없으렸다."

그러나 돌아온 대답은 그렇게 만만치만 않았다.

"대감께서 수청을 들라시니 황공무지로소이다. 고려를 섬기다 부잣집 소 바꾸듯, 조선을 섬기는 대감이신데, 장삼이사(張三李四) 옮겨 다니는 천기와 어울려 무슨 도리에 어긋남이 있으리까?"

이는 공사만록(公私謾錄)에 전하는 기록을 작품화한 것이다. 배극렴은 고려 공민왕 때 문하좌시중(門下左侍中)이었고, 이 날의 주연은 조선조 개국공신을 위한 주연의 자리였다.

참 인생이란 살기 어려운 것이다. 신파조의 대사가 생각난다. 스승을 따르자니 사랑이 울고, 사랑을 따르자니 스승이 운다던가?

# 강 건너 불

일본의 한 학자는 일본 사회를 해명하는 열쇠가 되는 말이 '타인(他人)'이라 했다. '타인'이란 말은 다른 나라말에서는 느낄 수 없는 싸늘한 느낌을 주는 말로, 일본의 사회구조(社會構造)를 단적으로 드러낸다는 것이다. 곧, 자타(自他), 피아(彼我)의 구별이 현저하여 '나' 아닌 '남'에 대해서는 거리감을 갖게 하고 경계하며, 나아가 적대시하는 사회가 일본 사회라는 것이다.

그러나 이것은 일본 사회만의 특징은 아니다. 이러한 면은 우리나라도 마찬가지다. 우리도 '나, 우리'에 대해 '남'이라 할 때는 일정한 선을 긋고 접근하거나, 흉금을 털어놓을 수 없는 이방인이요, 적대자로 생각한다.

우리 속담에 '남의 집의 금송아지가 우리 집 은송아지만 못하다.'는 것이 있다. 남의 것이 아무리 좋다 하더라도 내게는 소용이 없고, 내 것이 아무리 변변치 못하더라도 오히려 그것이 실속이 있다는 말이다. 이는 객관적 해석이라기보다 이해가 상반한 자타(自他)에 대한 주관적 해석을 한 것이다.

'내 돈 서 푼이 남의 돈 삼백 냥보다 낫다.' 그러기에 우리 속담을 보면 남의 일에는 관여하지 않거나, 오히려 관여하는 것을 탓하는 것을 많이 볼 수 있다. 남의 일에 관여하지 않는 것을 나타내는 속담에는 다음과 같은 것이 있다.

'강 건너 불', '남의 집 불구경 않는 군자 없다.'
'남의 소 들고뛰는 건 구경거리', '남의 사돈이야 가거나 말거나'
'남의 사위 나갔다 들어갔다'

제 집에 불이 나고, 제 집 소가 들고뛸 때 가만히 있는 사람은 없을 것이다. 그러나 자기와 이해관계가 없는 남인 경우에는 그것이 불행한 경우라도 무관심하게 구경만 한다는 말이다. 그러니 남의 출입이야 일러 무엇하랴? 따라서 남과의 교섭은 갖기를 싫어했고, 교섭을 가지면 그것이 화근이 된다고 생각했다. '남의 일은 오뉴월에도 손이 시리다.', '남의 사정보다 갈보 된다.'가 이런 예다.

남의 일에 관여하는 것을 탓하는 속담으로는 '남의 잔치에 감 놓아라, 배(대추) 놓아라 한다.'는 것이 대표적인 것이다. 자기와 상관없는 남의 일에 공연히 관여하거나, 참견하지 말라는 것이다.

이러한 내용의 속담으로는 또 다음과 같은 것이 있다.

'남의 잔치에 감 놓아라 배 놓아라 한다.'
'사돈집 잔치에 감 놓아라 배 놓아라 한다.'

이러한 속담 외에 또 다음과 같은 것도 있다.

'닷곱에 참예, 서 홉에 참견', '삭은 바자 구멍에 노랑 개 주둥이'
'시앗 싸움에 요강 장수다.', '치마폭이 스물네 폭이다.'
'치마폭이 열두 폭인가?'

이들은 표면상 남의 일에 참견을 잘 하고 나서는 것을 뜻하나, 그 숨은 뜻은 공연히 남의 일에 참견하고 간섭하는 것을 나무라고 욕하는 말이다.

이러한 이기적(利己的)이고, 개인주의적인 우리의 가치관이나 생활방식은 서구문명(西歐文明)이 들어오고 근대화하며 농도가 짙어진 것으로 보인다. 해방 후 많이 입에 오르내리던 다음과 같은 속담은 이의 단적인 예라 할 수 있다.

'남이야 전봇대로 이를 쑤시건 말건'
'남이야 지게 지고 제사를 지내건 말건'
'남이야 똥뒷간에서 낚시질을 하건 말건'

일제의 학정(虐政)에 시달리다 해방된 이 겨레가 민주주의의 시대를 맞아 자유와 인권을 마음껏 구가하던 모습을 반영한 것이다. 인권(人權)이 보장되고 자유가 존중되는 사회에서 내가 좋아하는데 남이 상관하거나, 탓할 일이 아니라는 것이었다.

남의 일에 관여하지 않는 개인주의나 이기주의적 사고방식은 오늘날 점점 확산되고 있다. 남의 일에 관여하지 않는 것은 하나의 미덕이기도 하나, 점점 삭막해 가는 인정은 무엇으로 보상을 받을 것인지? 그리고 이것은 정말 '강 건너 불'로 바라만 보아야 할는지……?

(女性中央, 1981년 11월호)

### 같은 값이면 다홍치마

우리의 전통적 의생활(衣生活)은 남자는 바지저고리를 입고, 여자는 치마저고리를 입는 것이었다. 그러나 이는 후대의 풍속이라 하겠고, 본래는 상의(上衣)에, 하의(下衣)로 모두 치마를 입었던 것으로 보인다. 한자어 "의상(衣裳)"이란 말은 "상의하상(上衣下裳)"을 뜻하는 말로, 윗옷은 '저고리(衣)', 아래옷은 '치마(裳)'라는 말이니, 이 말을 보아도 남녀 모두가 하의로 치마를 입었다고 보아야 한다.

여인의 의상을 나타내는 우리의 대표적인 말에 "녹의홍상(綠衣紅裳)"이란 말이 있다. 이는 연두저고리에 다홍치마라는 뜻으로, 젊은 여인의 의상이며, 이는 나아가 젊은 여인의 고운 옷차림을 나타낸다. 이의 용례는 김성동의 '만다라'에 다음과 같이 보인다.

예쁘게 밤 화장을 끝낸 그 여자는 장롱 속에 간직했던 녹의홍상을 꺼내 입고, 귀신도 홀릴 것 같은 황홀하게 아름다운 모습으

33

로 방을 나설 것이었다.

　'녹의홍상'이란 말은 한자성어로 되어 있으나, 중국어나 일본어에는 보이지 않는 우리만의 한자 성어다. 이는 중국이나 일본에는 이러한 복식이 없고, 우리만의 고유한 것이었기 때문이다. '동가홍상(同價紅裳)'이란 여기서 파생된 말이다. 이는 물론 같은 값이면 붉은 치마(紅裳)가 좋다는 말로, 이 말 역시 중국이나 일본에는 없는 우리만의 한자 숙어다. '동가홍상'이란 말은 우리의 속담 '같은 값이면 다홍치마'를 번역한 말이라 하겠다.

　'다홍'이란 '다홍(茶紅)'이 아닌, '다홍(大紅)'으로 짙고 산뜻한 붉은 빛을 나타내는 중국말이다. 이 말을 우리 한자음으로 읽는 것이 '대홍(大紅) 대단(大緞)'의 '대홍'이다. 속담 '같은 값이면 다홍치마'라는 말은 물론 같은 값이면 품질이 좋은 것을 택한다는 말로, 문자 그대로 '좋은 것이 좋다'는 말이다. 그리고 이들 속담의 '홍상(紅裳)'이나 '다홍치마'는 환유(換喩)로서 '녹의홍상'의 주인공, '새색시'나 '젊은 아가씨', '처녀'를 나타낸다. 따라서 '같은 값이면 다홍치마'나 '동가홍상'이란 속담은 같은 값이면 '새색시'나 '처녀'가 좋다는 것을 의미한다. 이는 우리 속담에 '같은 값이면 처녀'라는 또 하나의 속담이 있거니와, '같은 값이면 다홍치마'나 '동가홍상'이란 이 속담과 같은 뜻을 나타내는 속담인 것이다. '묘할 묘(妙)'자는 '젊은 여자'를 가리키는 말이다. 남자들은 여인을 취함에 구태여 나이 든 여인이나 과부를 취하려 하지 않는다. 이왕이면 젊은 여인, 처녀를 원한다. 이에 '다홍치마'나, '홍상'이 보다 나은 것, 품질이 우수한 것을 의미하게 되고, 나아가 묘령의 아가씨, 새색시를 의미하게 된 것이다. 이는 남성의 수심(獸心)을 드러낸 것이라 할 것이다.

우리 속담에는 '같은 값이면…'에 이어지는 속담이 몇 개 더 있다. '같은 값이면 검정 소 잡아먹는다.', '같은 값이면 은가락지 낀 손에 맞으랬다.'가 그것이다. 검정 소가 누렁소보다 맛이 있고, 매를 맞아도 우악스러운 남자 손에 맞는 것보다 아름다운 귀부인 의 손에 맞는 것이 좋다는 말이다. 이와 비슷한 의미를 드러내는 속담에는 '같은 새경이면 과붓집 머슴살이', '같은 열닷 냥이면 과붓집 머슴살이'가 있다. 같은 조건이라면 더 이로운 곳을 택한 다는 말이다.

중국에는 '녹의홍상'과 비슷한 구조의 말에 '녹의황상(綠衣黃裳)' 이란 말이 있다. 이는 '녹의황리(綠衣黃裏)'와 통하는 말로, 시경(詩經) 에 나오는 말이다. 위(衛) 장공(莊公)이 첩에게 매혹되어 부인 장강 (莊江)이 불행하게 된 것을 비유한 것이다. 이는 황색이 정색(正色) 이고, 녹색이 간색(間色)이므로, '황의녹상'이 원칙인데, '녹의황상' 으로 바뀐 것이다. 따라서 이는 존비·귀천이 뒤집힌 것(尊卑反置) 을 비유한다. 예기(禮記)에 "의정색 상간색(衣正色 裳間色)"이라 하고 있다. "녹의황상"은 천첩(賤妾)이 우쭐대는 것에 비유된다.

그리고 중국의 "녹의(綠衣)"는 천한 사람을 비유한다. "홍의(紅衣)·홍상(紅裳)"은 좋은 의상을 가리킨다. 그러나 새색시나 처녀라는 의미는 보이지 않는다. 또한 우리는 기생을 푸른 치마를 입는다 하여 "청상(青裳)"이라 하는데, 중국에서는 오히려 붉은 치마라는 "홍군(紅裙)"이라 한다. 문화와 제도가 서로 달라 이렇게 상반된 표현을 하는 것이다.

# 개구멍서방

우리 속담에는 '서방'이 소재가 된 것이 여럿 있다. 이들 가운데 대표적인 것은 '서방'이란 비위를 맞추기 어려운 존재라는 것이다.

'고추장 단지가 열둘이라도 서방님 비위를 못 맞춘다.'

'반찬 항아리가 열둘이라도 서방님 비위를 못 맞춘다.'

이런 것이 그 예다. '서방'이 사랑스럽고 반가운 존재가 아니라, 꽤 까다롭고 어려운 존재로 부각되어 있다.

그러나 역시 '서방'은 헌칠하고 미끈하여 풍채 좋은 '깎은 서방'이 동경의 대상이었다. 그리고 '남의 옷 얻어 입으면 걸레감만 남고, 남의 서방 얻어 가지면 송장치레만 한다.'고 개가(改嫁)란 달가운 것이라 생각지 아니하였다.

그런데 이런 속담과는 달리 '개구멍서방'이란 색다른 속담이 있다. '개구멍서방'이라면 엄처시하(嚴妻侍下)에 밤늦게 술을 마시고

37

들어오다가 문을 열어 주지 않아 개구멍으로 들어오는 서방을 떠올릴는지 모른다. 그러나 이 속담은 그런 것이 아니다. 합법적으로 떳떳한 예식을 치르지 않고, 남 몰래 들고나며 여인을 만나는 사람을 가리킨다. 그러기에 '열녀춘향수절가'에도 이 도령이 자기를 스스로 '개구녁 서방'이라 하는 것을 볼 수 있다.

도령이 광한루에서 춘향이를 만나고, 그날 밤 춘향의 집을 찾았다. 그리하여 백년가약(百年佳約)에 대한 춘향모의 허락을 받은 뒤 도령은 손에 술잔을 받아들고 이렇게 탄식한다.

'내 마음대로 할진대 육례(六禮)를 행할 터나, 그렇들 못하고 개구녁 서방으로 들고 보니 이 아니 원통하랴? 이애 춘향아, 그러나 우리 둘이 이 술을 대례 술로 알고 먹자.'

도령의 탄식 가운데 '개구녁 서방'이 바로 이 '개구멍서방'이다. 정식으로 육례를 갖추지 못한 남편, 곧 내연의 남자, 또는 정부(情夫)를 이르는 말이다.

'개구멍' 출입은 이 도령만 한 것이 아니다. 이명선본(李明善本) '춘향전'을 보면 남원부사인 도령의 아버지도 '개구멍' 출입을 한 것으로 되어 있다.

'개구멍서방'의 또 다른 예는 저 유명한 연암(燕岩) 박지원(朴趾源)의 '호질(虎叱)'이란 단편에도 보인다. 문장과 덕행(德行)으로 이름난 선비 북곽(北郭) 선생이 정절(貞節)이 높아 동리자(東里子)라 봉함을 받은 과부를 찾은 것이 그것이다. 따라서 북곽 선생은 이미 '개구멍서방'이 된 것이다. 그런데 이를 좀 더 실증해 주는 사건이 벌어진다. 북곽 선생이 동리자의 집에서 도망칠 때의 모습이다.

밤늦게 정부인(貞夫人)을 찾은 북곽 선생을 여우가 둔갑한 것이라 판단한 성이 다른 동리자의 다섯 아들이 북곽 선생과 동리자의 밀회 장소에 뛰어들었다. 그리하여 북곽 선생은 바람처럼 몸을 날려 문을 박차고 달아난다. 이때의 모습을 '호질'은 이렇게 그리고 있다.

그는 어느 곳이 나가는 길인지, 문간이 어느 쪽에 있던지 이런 것을 생각해 볼 여유가 없었다. 되는대로 아무 데로나 나가 담을 뛰어넘으려고 몇 번이나 애를 쓰다가 떨어져 힘이 빠지고 말았다. 그는 하는 수 없어 궁여지책으로 담 밑에 조그마한 개구멍을 발견하고 다시 용기를 내어 그리로 빠져 나갔다.

북곽 선생은 합법적 예식을 올리지 않은 정부, '개구멍서방'이거니와, 개구멍으로 도망쳐 이를 구체적으로 실천하였다.

'호질(虎叱)'은 연암이 유생(儒生)의 위선적 도덕 생활을 조소한 것이다. '호질'이란 제목 자체가 호랑이가 유생 북곽 선생을 나무란다는 말이다.

우리의 대표적 해학소설 '배비장전(裵裨將傳)'도 '개구멍서방'의 모습을 보여 준다. 관기(官妓) 애랑(愛娘)에게 혹한 배 비장이 담 구멍으로 기어드는 모습은 참으로 폭소를 터뜨리게 묘사하고 있다. 그러나 '똥을 싸고 거의 죽을 지경'이거나, 등이 '고누판'이 될 정도로 고생하여 애랑을 찾은 결과는 수모와 망신이었다.

오늘날은 자유연애가 구가되고, 성개방(性開放) 사조가 물밀어들어 '개구멍서방'에 대한 인식이 꽤나 달라졌다. 그러나 모로 가도 서울만 가면 된다는 사고방식은 그렇게 바람직한 것이 못 된다. 예식을 못 올린 부부가 아들딸 낳고 새삼 식을 올리는 의미를 우리는 한 번 되짚어 보아야 한다. 형식과 과정도 중요한 의미를 갖는다.

(女性中央, 1982년 9월호)

# 개 팔자가 상팔자라

신유년(辛酉年)이 가고 임술년(壬戌年)의 새해가 돌아온다. 어제의 해와 오늘의 해가 다른 것은 아니지만, 사람들은 여기에 마디를 지어 새로운 전기를 마련하고자 한다. 임술, 개의 해를 맞아 지난 해를 반성하고, 새해에는 성실한 개처럼 착실한 한 해를 꾸며 보겠노라고 다짐하고 꿈을 설계하는 것이다.

우리의 조상은 개의 팔자를 부러워했다. '개 팔자가 상팔자라'라는 속담은 이런 가치관을 반영한 것이다. 일을 천하게 여긴 그들은 고생하지 아니하고 한가하게 놀고먹는 개의 팔자를 부러워했다. 그것도 '오뉴월 개 팔자'라 하여 뜨거운 여름날, 배불리 먹고 그늘에서 늘어지게 잠만 자는 개가 부러웠던 것이다.

그러나 개의 팔자가 이렇게 편한 것만은 아니다. '개는 문을 지키고, 무사는 나라를 지킨다'는 일본 속담처럼 집을 지켜야 하는 개의 고역은 이만저만하지 아니하다. 그러기에 우리 속담에는

'늙은 개 문지키기 괴롭다'고 고단한 개 팔자를 한탄한 속담을 보여주기도 한다. '자기 자신의 개를 기르는 사람은 깨끗한 마음으로 교회에 갈 수 있다'는 영국 속담처럼 도둑을 막기 위한 개를 기르는 사람은 도둑이 아니라는 논리가 오늘도 통용될 수 있다면 얼마나 다행스러우랴……. 그러나 오늘날은 주인도 도둑이라 하여 도둑이 와도 짖을 수도 없는 시대라면 개의 노고는 배가 될는지도 모른다. '뱃놈의 개'는 이런 면에서 복 받은 존재다. 배 안에서 길러지는 개는 도둑을 지킬 필요가 없어 무위도식(無爲徒食)할 수 있는 팔자이기 때문이다. 일본 속담 '개가 되더라도 대갓집 개가 되어라'라고, 상대와 주인을 잘 택하고 볼 일이다.

개는 사람에게 유용한 동물이다. 그뿐 아니라, '개도 닷새만 되면 주인을 안다'거나, '개새끼도 주인을 보면 꼬리를 친다'고 비록 금수(禽獸)이긴 하나, 의리를 아는 짐승으로 사랑을 받는 가축이기기도 하다. 그런데 우리 속담에서 개는 이와는 달리 꽤나 귀찮고 하찮은 존재로 인식됐던 것도 사실이다. 그 대표적인 속담이 '개 호랑이가 물어 간 것만큼 시원하다.'거나, '호랑이 개 물어 간 이만하다.'란 것이다. 이는 밉고 귀찮은 존재, 꺼림칙한 존재가 사라져 시원하다는 것을 비유적으로 나타낸 것이다. 얼마나 밉고 신경 쓰이는 존재면 개가 호랑이에게 물려간 것만큼 시원했을까? 우리 시조에는 실제로 이렇게 얄미운 개를 두고 노래한 것이 있다. 사랑을 방해한 '노랑 암캐'다(현대 표기로 개고).

바둑이 검둥이 청삽사리(靑挿沙里) 중 조 노랑 암캐같이 얄밉고 잣미우랴

　미운님 오게 되면 꼬리를 회회 치며 반겨 내닫고, 고운 님(任) 오게 되면 두 발을 뻗디디고 콧살을 찡그리며 물으락 나오락 캉캉 짖는 요 노랑 암캐

　이튿날 문(門) 밖에 개 사옵세 외치는 장사 가거들랑 찬찬 동여 내어 주리라.


　미운 님에게는 개가 꼬리를 치고, 사랑하는 님은 오히려 오지 못하게 하고, 발을 뻗디디고 인상을 쓰는가 하면 물려고 덤비고, 캉캉 짖어댄다면 얼마나 그 개가 얄밉고 괘씸할 것인가? 님을 사랑하는 마음에 그 개를 죽이고 싶은 심정일 것이다. 그래서 작자는 개장사에 넘기겠다고 다짐을 하고 있는 것이다.

　개가 미천한 존재라는 것은 '개판'이란 속담으로 '일에 질서가 없고 엉망'이라는 것을 나타내는 것으로 충분히 알 수 있다. '개 눈에는 똥만 보인다', '개 발에 편자', '개에게 메스꺼움', '나 먹자니 싫고, 개 주자니 아깝다'도 다 개를 업신여기는 내용을 담은 속담이다. 개를 천시함은 우리나라를 비롯한 동양의 특성인 것 같다. 영국 속담에는 '개를 사랑하지 않는 자는 신사가 될 수 없다.'는 것이 있다. 또 '교회에 가는 개는 좋은 개다.'라는 것도 있다. 여기 '개'란 사람을 뜻하는 것이다. 이렇게 개를 사랑하는 민

족이기에 '보신탕' 시비도 할 수 있는 것인지 모르겠다.

우리 속담에는 '드나드는 개가 꿩을 문다'고 한다. 영국의 속담에는 '뛰어다니는 개가 뼈를 찾는다.'고 한다. 개처럼 꿈을 찾아 부지런히 뛰어야 한다. 육신이 편한 '개 팔자'도 좋지만, 땀 흘려 소중한 성과를 거두는 인생은 더욱 아름답다 할 것이다.

(女性中央, 1982년 1월호)

## 거짓말이 외삼촌보다 낫다

　우리 속언(俗言)에 거짓말 세 가지가 있다고 한다. 노인이 죽고 싶다는 것, 처녀가 시집가기 싫다는 것, 장사꾼이 밑지고 판다는 것이 그것이다. 이런 것이 일본에서는 속담으로 굳어져 있기도 하다. '죽고 싶다는 것과 보리밥 먹고 싶다는 것같이 큰 거짓말은 없다.'란 것이 그것이다. 사람들이 흔히 '죽고 싶다'고 하지만, 막상 죽으라면 싫어하고, '보리밥'도 먹고 싶다고 하나, 특별한 경우가 아니면, 일반적으로 쌀밥을 더 좋아한다는 말이다.

　거짓말은 동서양을 막론하고 일반적으로 바람직하지 않은 것이라 본다. '거짓말을 하면 이마에 소나무가 난다.'는 속언(俗言)이 그 단적인 예이다. 어렸을 때 거짓말을 하고, 이마에 소나무가 날까 보아 얼마나 걱정을 했던지? 일본에는 이러한 속언이 속담으로 굳어져 있다. '거짓말을 하면 등에 소나무가 난다.', '거짓말을 하면 엉덩이에 소나무가 난다.' 같은 것이 그 예다. 거짓말을 경계하는 것은 이에 그치지 않는다. 영국 속담은 '거짓말을 하는 사람은 도둑질을 한다.'고 하고, 일본 속담은 '거짓말은 도둑의 시작'이라고까지 한다.

그러나 이와는 달리 거짓말이 옹호되기도 한다. '거짓말이 외삼촌보다 낫다.'거나, '거짓말도 잘 하면 오려논 닷 마지기보다 낫다.'는 속담이 그것이다. 앞엣것은 거짓말이 내게 큰 도움을 준다는 말이요, 뒤엣것은 처세(處世)를 잘 하기 위해서는 말을 잘 해야 한다는 말이다. 때로는 거짓말도 해야 한다. 일본 속담은 한술 더 떠 '거짓말도 방편(方便)', '거짓말은 세상의 보배', '거짓말을 하지 않으면 부처가 되지 못한다.'고까지 한다. 세상을 살아가노라면 거짓말이 필요불가결하다고 본 것이다.

거짓말이 필요하다는 우리 속담에는 '남자는 거짓말과 갈모(笠帽)를 가지고 다녀야 한다.'는 것이 있다. 사내는 때로 거짓말도 하여야 하고, 갓이 젖지 않게 쓰는 갈모를 가지고 다녀야 한다는 말이다. 이는 '신사는 거짓말과 우산을 가지고 다녀야 한다.'는 영국 속담과 발상을 같이 하는 것이다. 이때의 거짓말은 좋은 거짓말에 한한다는 단서가 붙어야 한다.

그러면 다음에 용재총화(慵齋叢話)에 전하는 좋은 거짓말을 하나를 보기로 한다.

고려 충선왕(忠宣王)은 세자의 몸으로 원(元)나라에 있을 때 연화(蓮花)라는 여인을 가까이 하였다. 그는 보좌에 오르기 위해 귀국하며 신하들의 권에 따라 그녀와 애절한 이별을 하였다. 그러나 왕은 연화를 잊을 수 없었다. 그리하여 귀국 도중에 이제현(李齊賢)에게 그 동정을 알아오도록 하였다. 이제현은 가던 길을 돌려 연화에게로 갔다. 연화는 이별한 세자만을 생각하며 거의 병자가 되어 있었다. 이제현은 이 사실을 그대로 세자에게 보고할 수가 없었다. 그렇게 되면 세자는 되돌아올지도 모르고, 보좌에 올라야 할 시간이 바쁜 이때 개경(開京)에서는 불상사가 생길지도 모를 일이기 때문이다. 이제현은 시치미를 떼기로 하였다.

"제가 집에 가보니 마침 집에 없어, 이웃에 물으니 가까운 술집에 갔다기에 거기까지 가 보았습니다."

"저, 저런! 그래서?"

"그 여인은 술 마시는 젊은이들 사이에 앉아 있었습니다."

"분명 그렇던가?"

"감히 신이 전하를 속이겠습니까?"

"저런 죽일 년! 헤어질 때는 그렇게도 연연해하더니 이제 겨우 며칠이 지나지 않아서 그 지경이라니……. 노는계집이란 다 그렇고 그런 것이로구나. 그 따위를 생각하고 나는 밤에 잠도 제대로 자지 못했구나. 이제 미련 없다. 어서 귀국하자."

이렇게 해서 세자는 귀국해 임금의 자리에 올랐다. 그 뒤에 이제현은 이 일을 사실대로 왕에게 아뢰고 벌 받기를 청하였다. 이때 충선왕은 탄식하며 말하였다.

"나라와 나를 위한 일이니 어찌 탓하랴만은 연화가 가엾도다."

거짓말은 이렇게 하기 나름이다. 그러나 그것은 농담이거나, 아니면 상대방을 해치고자 하는 저의가 없는, 좋은 거짓말일 때에만 허용되어야 할 것이다. 그래서 영어에서는 악의에 찬 거짓말을 'Black lie', 가벼운 거짓말을 'White lie'라 한다.

(女性中央, 1984년 6월호)

## 계집의 곡한 마음 오뉴월에 서리 친다

사람에게는 칠정(七情)이란 것이 있다. 감정이란 약한 듯하면서 무서운 힘을 지녔다. 사랑이 자기희생을 마다하지 않으며, 미움이 또한 살인을 부르기도 한다.

여자가 한번 마음에 비뚤어져 저주(詛呪)를 하고 원한을 품게 되면 오뉴월에도 서릿발이 칠만큼 매섭고 독하다고 한다. 이를 우리는 '계집의 곡한 마음 오뉴월에 서리 친다.'고 한다. 그러나 지독한 저주와 원한의 감정을 가지게 되면 어찌 그것이 여자에 한하랴? 남자도 마찬가지다. 그러기에 '남자가 원한을 품게 되면 유월에 서리가 내린다(匹夫含怨六月飛霜)'는 말도 있다. 우리에게는 '계집의 곡한 마음은 오뉴월에 서리 친다.'는 속담이 있어 '여인'에게 초점이 맞추어져 있는 것뿐이다. 아니 여인의 함원이 좀 더 강도(强度)가 높아 여인에게 초점을 맞추었는지도 모른다. 그것은 '계집의 말은 오뉴월 서리가 싸다', '계집의 악담은 오뉴월에 서

49

리 온 것 같다.'라는 속담이 더 있는 것으로 보아 그러하다.

'계집의 곡한 마음 오뉴월에 서리 친다.'란 속담은 문학작품에 많은 용례를 보인다. 한두 용례를 보면 다음과 같다.

* "오냐, 이노옴! 계집의 원한이 오뉴월에 서리 친다더라! 두구 보자. 네가 이놈, 내 신세를 갖다가 요렇게 망쳐주구! 오냐, 이놈!" <채만식, 탁류>

* "과부 모녀가 죽을 때 원통한 기운이 뻗쳐서 생나무 뿌리가 뽑혔는가베."
"글세, 그런 일두 있을까?"
"기집이 함원하면 오뉴월에도 서리가 온다네. 생나무 뽑히는 일두 더러 있지, 없겠나." <홍명희, 林巨正>

다음엔 '계집'이 함원(含怨), 곧 원한을 품어 빚어진 놀라운 사단(事端)을 두어 건 보기로 한다. 이러한 사실은 지난날의 설화에 종종 보인다. 먼저 선조(宣祖) 때의 신립(申砬) 장군의 이야기부터 보기로 한다.

신립 장군이 젊었을 때 사냥을 나갔다가 산중에서 길을 잃고 방황하다가 한 곳에서 불빛이 비쳐 그곳을 찾아갔다. 집은 헐긴 했으나, 보기 드문 고대광실(高臺廣室)이었다.

저녁을 먹고 나자, 주인 과부가 들어와 같이 자기를 청했다. 신립은 군자답게 그 청을 꾸짖고 물리쳤다. 이튿날 떠나오는데, 큰 소리로 부르기에 돌아다보니 그 과부가 지붕에서 떨어져 자결을 하는 것이었다. 장군은 혀를 차고 돌아왔다.

뒷날 임진왜란이 일어나 천험(天險)의 요충인 조령관(鳥嶺關)을 지키러 갈 때, 그 여자가 꿈에 나타나 충주의 탄금대(彈琴臺)에 진을 치라고 일러 주었다. 신립 장군은 그 여인의 말에 따라 탄금대에 진을 쳤다가 패전을 하고 전사까지 하였다.

이는 이훈종(李勳鍾)의 '재채기'에 수록된 설화인데, 신립 장군이 여인의 청을 거절하여, 여인은 자결을 하였고, 장군은 패전에 전사까지 하게 되었다는 이야기다. 사실 여부는 차치하고 여인의 원한이 두 사람의 운명을 끔찍한 지경으로 몰고 간 설화다.

다음은 부묵자(副墨子)의 '파수록(破睡錄)'에 수록된 설화다. 이는 부묵자가 충주의 이 생원이라는 사람에게 들은 이야기다.

소싯적에 글 잘하고 온 동네의 칭찬을 받는 김 도령이 있었다. 불행히 조실부모하고 숙부 집에서 자라났다. 결혼할 때가 되어 중매쟁이가 무수히 드나들었지만, 선친이 정한 곳으로 장가가기로 하였다.

첫날밤에 신부를 보니 몸집은 작고 살결은 검은데다 아주 추물이었다. 그래서 신랑이 바로 신방을 나오려 하니, 신부가 간절히 애원하였다. 본인도 못 생겼다는 것을 잘 안다. 첫날밤만 버리지 말아 달라, 그 다음엔 다른 부인 맞아 살아도 원망하지 않겠다는 것이었다. 그러나 신랑은 이를 들어주지 않고 그 밤에 나와 집으로 향하였다. 오는 도중 신부가 목을 매어 죽었다는 전갈을 받았다. 신랑은 측은하기는 하나, 자기와는 관계없는 일이라 생각했다.

이런 일이 있은 뒤 김 도령은 몸이 불편하고, 과거는 열아홉 번을 쳤으나 낙방을 하였다. 그 뒤 가세는 기울었고, 훈장노릇을 하며 덧없이 늙게 되었다. 그는 사람을 만나기만 하면 '여편네가 비록 못 생겼더라도 버려서는 안 된다.'며, 자기의 긴 이야기를 하였다.

함원(含怨)이란 이렇게 무서운 것이다. 더구나 여인에게 원한을 사는 일은 없도록 해야 한다. 여인의 작은 가슴에 서릿발 같은 한이 맺히게 할 필요는 없지 않은가? 마음을 비우라 한다. 비운 마음에는 너그러움이 깃들 것이다.

# 권마성으로 세월이라

우리 속담에 '영소보전 북극천문에 턱 걸었다.'는 것이 있다.
이는 매우 귀하고 높은 데 턱을 걸었다는 말이니, 이는 그가 가
지는 소망이 높고 크다는 말이다. 이와 짝을 이룰 속담이 '권마
성으로 세월이라.'라는 것이다. 이 속담은 위세 있게 거드럭거리
며 당당하게 사는 것을 비유적으로 이르는 말이다.

'권마성(勸馬聲)'이란 말은 드러나는 글자만 보면 '말을 타라고
권하는 소리'란 뜻일 것 같은 말이다. 그러나 그런 말이 아니다.
이는 말이나 가마가 지나갈 때 위세를 더하기 위하여 말이나 가
마 앞에서 하졸(下卒)들이 목청을 길게 빼어 부르는 소리를 말한
다. 임금이 거둥할 때는 사복(司僕) 하인이, 그 밖의 고관이나 수령
등이 타고 행차할 때에는 역졸들이 불렀다. '쉬, 물렀거라.' 박종
화의 '다정불심'에는 '권망성'의 용례가 다음과 같이 보인다.

중문 밖에서 교자를 탔던 으리으리한 섭정의 행차는 대문 밖을 나서자 권마성을 부르며 벽제(辟除) 소리를 쳤다.

이러한 권마성의 위세는 '열녀춘향수절가'에도 보인다. 이는 변 사또가 남원에 부임할 때의 장면이다.

통인 한 쌍, 전립(戰笠)에 행차 배행 뒤를 따르고, 수배(首陪), 감상(監床), 공방(工房)이며 신연 이방(吏房) 가선하다. 뇌자(牢子) 한 쌍, 사령 한 쌍, 일산보종(日傘步從) 전배(前陪)하여 대로변에 갈라서고, 백방수주(白紡水紬) 선(縇)을 둘러 주석(朱錫) 고리 얼른 얼른, 호기 있게 내려올 제 전후의 혼금(閽禁) 소리 청산이 상응 하고, 권마성 높은 소리 백운이 담담(澹澹)이라.

여기의 '권마성 높은 소리 백운이 담담이라'는 변 사또의 부임 행차에 위세를 드높이기 위해 역졸이 소리치는 것이겠다. 수령의 행차는 그러지 않아도 위의를 갖추어 그 위세가 당당할 터인데, 높은 소리까지 지르니 서민들은 기가 죽어 조아리고, 피신했을 것이다.

'권마성'은 그러기에 '위세 있다'의 뜻으로 전의되어 쓰이기도 한다. '권마성으로 세월이라'는 따라서 '위세 있게 거드럭거리며 당당하게 살아간다.'의 뜻이 된다. 이의 보기는 '강령(康翎)탈춤'의 장타령에 보인다.

재물대감 : (장타령조로) 에에- 헤…

일자 한 장을 들고 봐라.

일월성성(日月星星) 해 성성(星星). 밤중 샛별이 완연하구나.

이자 한 장을 들고 봐라.

이팔청춘 소년들아, 늙은이 보고 웃지 말게.

석 삼자를 들고 봐라.

삼한(三韓) 관속(官屬) 늘어서고, 권마성으로 세월이라.

넉 사자를 들고 봐라.

사신 행차 바른 길에 점심참이 더디구나.


  사람으로 태어난 이상 누구나 나보란 듯이 살고 싶은 것이 욕
심이다. 더구나 남자의 경우는 권세도 잡고, 많은 부하도 거느리
며 거드럭거리면서 살고 싶어 한다. '삼한 관속 늘어서고, 권마성
으로 세월이라.'는 이런 생활을 노래한 것이다. '영소보전'이나
'북극천문'에 턱을 걸고 노력하면 이런 세월이 오지 말라는 법도
없을 것이다. 모두가 저 할 나름이다.

  '권마성'은 조금 의미를 달리 하여 '호기 있게'라는 뜻으로도
쓰인다. 신재효의 '춘향가'에는 다음과 같은 예가 보인다.


  하인의 도리로서 오래 기망(欺罔) 미안하여 바른대로 여쭈어,

  "본읍 퇴기(退妓) 월매 딸 춘향이란 기생이오"

  기생이란 말 듣더니, 불러 보기 쉽겠다고 마음이 장히 좋아 웃

음을 권마성째로 웃것다.

여기 '권마성'은 '위세 있는'의 의미는 아니다. '호기 있게', 혹은 '호탕하게' 웃는 것을 뜻한다. 자, 우리도 인생의 목표를 '권마성으로 세월이라'에 두고, 권마성으로 웃어 보기로 하자.

●●●

# 까마귀 안 받아먹듯

까마귀는 일반적으로 흉조(凶鳥)로 보나, 반드시 그런 것은 아니다. 아메리카 인디언, 켈트인, 게르만인들은 까마귀를 이 세상의 창조자라 본다. 또한 동양에서는 효도하는 미덕을 지닌 새라 여긴다. 우리의 '까마귀 안 받아 먹듯'이란 속담이 바로 이런 것이다.

'까마귀 안 받아 먹듯'이란 까마귀가 반포(反哺), 곧 안 갚음을 받는다는 데서 늙은 부모가 자식 봉양 받는 것을 비유적으로 나타낸다. '안 갚음'은 '까마귀가 늙은 어미에게 먹이를 물어다 주는 일', 곧 반포를 뜻한다. '반포'란 '되돌릴 반(反), 먹일 포(哺)'자를 쓰는 말로, 까마귀가 어린 새끼였을 때 어미가 먹여 키워 준 것을 감사해, 자라서 그 어미에게 먹이를 물어다 주어 그 은공을 갚는 것을 말한다. 만물의 영장인 사람도 제대로 하지 못하는 효도(孝道)를 미물인 까마귀가 하고 있는 것이다. 그러기에 우리 문학 작품에는 이런 까마귀를 노래하고 감탄하며, 스스로를 부끄러

위하는 것이 많다.

뉘라서 까마귀를 보고 흉타 하돗던고
반포은(反哺恩)이 그 아니 아름다운가.
사람이 저 새만 못함을 못내 슬퍼하노라.

이는 고종 때 가객 박효관(朴孝寬)이 지은 시조로, 개인적인 차원
을 넘어 영장인 '사람'이 '까마귀'만도 못함을 슬퍼한 것이다.

그러면 과연 '효(孝)'란 무엇인가? 전통적인 유교사회에서는 '신
체발부(身體髮膚)는 부모에게서 받은 것이라 이를 헐고 상처내지 않
는 것'이 효도의 시작이라 하였다. 그래서 머리도 자르지 않았다.
그리고 '입신출세(立身出世)하여 부모를 드러내는 것'을 효도의 마지
막이라 하였다. 출세하여 '누구의 아들'이라고 부모의 이름을 드
러내는 것을 최고의 효도라 생각한 것이다. 오늘날도 머리 자르
는 것은 그렇지 않으나, 몸을 다쳐 병신이 되는 것은 불효라 할
것이며, 출세하여 부모를 드러내는 것은 큰 효도라 할 것이다. 부
모를 잘 봉양하는 반포(反哺)는 효도의 시작(始)과 마지막(終) 사이에
놓이는 것이라 하겠다.

그리고 하나 기억해야 할 것은 '부모가 온 효자가 되어야 자식
이 반 효자'란 속담이다. 이는 부모가 하는 것을 보고 자식이 따
라 하게 된다는 것을 비유적으로 나타낸다. 따라서 부모가 먼저

효자가 되어야 한다. 그래야 제 자식도 효자가 된다. 여기서 '반포(反哺)'란 말의 의미도 재음미하게 된다. 효도는 절대적인 것이 아니다. 부모가 자식에게 '머이기(哺)'를 하였기 때문에 자식이 부모에게 '되돌리기(反)'를 한다는 것이다. 효(孝)는 절대적인 것이 아닌, 상대적인 것이다. 이것이 '효(孝)'의 진짜 의미다. 종래에 자기는 자식에게 해 준 것 없이 자식에게 효를 강요했던 것은 효 본래의 의미와는 거리가 먼 것이다. 우선 '안 갚음'을 받을 수 있게 자식에게 베풀어야 한다.

'까마귀'를 흉조(凶鳥)라 하는 것은 까귀의 검은 빛과 까마귀의 울음소리 때문이다. 검은 빛은 암흑, 사악, 불길, 죽음 등과 연결되어 일반적으로 사람들이 꺼린다. 그러나 까마귀도 외형이 검지, 내면까지 검은 것은 아니다. 우리 속담에는 '까마귀가 검어도 살은 희다.', '까마귀 겉 검다고 속조차 검은 줄 아느냐'고 속이 흼을 내타내는 것이 여럿 보인다. 그리고 '겉 희고 속 검은 것'을 오히려 비판한다. 까마귀는 특히 그의 '울음소리'가 일반적으로 '죽음'과 연결되고 있다. '까마귀가 울면 사람이 죽는다.', '초상이 나려면 까마귀가 깍깍 짖는다.' 같은 것이 그것이다. 이러한 까마귀와 죽음의 관계는 일본 속담에도 보인다. '까마귀가 목욕을 하면 이웃 사람이 죽는다.'와 같은 것이 그것이다.

'열녀춘향수절가'에도 죽음과 관련된 까마귀 울음소리 장면이 보인다.

춘향이 손을 들어 후여 날리며, "방정맞은 가마구야, 날을 잡아
갈라거든 조르지나 말려무나."

　봉사가 이 말을 듣더니, "그 가마구 '가옥가옥' 그렇게 울제."

　"예, 그래요"

　"좋다, 좋다. 가짜는 아름다울 가(嘉)짜요, 옥짜는 집 옥(屋)짜라.
아름답고 즐겁고 좋은 일이 불원간에 돌아와서 평생 맺힌 한을
풀 것이니 조금도 걱정 마소……."


　서양인은 동양의 아름다운 정신문화에 눈을 돌리고 있다. 이에
대해 동양인은 서양의 물질문명을 쫓아가지 못해 안달이다. 숨바
꼭질을 한다. 동양의 반포(反哺)문화도 점점 사라지고 있다.

# 까치 뱃바닥 같다

우리는 전통적으로 '까치'에 대해 몇 가지 이미지를 가지고 있다. 서조(瑞鳥), 은혜를 아는 새, 수다스러운 새라는 것이다. 이러한 이미지는 서양과 부분적으로 일치한다. 서양에서는 장난기 있는 도둑, 쓸데없이 떠드는 사람, 위선·주교(主敎), 여성 등의 이미지를 나타낸다.

'까치'를 길상(吉祥)의 서조(瑞鳥)라 보는 것은 중국과 일치한다. 중국에서 까치를 '희작(喜鵲)'이라 하는 것이 이의 단적인 증거다. 우리는 까치를 서작(瑞鵲)이라 한다.

동국세시기(東國歲時記)에 의하면 우리에게는 설날 새벽에 가장 먼저 듣는 소리로 그 해의 운수를 점치는 청참(聽讖)이란 풍속이 있었다. 이때 까치 소리를 들으면 그 해의 운수는 대통이라 믿었다. 까치의 우짖는 소리를 '작희(鵲喜)'라 하듯 기쁜 징조로 본 것이다. 까치 소리가 길조(吉兆)라는 생각은 오늘날에도 이어지고 있다. 그것은 아침에 까치가 와서 울면 반가운 소식이 온다거나, 반가운 손님이 온다고 하는 것이 그것이다. '아침에 까치가 울면 좋은 일이 있고, 밤에 까마귀가 울면 대변(大變)이 있다.'는 속담은 바로 이를 반영하는 것이다. 고려 말의 대학자 이제현(李齊賢)의 부인이 지은 '작아(鵲兒)'란 시도 이런 것이다.

까치는 꽃가지에서 울고/ 거미는 책상 위에서 그물을 친다./
고운임이 머지않아 오시려는지/ 그 소식을 내게 알리는 것 같다.

'까치'는 보은(報恩)의 새라 한다. 이의 단적인 예가 치악산(雉岳山) 상원사의 까치 타종(打鐘) 설화다. 까치 새끼를 구해 준 선비를 구렁이가 죽이려 하자 죽음으로써 종을 쳐 선비를 구해 낸 이야기다. '청구야담(青邱野談)'의 박우원의 부인 이야기도 보은 이야기다. 그녀는 남원에 살 때 나무에서 떨어진 까치 새끼를 구해 주었다. 그랬더니 장성과 나주로 이사 갈 때 따라와 같이 지냈으며, 부인이 죽자 까치가 장지까지 따라와 슬피 울고 갔다고 한다. 그러나 까치의 이러한 보은의 속담은 우리말에는 드러나지 않는다.

'까치'가 수다쟁이란 것은 동서양(東西洋)에 공통되는 이미지다. 까치는 집 근처에 사는 새로, 아침에 마을에 와서 자주 지저귄다. 그래서 까치의 울음을 반기기도 하지만, 한편 오랫동안 짖어대기 때문에 수다쟁이로 받아들였다. 거기다가 까치소리는 높고 커서 시끄럽기도 하다. 그래서 생겨난 것이 '조잘거리기는 아침 까치로구나.', '종잘거리기는 아침 까치로구나.'와 같은 속담이다. 이는 높고 큰 소리로 수다를 떠는 사람이 마치 시끄럽게 지저귀는 까치처럼 받아들여진 것이다.

영어권에는 이러한 속담으로, '까치와 같은 수다쟁이(chatter)', '여자와 까치는 항상 재잘거리고 있다(prating).', '온 세상에 알리고자 하는 것이 아니면 여자와 까치에게는 아무것도 말하지 마라.' 와 같은 것이 있다. 이들은 모두 '까치'를 시끄러운 수다쟁이로 본 것이다.

그런데 우리 속담에서는 '까치'를 단순한 수다쟁이, 떠버리로만 보지 않는다. 풍이 세고 흰소리를 잘 하는 새로 본다. '까치 뱃바닥 같다.', '희기는 까치 뱃바닥 같다.'와 같은 속담이 그것이다. '까치 뱃바닥 같다.'는 지나치게 풍이 세고 흰소리 잘하는 사람을 놀릴 때 하는 말이다. 채만식의 '태평천하'에는 다음과 같은 용례가 보인다.

병화와 종수는 위 아랫목으로 갈라 앉아 입맛 없이 담배를 피웁니다.
"멀쩡한 뚜쟁이 집이구면, 무엇이 달라요? 까아치 뱃바닥 같은 소릴……."
"글세 뚜쟁이 집은 뚜쟁이 집이라두 시방은 다르다니깐 그래!"

'희기는 까치 뱃바닥 같다'는 '까치 뱃바닥 같다'에 '희기는'이 더 붙어 비유를 좀 더 구체화한 것이다. '까치 뱃바닥 같다'는 말은 '희다'는 말이고, '흰소리'란 말이다. '흰소리'란 물론 '터무니없이 자랑으로 떠벌리거나, 거드럭거리며 허풍을 떠는 말'을 뜻한다. '아무 가진 것도 없으면서 흰소리치기는…'과 같이 하는 말이 그것이다.

'까치'가 이런 비유적 의미를 지니는 것은 까치의 배의 깃이 희기 때문이다. 펭귄은 배가 흰데도 연미복의 신사라 하는데, 까치는 이런 수모를 받는다. 미운 털이 박힌 것이다. 서양의 경우 그리스 신화에서 트라스의 9명의 딸들은 뮤즈와의 노래 시합에 져 까치가 되었다. 여기서 까치는 남의 재능을 시기하고 자신의 보잘것없는 재능을 거만스럽게 뽐내며 과시하는 속물을 상징한다. 이는 '까치 뱃바닥 같다.'는 의미와 놀랍게도 연결된다. 서양에서는 전승되는 이야기에 의하면 '까치'는 예수가 십자가에 못 박힐 때 상복을 거절하고, 노아의 방주를 타려하지 않았기 때문에 그 털이 흑백이 되었다 한다. 충분히 미운털이 박힐 만하였다. 그러나 우리에게는 역시 서작(瑞鵲)의 이미지가 강하다.

● ● ● ●

# 꽃 본 나비, 물 본 기러기

봄은 꽃의 계절이다. 그러기에 일본 속담에는 '꽃에는 삼춘(三春)의 약속이 있다.'고 한다.

속담에 반영된 꽃은 구체적인 꽃을 의미할 뿐 아니라, 몇 가지 비유적 의미를 지닌다. 그 대표적인 것이 미(美)요, 부귀와 영화이며, 여인이다.

'꽃구경도 식사 후'란 속담은 아무리 아름다운 꽃이라도, 배가 고프면 그것이 눈에 들어오지 않고, 감상할 마음의 여유가 없다는 말이다. 이는 사람이 미적(美的) 추구에 앞서 생리적인 욕구를 충족해야 함을 의미한다. '금강산도 식후경(食後景)'이나, '악양루(岳陽樓)도 식후경'이란 속담도 이러한 뜻을 나타내는 것이다. 일본의 '꽃 아래보다, 코 아래(花の下より, 鼻の下)'라 하여 꽃과 코의 동음어(同音語) '하나'를 활용한 운율적인 표현도 이 먹는 것을 강조한 것이다. 또한 일찍이 성현이 '의식(衣食)이 족한 연후에 예절을 안다.'

65

고 한 것도 마찬가지다. 인간이 아무리 만물의 영장이라고 외쳐
대어도, 역시 동물적 속성은 크게 벗어나지 못하는 모양이다.

'열흘 붉은 꽃 없다'는 권세나 영화가 일시적임을 나타낸다. 이
러한 속담으로는 '봄꽃도 한때', '십 년 세도 없고, 열흘 붉은 꽃
없다.', '한 달이 크면 한 달이 작다.', '달도 차면 기운다.', '화무
십일홍(花無十日紅)', '세무십년과(勢無十年過)'와 같은 것이 있다. 경판
(京板) '춘향전'에 보이는 '노세, 노세, 젊어 노세. 늙어지면 못 노
나니. 화무십일홍이요, 달도 차면 기우나니. 인생 일장춘몽이니
아니 놀구'란 그 대표적인 용례다.

꽃은 이렇게 부귀영화나 권세를 상징하나, 그 누리는 기간이
짧음을 드러내기 위해 쓰인다. 꽃으로 짧은 영화를 드러내는 것
은 일본이나 영어권 등 다른 나라의 속담에도 두루 보인다. 일본
속담에는 '꽃은 한 때', '꽃은 이레(七日)', '벚꽃은 겨우 이레', '사
람에게는 천일(千日)의 좋아함이 없고, 꽃에는 백일(百日)의 붉음이
없다.'와 같은 것이 있다. 영국 속담에는 '미모는 하루아침의 꽃
에 불과하다.', '용색(容色)은 꽃과 같이 시든다.', '제일 아름다운
꽃이 제일 먼저 시든다.'가 보인다. '장미와 처녀는 곧 그들의 피
어남을 잃는다.'는 독일 속담도 같은 성쇠의 무상함을 일러 주는
것이다.

꽃으로 여인을 상징하는 속담은 우리 속담에 많다. '꽃 본 나
비'는 그 대표적인 예다. 이는 사랑하는 임을 만난 즐거움을 비

유한다. 이러한 속담으로는 '꽃 본 나비 담 넘어가랴?', '꽃 본 나비, 물 본 기러기' 같은 것이 있다. 이들은 남녀 간에 정이 깊어 지나치거나 떨어지지 못함을 나타낸다. '꽃 본 나비 불을 헤아리랴?'는 위험을 무릅쓰고 임을 찾아가 즐김을 의미한다. 이러한 여인을 상징하는 꽃의 속담은 일본이나, 영국 속담에는 보이지 않는다.

꽃에 대한 인식은 나라와 민족에 따라 달리 나타난다. 우리 속담에서는 '꽃은 목화가 제일'이라 한다. 외모보다는 실리를 추구한 평가다. '꽃의 왕'이라면 중국에서는 모란(牡丹)이요, 일본에서는 벚꽃이다. 영국에서는 장미가 된다. 그러나 영국 속담에도 '꽃이 피는 것보다 열매 맺는 것이 낫다'고 하여 그 생산성을 강조한 것도 보인다. 예수가 무화과를 저주한 것도 같은 이유이다.

그러나 우리 시조에 보이는 꽃의 품평은 이와 다르다. 이는 중국의 발상을 차용한 것이라 하겠다.

목단(牧丹)은 화중왕(花中王)이요, 향일화(向日花)는 충효로다.
매화는 은일사(隱逸士)요, 행화(杏花)는 소인(小人)이요, 연화(蓮花)는 부녀(婦女)요, 국화는 군자(君子)요, 동백화(冬栢花)는 한사(寒士)요, 박꽃은 노인이요, 석죽화(石竹花)는 소년이요, 해당화(海棠花) 갓나희로다.
이 중에 이화(梨花)는 시객(詩客)이요, 홍도(紅桃) 벽도(碧桃) 삼

색도(三色桃)는 풍류랑(風流郎)인가 하노라.

그러나 '화중왕'은 역시 이들 꽃이 아닌, 여인이다. 그것은 '꽃
본 나비'로 대표되는 여인과 임의 상징으로서의 꽃이다. 여인을
'해어화(解語花)'라 하듯, 말을 아는 꽃이니 그 얼마나 귀한 꽃인가?
그러나 '꽃이 좋아야 나비가 모인다.'고 고상한 향기로 사람을 끌
수 있어야 한다. 매화는 향기, 벗꽃은 꽃, 사람은 마음으로 사람
을 끈다고 한다. 이 봄, 외모만이 아닌, 마음의 꽃을 활짝 피우는
많은 여인들과 만나고 싶다.

(女性中央, 1982년 5월호)

## 꿩 대신 닭

필요한 사물이 없으면 다른 사물로 '대신(代身)'하게 된다. 이때 놀랍게도 '대신' 사용되는 것은 대부분 본래의 사물보다 못한 것을 나타낸다. 그것도 그럴 것이 대신이란 '본(本)'에 대한 '부(副)'에 해당한 것이기 때문이다.

우리 속담에 '꿩 대신 닭'이란 것이 있다. 이 경우도 닭은 꿩보다 못한 경우다. 닭이 꿩보다 못한 것은 아마도 맛일 것이다. '물어도 준치, 썩어도 생치(生雉)'란 속담의 '생치'가 그것을 대변해 준다. 물고기로는 준치, 새나 짐승의 고기는 꿩고기를 치기 때문이다. '생치'란 익히거나 말리지 아니한 꿩고기를 말한다. 꿩 요리로는 생치구이, 생치김치, 생치만두, 생치저냐, 생치적과, 꿩김치(鷄菹), 꿩탕 등 여러 가지가 있다. 그러나 무엇보다 잘 알려진 것은 떡국의 경우다. 떡국은 고기 국물로 끓이게 되는데, 옛날에는 주로 꿩고기로 국물을 내었다. 꿩고기가 귀해지며, 쇠고기나 닭고기로 대신하였다. 속담의 '꿩 대신 닭'이란 바로 바로 이런 경우를 말한다. 따라서 이 속담은 오늘날 비슷한 것으로 대신한다는 의미를 나타내지만, 본래는 꿩이 보다 귀하고 맛있다는 의미를 내포하고 있는 말이라 하겠다.

'꿩 대신 닭'이란 속담의 용례를 보여 주는 다소 외설적인 패설(稗說)이 있다. 이는 부묵자의 파수록(破睡錄)에 보이는 짧은 소화(笑話)로, 사랑어른을 부끄럽게 만든 이야기다.

> 주인이 손님을 맞아 여종에게 다음과 같이 일렀다.
> "귀한 손님이 오셨으니 안에 들어가 여쭈어 송이 같은 것과 영계 같은 것과 함께 술상을 보아 오너라."
> 여종이 안에 갔다 나오더니 이렇게 고하였다.
> "아씨께서 영계 같은 것은 꿩이거니와, 송이 같은 것은 무엇이냐고 여쭈어 보라십니다."
> 주인은 그 말을 듣고 부끄러움을 이기지 못하였다.

이 이야기가 왜 우스개가 되고, 주인이 부끄러워했는지 모를 독자도 있을는지 모른다. 조금 고차원의 유머이기 때문이다.

주인은 "송이 같은 것"과 "영계 같은 것"으로 송이나 영계 따위(等屬)를 말하였다. 그런데 주인아씨는 이를 비유로 받아 외설적 응대를 한 것이다. 곧 주인은 딴 생각 없이 '송이나 영계'를 안주로 하여 술을 가져오라 한 것인데, 아씨는 "영계 같은 것은 꿩인데, 송이 같은 것은 무엇"이냐고 자못 음탕한 질문을 여종을 통해 하게 한 것이다. 흔히 "송이(松栮)"는 남근(男根)을 상징하기 때문이다. 따라서 점잖은 양반댁 아가씨가, 그것도 손님이 계신 사랑에 이렇게 물어왔으니, 주인이 부끄러워하지 않을 수 없었던 것이다. 이에 파수록의 저자는 이렇게 평언을 붙이고 있다. "부묵자가로되, 슬프도다. 어찌 감히 음란한 말씨로 그 장부를 희롱할까보냐? 이와 같이 해서 능히 그 집을 거느리는 자를 보지 못하였다." 그러나 과연 부묵자의 말처럼 양반집 아씨가 희롱하는 말을한 것인지는 알 수 없되, 확실히 오해의 소지는 충분히 있는 질문이었다.

다음에는 개와 닭에 오륜(五倫)과 오덕(五德)을 적용한 패러디(模作詩)를 보기로 한다. 이는 사람 '대신' 개와 닭에 쓰인 것이기 때문이다. 개의 오륜은 "강령탈춤"에 보인다.

> 지주불폐(知主不吠)하니 군신유의(君臣有義)요, 모색상사(毛色相似)하니 부자유친(父子有親)이요, 일폐중폐(一吠衆吠)하니 붕우유신(朋友有信)이요, 잉후원부(孕後遠夫)하니 부부유별(夫婦有別)이요, 소부적대(小不敵大)하니 장유유서(長幼有序)라. 이만하면 개인들 오륜(五倫)이 상당치 않으냐?

이는 모작시의 형태를 빌어 양반을 모욕한 것이다. 개의 오륜은 주인을 보고 짖지 않으니 군신유의요, 털빛이 같으니 부자유친, 개 한 마리가 짖으면 뭇 개가 짖으니 붕우유신, 새끼를 밴 뒤 수캐를 멀리 하니 부부유별, 작은 놈이 큰 개에게 덤비지 않으니 장유유서라는 것이다. 개에게 오륜이란 가당치도 않은 것이나, 타락한 인륜과 대조시켜 풍자한 것이다.

닭의 오덕은 중국 이야기다. 이는 머리에 관이 있는 것이 문덕(文德), 며느리발톱이 있는 것이 무덕(武德), 적과 필사적으로 싸우는 것이 용덕(勇德), 먹을 것이 있을 때 동료를 불러 모으는 것이 인덕(仁德), 실시(失時)하지 아니하고 새벽을 알리는 것이 신덕(信德)이란 것이다.

'꿩 대신 닭'이라는 속담과 같이 본래의 것이 없을 때 다른 것으로 대신 쓰는 것도 중요한 의미가 있다. 더구나 오륜과 오덕은 사람 아닌, 개·닭에 대신 적용함으로 인간의 자성을 촉구하게 한다.

# 끈 떨어진 망석중

'만석중', 혹은 '망석중'은 파계승의 대표자로 손꼽히는 조선시대의 인물이다. 허균(許筠)의 '성옹지소록(惺翁識小錄)'에는 다음과 같이 기록되어 있다.

매양 진이는 말하였다.
"지족선사(知足禪師)가 30년을 면벽하여 수행했으나, 내가 그의 지조를 꺾었다. 오직 화담(花潭) 선생은 여러 해를 가깝게 지냈으나 끝내 관계하지 않았으니 참으로 성인이시다."

이렇게 도승 지족선사가 만석(曼碩)이요, 일명 '망석'이라고도 일러지는 인물이다. 황진이가 만석중을 파계시킨 이야기는 설화에 여러 가지로 전한다. 그 하나가 황구연 옹이 구술한 '명기 황진이' 설화다(김재권, 2007). 이는 문헌설화에 비교적 성실한 설화다.

황진이(黃眞伊)는 기문(妓門)에 들어와 김경원, 송도 유수 송공, 이사종, 이 생원, 벽계수와 교유한 뒤에 '생불(生佛)' 지족선사를 찾았다. '생불'이란 허명(虛名)을 믿는 자들을 깨우쳐 주기 위해 시험하러 찾은 것이다. 처음에 그녀는 염불하고 있는 지족에게 죄인을 인도해 달라고 간청하였다. 아무리 애원을 해도 선사의 마음은 요지부동이다. 진이는 선사의 손을 덥석 잡고 애원하였다. 그래도 반응이 없다. 그녀에게는 서릿발 같은 여자의 독기가 서리고, 이기고 말겠다는 자존심이 불타올랐다. 진이는 지족의 얼굴에 자기의 얼굴을 비벼대고, 머리를 끌어안고 그의 입술을 빨았다. 그리고 평생 처음으로 아양을 떨고 하소연을 하였다. 그래도 지족은 도승답게 끄떡도 안 한다. 진이는 이를 악물고 최후의 방법을 썼다. 온몸이 불덩어리가 된 선사도 마침내 눈을 뜨고 진이의 황홀한 몸뚱이를 끌어안았다.

그러자 진이는 몸을 빼었고, 선사는 무릎걸음으로 다가왔다. 생불이 한 남자로서 무너진 것이다. 진이는 야유와 풍자로 녹일 대로 녹이고, 골릴 대로 골렸다. 그리고 그녀는 애걸하려는 선사의 입을 막고, "이제 곧 지족과 진이는 지아비와 지어미의 사이로 돌아갈 거요. 서두르지 마시고 그대가 원하는 곳으로 인도하시오." 라고 말했다. 그 이튿날 송도 거리에는 명월이 지족을 파계시켰다는 소문이 파다하게 퍼졌다.

이렇게 지족은 파계하였다. '끈 떨어진 망석중'이란 속담은 이 지족선사, 망석중에 연유하는 것이다. 이 속담은 꼼짝도 못하게

된 신세거나, 물건이 아무짝에도 쓸 수 없게 된 것을 비유적으로
나타낸다.

이 속담이 이러한 뜻을 나타내게 된 데에는 음력 사월 초파일
에 행해지는 인형극(人形劇) '망석중이극'으로 말미암는다. 이 극의
주인공은 '망석[曼碩]'이다. '망석중'은 경도잡지(京都雜誌)에 보이는
'만석승(曼碩僧)'의 취음이다. '만석중'과 '망석중'은 동일 인물로,
오늘날은 '망석중'을 표준으로 잡고 있다. 그리하여 인형극 이름
도 '망석중이극', 또는 '망석중이놀이'라 한다. '망석중이극'에 대
하여는 다음과 같은 이야기가 전한다. 이는 앞에서 소개한 '망석
중의 파계' 설화와 대동소이하다.

송도의 기생 황진이가 도승 지족선사의 마음을 시험해 보려 그
에게 접근하였다. 선사는 30년 동안이나 도를 닦아 거의 생불(生
佛)이 되어 재를 올릴 때마다 신도들이 바친 쌀이 무려 만석(萬石)
이나 되어 '만석중'이란 별명을 얻었다. 그러한 그가 미인 황진이
의 유혹에 빠져 파계하였다. '망석중이극'은 이를 풍자하기 위해
만들어진 것이다.

따라서 속담 '끈 떨어진 망석중'은 인형극에서 인형을 조종하
는 끈이 끊어지면 인형극을 연출할 수 없으므로, 그 주인공 '망
석중'이 무용지물이 된다는 말이다. 여기에서 이 속담은 인형극에

서 끈이 떨어지면 인형이 제 구실을 못하듯이, 사물이 제 기능을 할 수 없을 때 무용지물이 됨을 의미하게 된 것이다.

'망석중'과 관련된 속담에는 또 '만석중이 놀린다.'는 것이 있다. 이는 '망석중이극'을 연출한다는 말이니, 꼭두각시를 놀린다는 말이다. 꼭두각시는 연출하는 대로 오고 가는가 하면, 손발을 움직인다. 연출자가 놀리는 대로 움직인다. 따라서 이 속담은 꼭두각시를 놀리듯 남을 자기 의향대로 부리는 것을 비유적으로 나타낸다. 만석중이는 위의 설화에서 보면 황진이의 연출에 의해 진이를 업고 절 마당을 돌기도 하였다.

'끈 떨어진 망석중'과 같은 뜻을 나타내는 속담에 '끈 떨어진 뒤웅박'이란 것도 있다. 인형극과 소원한 사람은 오히려 이 속담의 '끈 떨어진 뒤웅박'이 좀 더 무용지물이란 실감이 다가올 것이다. '끈 떨어진 망석중'이나, '끈 떨어진 뒤웅박'이나 간에 인생이 그런 신세가 되어서는 안 될 것이다. '망석중이 놀린다.'는 망석중이가 되어서도 안 된다. 이왕이면 연출자 황진이가 돼야 한다.

## 남대문이 게 구멍

우리 속담에 '남대문(南大門)'이란 말이 들어가는 것이 너덧 개 있다. '남대문 구멍 같다', '남대문입납(入納)', '모로 가나 기어가나 서울 남대문만 가면 그만이다.', '이그러진 방망이 서울 남대문에 가니 팩했다.' 같은 속담들이 그것이다. 이들 속담에 쓰인 '남대문'은 '크다'거나, '서울', 또는 '장소'로서의 남대문을 가리킨다.

그런데 이와는 다른 뜻으로 쓰인 '남대문'도 있다. '남대문이 게 구멍'이란 것이 그것이다. 이는 '남대문 구멍 같다.'가 그 구멍이 매우 큼을 나타내는 데 대해, 그 구멍이 게 구멍(蟹穴)과 같이 작다는 것을 나타낸다. '춘향전'에도 보면 다음과 같은 구절이 보인다.

남대문이 게 구멍이요, 인경이 매방울이요, 선혜청(宣惠廳)이 오 푼이요, 호조(戶曹)가 서 푼이요, 하늘이 돈짝 같고, 땅이 매암 돈다.

이는 경판(京板) '춘향전'에 보이는 것이거니와, '남원고사'에도 같은 표현이 보인다. 도령이 춘향의 집에서 술에 취했을 때의 모습이다. 술에 취했을 때에는 마음이 호탕하고, 담대해져 모든 것이 작게 보이는가 하면, 세상이 빙빙 돎을 나타낸 것이다. '성수패설(醒睡稗說)'에는 이러한 취흥을 그린 재미있는 설화가 보인다. 이름 하여 '남문묘혈(南門猫穴)', 남대문이 고양이 구멍이란 것이다.

어떤 사람이 집을 나서면 반드시 술에 취하여 갓을 부수었다. 그러나 그는 가난하여, 계속하여 갓을 장만할 수가 없었다. 그리하여 빌려 썼으나, 그것도 부수었다. 하루는 부득불 종로에 나가야 했다. 그러나 쓰고 나설 갓이 없다. 그는 아내에게 말했다.

"오늘은 부득이 문안에 들어가야겠소 아무개의 집에 가서 갓을 좀 빌려 오우."

아내가 대답했다.

"당신은 갓을 잘 부수기로 유명한데, 누가 즐겨 갓을 빌려 주겠소?"

"이번에는 맹세코 정하게 쓰고 돌려줄 것이니, 염려 말고 좀 빌려다 주오"

아내는 할 수 없이 창피를 무릅쓰고 빌려와서 다짐을 받았다.

"오늘은 명심하여 술 마시지 말고, 갓을 정히 쓰고 돌아오시오"

그는 이날도 크게 취하여 남대문에 이르러서 남대문을 바라보니, 문구멍이 몹시 좁아 마치 고양이 구멍과 같아 보였다. 그는 마음속으로 이렇게 생각하였다.

"내가 남의 귀중한 갓을 빌려 쓰고 왔는데, 문구멍이 이렇게 좁으니 만일 갓을 쓴 채 나간다면 반드시 망가뜨리게 될 것이다."

그리하여 갓을 벗어서 접고 또 접어 허리에 매어달고 집으로 돌아왔다. 아내가 그를 보니 그는 갓도 쓰지 않고, 맨상투째로 돌아온 것이 아닌가? 아내는 크게 놀라 물었다.

"갓은 어디 두었어요?"

그는 술에 취해 몸을 흔들며, 혀 꼬부라진 소리로, "오늘은 깨끗이 잘 가지고 왔으니 걱정 마오"라 하였다. 그리고 허리를 더듬어 갓을 꺼내 보이면서 말하였다.

"남대문이 몹시 협착하기에 갓을 쓰고 나오면 망가질까 두려워 차고 왔으니, 조금도 상한 데가 없을 거요."


이 설화에서는 남대문 구멍이 작은 것을 '게 구멍' 아닌, '고양이 구멍'으로 비유하고 있다. 심약한 사람이 술기운을 빌려 대담한 일을 꾀하게 되는 것도, 이 호탕하고 담대해지는 기분 때문이라 하겠다.

그러나 우리 속담에 '술 먹은 개'란 것이 있다. 이는 인사불성(人事不省)으로 술 취한 사람을 개와 같다 하여 멸시하는 말이다. 그리고 '술이 아무리 독해도 먹지 않으면 취하지 않는다'는 속담도 있다. 문제는 술에 있는 것이 아니라 사람에 달렸다.

어쨌든 사회생활을 하자면 술을 마시지 않을 수 없는 것이고 보면 적당히 마셔야 하겠다. '알맞게 먹으면 약주(藥酒)요, 지나치게 마시면 독주(毒酒)'라 한다. 좋은 음식 먹고, '술 먹은 개'라고 멸시를 받을 것은 없지 않은가? "남대문이 게 구멍이요, 인경이 매 방울이라."는 아무래도 과음한 상태임에 틀림없다.

(女性中央, 1986년 3월호)

# 남편은 두레박 아내는 항아리

　봄은 사랑의 계절이다. '춘정(春情)'이나 '사춘기(思春期)'란 말이 드러내듯, 봄은 이성을 연모하는 계절이다. 그러기에 이 봄에도 많은 젊은이가 그들의 짝을 찾아 사랑의 보금자리를 마련하리라.

　우리 속담에는 우리 조상의 결혼관(結婚觀)이 반영되어 있다. 그것은 '짚신도 제 날이 좋다', '혼인에 가난이 든다.', '귀머거리 삼년', '남편은 두레박 아내는 항아리'란 속담으로 대변된다.

　우리 선조들은 '짚신도 제 날이 좋다'거나, '딸 보아 사위 고른다.'고 걸맞은 사람끼리 짝을 맺는 것이 마땅하다고 생각하였다. 이러한 생각은 동서양을 막론하고 일찍부터 있었다. 희랍에서는 '일치(一致)는 사랑의 어머니, 유사(類似)도 사랑의 어머니'라 했고, 로마의 시인 오비디우스(Ovid)는 '신분이 같고, 재산이 같고, 나이가 같으면 가장 행복한 결혼이 된다. 현명하게 결혼하려면 동등한 사람과 결혼하라.'고 하였다. 중국에서도 정(鄭)나라 태자 홀(忽)

이 제(齊)나라가 크다는 이유로 제후(齊侯)의 청혼을 거절한 바 있다. 일본에서는 이러한 생각이 '걸맞지 않은 것은 불연(不緣)의 바탕'이란 속담으로까지 굳어져 있다.

'혼인에 가난이 든다.'는 속담은 혼인에 가난이 따름을 의미한다. '딸 셋을 여의면 기둥뿌리가 팬다.'거나 '딸이 셋이면 문 열어놓고 잔다.'는 속담은 이 가난의 이유가 어디 있는지 잘 알려 준다. 혼사, 그것도 딸의 혼수에 많은 경비가 든다는 말이다. 이런 것을 보면 예부터 우리 조상들은 딸을 시집보낼 때에 혼수를 많이 해 주었던 것 같다. 그러나 이러한 혼수도 우리만의 풍습은 아니었다. 후한서(後漢書)에는 '도적이 다섯 딸을 둔 집 문을 그냥 지나치지 않는다.'고 했고, 일본 속담은 '딸이 셋이면 재산을 탕진한다.'고 한다. 그리고 영국 속담은 '두 딸과 뒷문은 세 그릇된 도적'이라 한다. 딸을 도둑이라 한 것은 우리도 마찬가지다. 우리 속담에 '딸자식은 도둑년이다.'라 한 것이나, '딸은 아는 도둑'이라 하는 것이 그것이다. 일본의 경우는 좀 더 심해 '딸자식은 강도 여덟 사람'이라고까지 하고 있다.

그러나 혼인치레가 곧 잘 사는 길이라고는 생각하지 않았다. '혼인치레 말고 팔자치레 하랬다.', '삼현육각(三絃六角) 잡히고 시집간 사람 잘 산 데 없다.', '이고지고 가도 제 복 없으면 못 산다.'고 예장(禮裝)보다 시집가서 잘 사는 것이 중요하다고 생각했다. 영국의 속담은 '최대의 지참금은 최대의 유언이 되지 않는다.'고

하고 있다.

지난날 여인의 결혼생활은 인종(忍從)의 생활이어야 했다. '귀머거리 삼 년'이나, '귀머거리 삼 년이요, 벙어리 삼 년이라.'가 이를 단적으로 나타내 준다. 듣고 보고 말하지 않는 생활을 강요한 것이다. 그러기에 여인들은 '귀머거리 삼 년, 벙어리 삼 년, 장님 삼 년, 석 삼 년을 살고 나니 메꽃 같은 요 내 얼굴 호박꽃이 되었구나.'라고 탄식하지 않으면 안 되었다. 그러나 결혼생활이 온통 불행한 것만은 아니었다. '시집 가 석 달, 장가 가 석 달 같으면 살림 못할 사람 없다.', '일 년 시집살이 못하는 사람 없고, 벼 한 섬 못 메는 사람 없다.'고 결혼 초에는 사랑을 받게 마련이었다.

영국 속담은 이러한 결혼생활을 아주 재미있게 나타내고 있다. '신혼 때 두 사람의 1개월은 곧 쪽쪽, 2개월째에는 이리저리 돌아다니고, 3개월째에는 찰싹찰싹, 4개월째는 중매인 원망'이라 한다. 여기서 '쪽쪽'은 키스 소리, '찰싹찰싹'은 때리는 소리다. 영국 사람은 쉽게도 뜨거워지고, 쉽게도 식는 모양이다. 그리고 영국 속담이 우리와 다른 점은 결혼을 부정하는 속담이 많다는 것이다. '오늘 결혼하면 내일 후회하게 된다.', '불행한 결혼보다 혼자 있는 것이 낫다.', '결혼하는 것은 좋은 일이나, 결혼하지 않는 것은 더 좋은 일이다.' 따위가 그것이다. 이에 대해 우리 속담은 '영감 밥은 누워 먹고, 아들 밥은 앉아 먹고, 딸의 밥은 서서 먹는다.'고 결혼에 회의를 갖기보다 남편이 인생에 제일 미더운 존재라고 생각했다. '아들 돈은 사돈네 돈'이라고 결혼한 아들은 이미 며느리 차지로 포기하였다. 따라서 '남편은 두레박, 아내는 항아리'라고, 남편이 밖에서 벌어오면 아내는 이를 잘 간직하여 재물을 축적해야 했다. 더구나 여인은 '출가외인'이라고 '죽어도 시집 울타리 밑에서 죽어라.'라고 일러지던 세상임에랴.

영국 속담에 '결혼은 슬픔을 반으로 하고, 기쁨을 배로 하며, 지출을 4배로 한다.'고 한다. 그러나 우리의 '남편은 두레박, 아내는 항아리'란 속담처럼 열심히 버는 남편, 알뜰히 저축하는 아내이고 보면, 지출이 4배가 될 리 없고, 결혼생활은 행복한 나날들로 이어질 것이다.

(女性中央, 1982년 4월호)

# 내 일 바빠 한댁 방아

세상사란 언제나 자기 마음대로 되는 것이 아니다. 급할수록 걸기적거리는 것이 많고, 호사다마(好事多魔)라고 좋은 일에는 마가 많이 끼게 마련이다.

우리 속담에 '내 일 바빠 한댁 방아(己事之大忙 大家之春促)'란 것이 있다. 이 속담은 자기 일이 바빠, 그 일을 하자니 큰집 방아부터 찧는다는 말이다. 곧 자기 일이 바쁠 때 그 일을 빨리 하기 위해 부득이 남의 일부터 먼저 하는 것을 말한다. 이 속담은 삼국유사(三國遺事) 권5에 전하는 욱면낭(郁面娘)의 이야기에서 연유하는 것으로, 우리나라에서 가장 오래된 속담으로 알려지는 것이다. 삼국유사에 전하는 내용은 다음과 같다.

신라 경덕왕(景德王) 때 선행을 한 사람이 불도(佛道)에 뜻을 두어 미타사(彌陀寺)라는 절을 짓고 모임을 가졌다. 이때 아간(阿

干) 귀진(貴珍)이란 사람 집에 욱면(郁面)이란 여자 종이 있었다. 그녀는 주인을 따라 절에 갔다. 그리고 뜰에 서서 중을 따라 염불을 하였다. 주인은 여종이 이러한 염불을 하는 것이 마땅치 않아, 염불에 참예하지 못하게 하루 곡식 두 섬을 주어 저녁에 찧게 하였다. 그랬더니 욱면낭(郁面娘)은 그 곡식을 초저녁에 다 찧고 절에 나와 밤낮으로 염불을 하였다. 그녀는 뜰 좌우에 긴 말뚝을 세우고, 새끼줄로 두 손바닥을 꿰어 말뚝에 매고 합장하여 좌우로 밀며 스스로 염불에 힘을 쏟았다. 그러자 공중에서 욱면낭을 부르고, 법당에 들어가 염불하라는 소리가 울려 왔다. 절에 있던 사람들은 이 소리를 듣고, 그녀를 권하여 불당에 들어가 전례대로 불도에 정진하게 하였다. 그리고 얼마 아니 있어 천악(天樂)이 서쪽에서 들려오더니 그녀는 지붕을 뚫고 솟아올라 서쪽 교외(郊外)로 갔다. 그리고 해골을 버리고 부처의 몸(佛身)으로 변하여 연화대(蓮花臺)에 앉아 대광명(大光明)을 비추고 천천히 사라졌다. 이때 음악소리가 공중에서 그치지 아니하였다.

이렇게 욱면낭이 불도에 정진하기 위해 주인집 방아를 찧은 데서 오늘날의 속담 '내 일 바빠 한댁 방아'가 생겨난 것으로 보인다. 사실 나의 개인적인 일이 바쁘거나, 아쉬운 일이 있게 되면 이를 해결하기 위해, 우선 그것이 아무리 귀찮고 궂은 일이라도 부과된 공적인 일부터 먼저 할 수밖에 없다. 이명선본(李明善本) '고본 춘향전'을 보면 재미있는 이야기가 하나 보인다.

도령이 춘향의 집을 처음 찾아갈 때 방자가 도령을 골리는 장면이다. 남이 계집 보는데 젊은 놈이 따라가자니 심술이 나 방자는 몇 번씩이나 같은 길을 돌았다. 그리고 기생집 찾는 길에 둘이 다 편발(辮髮), 곧 관례를 하지 않은 아이들이니 방자라 말고 이름을 불러 주어야 모시고 가겠다고 몽리를 부린다. 그런데 이 방자의 이름이 묘해 성은 '아'가요, 이름은 '버지'란다. 도령이 그냥은 도저히 부를 수 없다. 오늘만 역성명(易姓名)하자고 제의한다. 그랬더니 방자가 하는 말이 아무리 상놈이라도 이름과 성을 바꾸는 변명(變名) 역성(易姓)은 안 될 말이니 혼자 춘향의 집을 찾아가라 한다. 그리고 내일 책방(冊房)에서 만나자 하고 어둠 속에 자취를 감춘다. 도령은 정말 '내 일 바빠 한댁 방아'의 심정이 되지 않을 수 없다. 그래서 할 수 없이 양반의 체면에 방자를 '아버지!'라고 불러, 방자의 '우애'하는 조롱을 받고 말았다. 탈춤의 대사가 연상되는 양반에 대한 조롱과 모욕의 장면이다.

농촌이나 도시에서나, 가정에서나 사무실에서나 오늘도 내 일이 바빠 남의 일부터 서둘러 하지 않으면 안 되는 일이 많을 것이다. '내 일 바빠 한댁 방아'를 찧는 사람은 일반적으로 약자의 자리에 놓인 사람이다. 그는 남을 속일 줄도 모르며, 커다란 배경을 이용할 줄도 모르는 선량한 서민이다. 그들은 법 없이도 살 사람들이다. '한댁 방아'를 찧고, '내 일'을 할 수 있으면 만족할 사람들이다. 그들이 노력한 만치 대가(代價)를 받으면 더 없이 기뻐할 사람들이다.

그런데 우리는 근자에 '한댁 방아'만 찧고, '내 일'을 하지 못하는 비리(非理)를 자주 목격하게 된다. 힘없고 가난한 서민들에게 '큰 손'의 어둡고 그늘진 그림자가 지워지지 않아야 하겠다. '내일'을 하기 위해 '한 댁 방아'를 찧는 수고로움과 기쁨을 앗아가서는 안 된다. '내일 바빠 한댁 방아'를 찧는 선량한 서민들에게 욱면낭의 승천(昇天)의 기회가 다가오기를 바라 마지않는다.

(女性中央, 1982년 8월호)

### 누가 흥이야 항이야 하랴?

사촌이 땅을 사면 배가 아프다고 한다. 남이 잘 되는 것을 시샘하는 것이 인간의 본능인 모양이다. 조선조 숙종 때 김수흥(金壽興), 김수항(金壽恒) 형제가 있었다. 이들은 세도하던 재상으로, 당시 당파싸움의 소용돌이에서 질시도 많이 받았던 모양이다. 그리하여 그들의 권세를 미워하는 사람이 '누가 감히 흥(興)이니, 항(恒)이니 하겠는가?' 하고 지탄했다 한다. 이것이 속담으로 굳은 것이 '누가 흥이야, 항이야 하랴?'라 한다. 남이 잡은 권세에 대해 뭐라고 말할 수 없다는 뜻이요, 나아가 남의 일에 이래라 저래라 할 수 없다는 것을 나타내는 말이다.

같은 영상(領相)의 자리에 있었으면서도 '흥'이나 '항'과 같이 떵떵거린 세도로, 그 이름이 속담에 화석(化石)이 되는 것이 아니라, 오히려 청빈의 화신으로 속담에 정착된 재상도 있다. '계란에 유골'의 주인공인 황희(黃喜) 정승이 그분이다.

황희 정승은 매우 청빈하게 살았다 한다. 이를 가엾이 여긴 임금은 묘안을 내었다. 어느 날 하루 새벽에 남대문을 열면서부터 저녁에 문을 닫을 때까지 이 문을 드나드는 물건은 모두 황 정승을 주신다고 명령을 내린 것이다. 그런데 그날따라 마침 새벽부터 온종일 비바람이 몰아쳐 드나드는 장수도 없고 물건도 없었다. 그러다가 날은 어두워졌고, 시골 노인이 계란 한 꾸러미를 들고 문을 들어섰다. 그래서 이를 황 정승 댁에 보내어 삶아 먹게 되었는데, 먹으려 하니 모두 곯아서 먹을 수 없었다. 조그마한 성은(聖恩)마저 허사로 돌아갔다. 이러한 고사에서 생겨난 속담이 '계란에 유골'이라 한다. 이는 흔히 '계란에 유골(有骨)'이라고 계란에 뼈가 있다는 식으로 해석한다. 그러나 이는 잘못 해석한 것이요, 고사의 내용처럼 '계란에 유곯', 곧 계란이 '곯았다'는 것으로, '곯다'의 어근 '곯'이 동음어 골(骨)에 이끌려 잘못 해석하게 된 것이다.

'계란에 유골'은 오늘날 '일이 잘 안 되던 사람이 모처럼 기회를 얻었으나, 그 일마저 잘 안 되고 말았다'거나, '운수 나쁜 사람의 일은 뜻하지 않은 방해가 끼어들어 연거푸 재수가 없음'을 나타내는 데 쓰인다. 이러한 뜻의 속담으로는 '계란에도 뼈가 있다', '두부에도 뼈라.', '마디에 옹이', '기침에 재채기', '복 없는 가시내가 봉놋방에 가 누워도 고자 곁에 가 눕는다.', '아니 되는 놈의 일은 자빠져도 코가 깨진다.', '칠십에 능참봉을 하니 하루에 거동이 열아홉 번이라.' 등 많이 있다.

박지원(朴趾源)의 '양반전(兩班傳)'에는 양반을 사려던 부자가 매매 증서에 적는 양반의 조건을 듣고, "참 맹랑하오. 나를 장차 도둑으로 만들 작정이오?" 하며 도망을 하였다. '사모 쓴 도적놈'이란 속담도 있듯 재물을 탐하는 것이 벼슬아치였다. 그러나 충렬왕 때의 목민관(牧民官) 최석(崔碩)은 그런 사람이 아니었다.

승평(昇平) 고을에서 임기를 마치고 떠나는 최석(崔碩)에게 여덟 마리의 말을 선사하였다. 이것은 그곳의 관습이었다. 청렴한 수령은 사양하였다. 전례라고 하나 국고를 축낼 수 없다는 것이었다. 그리고 "정성을 생각하여 돌아가는 길의 편의를 위해 말 한 필을 잠시 빌려 가겠다."고 하였다. 서울로 돌아온 그는 약속대로 말을 돌려보냈다. 그러자 승평 고을에서는 그냥 받을 수 없다 하여 다시 돌려보냈다. 최석은 펄쩍 뛰었다.

"아… 아니 나를 탐관으로 아는 모양이구나. 옳지 내가 승평에서 나은 내 말의 망아지를 거느리고 온 것이 잘못이다. 그것은 승평에서 낳아 승평 젖을 먹고 자랐으니 마땅히 승평 것이 되어야 하거늘 내가 잘못 끌고 왔도다. 그러기에 나를 탐관으로 알고 이렇게 말을 보내는 것이지……."

이렇게 생각하고 최석은 보내 준 말에 망아지까지 안동하여 다시 승평으로 보냈다. 승평 고을에서는 최석을 위해 송덕비(頌德碑)를 세웠다. '팔마비(八馬碑)'라 하였다.

황희 정승이나 승평 고을 원 최석은 군림하거나 욕심내는 관장이 아니었다. 오히려 민중을 위해, 그들과 애환을 같이 한 공복(公僕)이었던 것으로 보인다. 그러기에 그들에게는 마음에서 우러난 송덕비가 세워졌다. 그러나 '푸른 양반'을 과시한 것으로 보이는 '수흥', '수항'은 각각 '정배 객사(客死)', '정배 사사(賜死)'라는 운명으로 인생을 마치고 말았다.

'누가 흥이야, 항이야 하랴?'고 내 권리를 내가 행사하는 것이라고 큰소리 칠 것만도 아닌 것 같다.

(女性中央, 1983년 6월호)

# 닭 쫓던 개 지붕 쳐다보기

잘 알려진 우리 속담 가운데 '닭 쫓던 개 지붕 쳐다보기'란 것이 있다. 한참 하려고 애 쓰던 일이 실패로 돌아가거나, 같이 애쓰다가 남에게 뒤떨어져 어찌할 도리가 없어 민망하게 됨을 이르는 속담이다.

이 속담에 대해 '이담속찬(耳談續纂)'은 '동학(同學)이 겨루다가 벗이 먼저 나아감을 비유하는 것'이라 하였고, '동언해(東言解)'는 '구하나 얻지 못해 희망이 아득함'을 나타낸 것이라 하였다. 또 '열상방언(洌上方言)'은 이들과 달리 '일을 실패하여 무료함을 이름'이라 하고 있다. 그렇다면 이들 가운데 근원이 되는 의미는 무엇일까? 이는 아마도 '이담속찬'의 해석일 것으로 추정된다. 곧 동문수학(同門修學)하는 동료의 학문과 벼슬이 먼저 피어남을 보고, 자신의 능력의 한계를 의식한 속담이란 말이다.

이러한 해석은 '이담속찬'의 기록 외에 민간에 전승되는 설화가 뒷받침해 준다. 다음은 평안남도 대동군(大同郡)에 전해지는 설화다.

옛날에 닭이 모이를 쪼아 먹고 있었다. 황소가 자기는 허구한 날 힘든 일만 하고 콩 껍질과 짚 나부랭이만 먹는데, 너는 하는 일도 없이 쌀만 먹으니 어찌된 일이냐고 불평을 하였다. 닭은 그게 무슨 말이냐며, "황소님은 아무것도 배운 것이 없잖아요 그래서 힘든 일을 해도 먹는 건 변변치 않은 거예요 나는 학문이 많아서 그렇게 힘든 일을 하지 않고도 좋은 쌀만 먹는 거예요" 하였다. 그러자 개가 나서서 황소는 고사하고, 자기만 하여도 밤잠을 자지 않고 도둑을 지키면서 눌은밥이나 얻어먹는데 무슨 소리냐고 했다.

닭은 남이 하지 못하는 시간을 알려 주는 벼슬을 하고 있으며, 비단옷에 옥관자(玉貫子)를 단 양반이라 하였다. '꼬끼요' 우는 소리는 '고기요(告其要)'라고 중요한 것을 알린다는 소리라고도 했다. 그리고 "개님께서 짖는 소리는 아무 뜻도 없잖아요?" 하였다. 그러자 개는 '멍멍'하고 짖는 소리는 '멍텅구리'란 뜻이니, 자기야말로 양반이라 하였다. 그리고 "나는 개 팔아서 두 냥 반이다."라고도 하였다. 그러자 닭은 "별소리 다 듣겠네. 개 팔아서 두 냥 반이라니. 그럼 개장수에게 팔려갈 때 마지막으로 양반이 된다는 말인가?" 하고 개를 놀려댔다. 개는 분을 참지 못하고 멍멍 짖으며, 닭한테 달려들어 볏을 물어뜯었다. 그러나 닭은 뿌리치고 지붕으로 날아가 개를 보고 이렇게 말했다. "이 녀석아, 여기는 올라올 수 없지?" 개는 닭을 놓치고 지붕만 쳐다보며, 어찌할 줄 몰라 하였다. 닭의 볏이 톱니 모양이 된 것은 이때 개에게 물린 이빨 자국이며, 이렇게 해서 생긴 속담이 '닭 쫓던 개 지붕 쳐다보기'다.

이 설화에는 소, 개, 닭이 등장하거니와, 이들은 동문수학하는 동료에 비유된 것이라 하겠다. 그리고 이 가운데 닭, 개, 소의 순으로 학문과 출세가 빨랐으며, 뒤진 자는 앞선 자를 따를 수 없었다. 이는 인생에 교훈을 주는 하나의 우화(寓話)라 할 것이다. 사람이 살아나가는 데는 학문을 닦아야한다는……. 그리고 사람은 자기의 능력의 한계를 의식하고 살아야 한다는 교훈을 주는…….

그런데 우리는 자신의 능력이나, 소질은 생각지 않고 허욕과 허세를 너무 부린다. 이는 일류병(一流病)이요, 최고병(最高病)이다. 남이 잘 되는 꼴을 못 본다. 꿈을 높이 가지는 것은 좋다. 그러나 능력과 소질이 전제가 돼야 한다. 사람은 같은 사람이니까 평등해야 한다는 일반화는 곤란하다.

'뱁새가 황새를 따라가면 다리가 찢어진다.'는 속담이 있다. 제 분수에 넘치는 짓을 하게 되면 탈이 나게 마련이다. 송충이는 솔잎을 먹어야 한다. 우리 속담은 '송충이가 갈잎을 먹으면 떨어진다.'고 가르쳐 준다. 송충이가 갈잎을 먹으면 나무에서 떨어진다는 말이다. 오늘날 신문의 사회면을 어지럽히는 것은 모두 '뱁새'

가 '황새'를 따라가고, '송충이'가 갈잎을 먹으려는 데서 화근이 빚어진 것이다. 요사이 시비의 대상이 되고 있는 '과대 선전'도 그 한 예다. '닭 쫓던 개 지붕 쳐다보기'의 본래 뜻대로, 자신의 능력의 한계를 인식하고, 이 속담의 확장된 의미처럼 일을 저지르고, 하염없이 눈물짓지 않도록 할 일이다. 지피지기(知彼知己), 곧 남을 알고 나를 아는 것이 백전백승의 용병법(用兵法)이라 하거니와, 나를 바로 아는 것이 인생을 인생답게 살게 하는 제1조라 할 것이다.

(女性中央, 1984년 4월호)

## 대객초인사(對客初人事)

　　정초가 되면 어느 집이나 손님을 많이 맞게 된다. 정초가 아니라도 손님을 맞을 때가 있다. 이렇게 손님을 맞게 되면 제일 먼저 하게 되는 것이 무엇일까? 아마도 술을 대접하거나 차를 대접하는 것이라 생각하는 사람이 많을 것이다. 그러나 이에 앞서 하는 것이 있다. 담배를 권하는 것이다. 우선 인사말을 주고받은 뒤에는 담배를 권한다. 아니 모르는 사람에게는 담배부터 권하고 그 뒤에 인사를 청한다. "초면에 실례합니다. 통성명이나 하고 지냅시다." 이렇게 된다.

　　우리 조상들은 손님을 맞아 우선 담배부터 권했다. 손님을 맞아 담배 권하는 것을 '대객초인사(對客初人事)'라 했다. 그래서 이 말은 속담이 되기까지 했다.

　　'대객초인사'란 말은 우리의 대표적인 고전 춘향전에도 보인다. 도령이 광한루에서 춘향을 만난 뒤 해가 지기를 애타게 기다리던 끝에 춘향이네 집을 찾았을 때의 일이다. 경판(京板) '춘향전'에는 이때의 장면을 다음과 같이 그리고 있다.

　　춘향의 거동 보소 계하(階下)에 바삐 내려 옥수를 덥석 잡고 방으로 들어가 좌정한 후 대객초인사(對客初人事)는 강수복(康壽福) 헌수복(獻壽福)의 부산죽(釜山竹) 서천죽(舒川竹), 소상반죽(瀟湘斑竹), 양칠간죽(洋漆竿竹), 각죽(角竹), 칠죽(漆竹), 서산용죽(瑞山龍竹), 백간죽(白簡竹)이 수수하다.

　이렇게 도령을 맞은 춘향은 '대객초인사'로 명죽(名竹)에 명초(名草)를 담아 불을 붙여 권하였다. 고대본(高大本) '춘향전'은 이러한 '대객초인사'를 사설 풀이로 제시하고 있다.

　　도련님이 기생의 집이 처음이라. 사당(祠堂)에 간 듯이 꿇어앉으니, 물론 아무 집이라도 손님이 오시면 담배부터 대접하겠다.

　여기서는 엽초(葉草)를 잘 펴서 접어 잠을 재운 뒤 이것을 잘게 썰어 백통대에 눌러 넣고 불을 붙여 권한다. 이때 '항라치마에 아드득 씻어'라고 물부리를 치마에 닦아 씻는, 우리 아낙네의 전통적 습관까지 생생하게 묘사하고 있다.

　또한 '대객초인사'의 재미있는 장면은 '토끼전'에 보인다. 자라가 토끼의 간을 구하러 뭍에 나와 산곡 간(山谷間)에 호걸 만났다

고 토끼를 추켜올린 뒤 청하니 토끼가 자라에게 다가온다. 이때
의 광경이 다음과 같이 묘사되어 있다.

　　두 귀를 쫑그리고 사족(四足)을 자주 놀려 가만히 와서 보니,
　둥글 넓적 거뭇 편편하거늘 고이히 여겨 주저할 적에 자라 연하
　여 가까이 오라 부르거늘 아무튼 그러하리라 하고 곁에 가서 서
　로 절하고 잘 앉은 후에 대객초인사로 당수복(唐壽福) 백통대와
　양초(兩草) 일초(日草) 금강초(金剛草)와 지권연(紙卷煙) 여송연(呂
　宋煙)과 금패(錦貝) 밀화(蜜花) 금강석(金剛石) 물부리는 다 던져두
　고 도토리 통 싸리 순이 제격이라.

　자라와 토끼는 '대객초인사'로 정말 담뱃대로 담배를 피우는
것이 아니라, 도토리 통 싸리 순으로 담배를 피우는 격식만을 갖
추어 인사를 차리고 있다.

　이런 것을 보면 우리 조상들은 꽤나 담배를 즐겼던 것으로 보
인다. 그러기에 이렇게 '대객초인사'로 담배를 권한 것이 아니겠
는가? 나이 겨우 열여섯밖에 안 된 춘향과 도령도 담배를 권하고
받아 피우는가 하면, '변강쇠타령'에는 담배에 욕심을 내는 장면
까지 보여 준다. 곧 움 생원(生員)이 담배에 욕심이 잔뜩 나서 송
장 짐에 손을 넣었다가 손이 짐에 딱 붙었고, 사당(寺堂)들이 또한
욕심을 내고 있다. 이때의 장면은 다음과 같이 그려져 있다.

움 생원이 불러 '이애, 사당들아, 너희 장기대로 한마디씩 잘만 하면 맛좋은 상관 담배 두 두룸씩 줄 것이니 쉬어 가 어떠하냐?' 이것들이 담배라면 밥보다 더 좋거든. '그리 하옵시다.'

아마도 지난날은 담배가 귀하기도 했고, 이를 즐겨 피운 모양이다. 그러나 오늘날은 참 세상이 많이도 변했다. 담배가 몸에 해롭다고 피우지 않는 사람이 많아지고, 곳곳에 '금연', '금연'이라고 써 붙이게 되었으니…… 그러니 '대객초인사'라고 담배를 권하는 것도 보기 어려운 세상이 된 것 같다.

(女性中央, 1983년 6월호)

## 독장수 구구

사람은 생각하는 능력을 지녔기 때문에 여러 가지 꿈을 꾼다. 때로는 이루어질 수 있는 꿈도 꾸고, 때로는 이루어질 수 없는 허황한 꿈도 꾼다.

우리 속담에 '독장수 구구'란 것이 있다. 이는 이루어질 수 없는 꿈과 관련된 속담이다. 이 속담은 실현성이 없는 허황한 계산을 가리키기 때문이다.

'독장수 구구'는 한자말로는 '옹산(甕算)'이라 한다. 조재삼(趙在三)의 '송남잡지(松南雜識)'에는 이 속담의 근원설화가 실려 있는데 그것은 다음과 같다.

소설(小說)에 이르기를 가난한 사람이 하나의 독을 분별함에 능함을 말한다.

마침 길에서 비를 만난 사람이 독 속에 들어가 앉아 계산하며 말하였다. 이것 하나를 팔면 하나가 둘이 되고, 둘을 팔면 넷이 되고, 그렇게 되면 이익이 무궁할 것이다. 그러다 마침내 기뻐서 춤을 추다가 독이 깨지는 것을 몰랐다. 오늘날 허황하게 빗대어 계산하는 것을 옹산(甕算)이라 하는 것은 여기서 나왔다.

'독장수 구구', 곧 '옹산(甕算)'이란 독 하나를 팔면 둘이 되고, 둘을 팔면 넷이 되고, 이렇게 이익이 끊임없이 불어나 마침내 큰 부자가 될 수 있다고 허황한 꿈을 꾸는 것을 말한다. 이러한 뜻의 속담에는 또 '독장수 경륜(經綸)', '독장수구구는 독만 깨뜨린다.'와 같은 것이 있다.

'독장수 경륜'이란 허황한 생각을 쫓으면 헛 좋을 뿐, 도리어 손해만 보게 된다는 것을 나타낸다. 이는 어떤 독장수가 짐을 지고 가다가 길가에서 잠이 들었는데, 꿈속에 큰 부자가 되어 날뛰다가 깨어보니 옆에 놓았던 독들이 다 깨어졌더라는 옛이야기에서 나온 말로 알려진다.

'독장수구구는 독만 깨뜨린다.'는 실현성이 없는 허황한 계산은 도리어 손해만 끼치게 된다는 말이다. 이러한 속담의 구체적 배경설화가 될 이야기를 우리는 '성수패설(醒睡稗說)'에서 볼 수 있다.

옹기장수가 옹기 짐을 지고 나무 밑에 쉬면서 암산을 하며 말하였다.

"한 푼을 준 것은 두 푼을 받고, 두 푼을 준 것은 네 푼을 받고, 일 전을 준 것은 이 전을 받는다. 그러면 한 짐이 두 짐이 되고, 두 짐이 넉 짐이 되고, 한 냥이 두 냥이 될 것이요, 두 냥이 넉 냥이 되어서 차차 배가 되어 마침내 만억조에 이르리라. 재산이 이 같으면 장부가 처세함에 어찌 아내가 없겠는가? 아내가 있은 뒤에 어찌 집이 없으랴? 집이 있은 뒤에 어찌 그릇이 없으랴? 이와 같이 한 연후에 일처(一妻)와 일첩(一妾)은 남자의 상사(常事)라. 처첩이 있은 뒤에 만약 서로 싸운다면 마땅히 이렇게 때리리라."

그리고는 곧 지게를 받친 작대기를 빼어 옹기를 어지럽게 치고 난 뒤에 앉아서 생각하였다. 만 가지로 말이 될 수 없고, 다만 옹기가 깨졌을 뿐이요, 지게까지 아울러 부서졌을 뿐이었다. 곁에서 푼짜리 조그마한 항아리 한 개가 있는지라 주워 가지고 가는데 길에서 소낙비를 만났다. 대장간에 들어가 비를 피하며 앉아 있다가 다시 계산을 하며 말하였다.

"이 서 푼짜리를 여섯 푼을 받아, 그릇 두 개를 사서 일전 두 푼을 받고, 차차 배가 되면 그 수가 또한 헤아릴 수가 없을 것이다."

이에 머리를 끄떡거리며 의기양양할 즈음에 그 그릇 또한 화로 벽에 부딪쳐 깨어졌다.


허황한 계산, 말을 바꾸면 허황한 공상을 하고 기뻐하다가 옹기를 다 깨게 된 과정을 이야기하고 있는 설화다

세상을 살다 보면 어찌 이 옹기장수뿐이랴? 사람들은 알게 모

르게 아름다운 공상의 날개를 편다. 가난한 사람은 대궐 같은 큰 집에서 호의호식하는 꿈을 꿀 것이고, 출세하고자 하는 사람은 고관대작의 꿈을 꿀 것이다. 젊은 여인은 백마 타고 오는 미남 기사의 꿈을 꿀는지 모른다. 이러한 꿈들이 '독장수 구구'나, '독장수 구구는 독만 깨뜨린다.'는 식으로 피해가 오는 것이어서는 안 된다. 정말 꿈이 허황한 꿈이 아니라, 이루어지는 꿈이어야 한다.

봄이다. 일장춘몽(一場春夢)이 아니라, 아름다운 꿈, 소중한 꿈, 그 꿈을 이루는 희망의 봄이 되기를 바란다.

(女性中央, 1985년 6월호)

# 돌확이 매끄럽게 길이 날 때 남편 맛을 안다

춘향전에서 도령과 춘향은 사랑에 겨워 갖은 사랑가와 타령을 부른다. 도령은 사랑가를 부르고 생전의 사랑이 이러한데 사후(死後) 기약이 없을 수 있겠느냐며, 사후 기약의 사랑가를 부른다. 이때 춘향은 물, 인경, 방아확이 되고, 자기는 새, 인경 마치, 방아고가 되어 사랑을 하자고 한다. 그러면 춘향은 항시 밑으로만 가는 게 싫다고 한다. 그러자 도령은 춘향에게 독 매의 위짝이 되라 한다. 그러면 춘향이 또 그 생긴 것이 싫다고 거절한다. 이들의 성 상징(性象徵)이 싫다는 것이다. 이 가운데 방아와 관련된 사설을 '열녀춘향수절가'에서 보면 다음과 같다.

그러면 너 죽어 될 것 있다.
너는 죽어 방아확이 되고,
나는 죽어 방아고가 되어

경신년 경신월 경신일 경신시의 강태공(姜太公) 조작 방아
그저 떨구덩 떨구덩 찧거들랑 날인 줄 알려무나.
사랑 사랑 내 사랑 내 간간 사랑이야.

이렇게 되어 있다. 방아의 확과 고가 남녀의 성 상징과 비슷하여 이렇게 비유하여 노래한 것이다. 이는 '방아타령'에서 흔히 볼 수 있는 것이다.

우리 속담에 '돌확이 매끄럽게 길이 날 때 남편 맛을 안다.'는 것이 있다. 전통적으로 지난날에는 돌확도 혼수(婚需)에 포함되었던 것 같다. 이는 매우 요철(凹凸)이 심한 거친 것이었다 한다. 그것은 신부가 이런 거친 확을 가지고도 일을 잘 한다는 것을 암시하기 위한 것이었던 것으로 보인다. 그것은 신부가 신랑의 사랑하는 사람이 아니라, 하나의 노동력으로 수용되었던 것이다. 잘 알다시피 지난날의 혼인이란 남녀가 사랑하여 결합하는 것이 아니고, 부모의 결정에 따라 서로 얼굴도 모르는 사람이 만나는 것이었다. 그리고 이는 대를 이을 자손을 얻기 위한 인륜지대사(人倫之大事)로 거행되는 것뿐이었다. 그래서 '돌확이 매끄럽게 길이 날 때 남편 맛을 안다.'는 속담은 여인이 열심히 일을 하며 세월을 보내노라면 돌확이 달아 매끄러워지고, 그때가 되면 시집살이도 자리를 잡고 남편의 사랑도 받게 된다는 뜻으로 받아들였다. 그래서 여인들은 그때까지 묵묵히 참고 일하며 살았다. 이것이 이

속담이 지니는 외형상의 의미다.

그러나 이 속담은 반드시 그런 의미만이 전부는 아니다. 오히려 이와는 다른 원초적(原初的) 의미를 따로 지니고 있다. 그것은 앞에서 인용한 춘향전의 '사랑가'의 경우와 같이 '돌확'은 여인을 상징하고, 이것이 매끄럽게 될 때 남성(男性)을 알게 된다는 것을 나타낸다. 이는 달리 말하면 '이십대 과부는 혼자 살아도, 삼십대 과부는 혼자 못 산다.'는 속설과 같은 뜻을 나타낸다고 할 수 있다.

앞에서 신랑 신부는 얼굴도 모르고 결혼한다고 하였다. 그리고 고된 노동을 하여야 했다. 따라서 남편에 대해 살가운 애정이 있을 리도 없고, 밤에는 육체적으로 고단했다. 그기에 어쩌면 남편의 사랑은 또 하나의 고역이었다. 따라서 다음과 같은 시조는 혹 이런 상황과 관련이 있는지도 모른다.

얽고 검고 키 큰 구렛나룻 그것조차 길고 넙다.
작지 아닌 놈 밤마다 배에 올라 조그만 구멍에 큰 연장 넣어 두고 흘근할적 할 제는 愛情은 커니와 泰山이 덮누르는 듯, 잔 放氣 소리에 젖 먹던 힘이 다 쓰이노매라.
아무나 이놈을 다려다가 百年同住하고 永永 아니온들 어느 개 딸년이 시앗 새움 하리오?

살뜰한 정이 있는 것도 아닌 시집살이, 어쩌면 성애(性愛)가 유일한 사랑일는지도 모를 여인에게 그것마저 지겨웠다면 그 결혼 생활은 어떻다고 해야 할까? 이는 양반가의 아낙도 크게 다르지 않았을 것이다. 옛날에는 부부가 같은 방을 쓰지 않았고, 사랑에 서는 입방(入房)의 지시를 받고서 내실에 들어갔다. 남자는 그 대신 첩을 거느렸다. 그러니 여기에 무슨 사랑이 싹텄겠는가? 여인 은 후사를 이을 하나의 생산 기구에 불과했다고 하면 이는 심한 망발의 소리일까? '돌확이 매끄럽게 길이 날 때 남편 맛을 안다.' 는 속담이 엉뚱한 생각을 하게 한다.

오늘날은 지난날의 폐쇄적 결혼이 사라졌다. 여인들은 참으로 좋은 세상을 맞았다. 주체성을 가지고 나만의 인생을 잘 설계해 볼 일이다.

## 동상전(東床廛)에 들어갔나?

　시작이 좋아야 끝이 좋다고 한다. 처음부터 말썽이 생기면 결과가 좋지 않다. 이와 반대로 처음부터 일이 순조롭게 풀리게 되면 좋은 결과를 기대할 수 있다.

　'말 머리에 태기가 있다.'는 속담이 있다. 이는 혼인하러 가는 신랑의 말 머리에 태기(胎氣)가 있다는 말로, 신혼 초에 신부가 임신할 것이라는 의미다. 따라서 이 속담은 어떤 일의 시초에 좋은 수가 있을 것이라는 것을 비유적으로 나타낸다.

　'말 머리에 태기가 있다.'는 속담과 비슷한 것에 '말 머리 아이'라는 것도 있다. 이는 속된 표현 '속도위반'과는 달리 결혼을 한 초기에 임신을 하여 낳은 아이를 말한다. 구식 결혼의 경우라면 신부 집에서 애가 들어선 것이고, 신식 결혼이라면 '허니문 베이비'라 할 것이다.

　지난날에는 혼인 예식을 신부 집에서 하였다. 신랑은 가마를 타고 문자 그대로 '장인집'인 '장가(丈家)'를 갔다. 이때 신랑은 말을 타고 갔다. 결혼식을 치르고 나서, 며칠간 신랑은 신부 집에서 묵은 뒤 신부를 거느리고 집으로 돌아왔다. 신부는 이때 가마를 타고 문자 그대로 '시집(媤家)'을 온다. '말 머리 아이'란 바로 신랑이 장가갈 때 타고 간 바로 그 '말 머리'에 생긴 아이란 말이니, 신부 집에서 들어선 아이란 말이다. 곧 혼인하자마자 수태하여 낳은 아이가 '말머리 아이'다. 지난날 결혼을 '대사(大事)'라 하였거니와 이는 후사(後嗣)를 잇기 위한 의례로 인륜지대사(人倫之大事)였다. 따라서 결혼 초에 아이가 들어선다는 것은 크나큰 경사다. 이는 아이를 낳지 못하는 여인을 내치는 '무자거(無子去)'가 칠거지악(七去之惡) 가운데 하나라는 것을 생각할 때 쉽게 이해된다. 이러한 사회적 여건이고 보니 결혼한 지 열 달이 되기가 무섭게 떡두꺼비 같은 아들을 낳는 며느리는 복덩어리라 귀여움을 받았다.

그러나 '속도위반'에 의한 출산은 양반사회에서 있을 수 없는 일이었다. 그런 경우에는 사회적인 지탄(指彈)을 받았다. 그런데 이 명선본 '춘향전'에는 그것이 비록 서민의 경우이긴 하나, 지탄과 환영이라는 양면이 묘사된 것을 보여 준다.

"여보게 범덕이. 내 머리의 이 좀 잡게. 자네 보면 불쌍하데. 조석으로 그 매를 맞고 어찌나 견디는가? 분꽃같이 곱던 얼굴 검버섯이 돋았네나."

범덕이 눈물지며, "그런 겁은 처음 보았소 작년 섣달 시집와서 금년 정월 아들 하나 나았더니 시어머니 변으로 여겨 말끝마다 정가하며, 삼시(三時)로 그 달이니 시집온 지 이태, 자식 낳기 변이리까? 차마 설워 못 살겠소"

머리를 긁적이며, "자네 모녀 그러하지. 나 같으면 있을 개딸년 없네."

"그러한들 어찌하오?"

"새벽달 그믐밤에 마음에 드는 총각 눈짓하여 앞세우면 어디 가서 못 살라구. 내 하나 지시함세. 나 시집올 제 옛일일세. 시집온 지 석 달만에 아들 하나 낳았더니, 시아버지 좋아라고, 손자 일찍 보았다고 동네 집에 자랑하데."


결혼과 출산에 관련된 속담을 보았으니 다음에는 이런 혜택을 누리지 못하는 사람과 관련된 속담을 하나 보기로 한다. 그것은 '동상전(東床廛)에 들어갔나?'라는 것이다. 이는 말부터 해야 할 사람이 말없이 웃기만 하는 것을 나타낸다.

이 속담이 이러한 의미를 나타내게 된 데에는 다음과 같은 배경을 지닌다. 우선 '동상전(東床廛)'부터 알아보기로 한다. 이는 지난날 잡화를 팔던 상점으로, 종로의 종각(鐘閣) 뒤 등에 있었다. 여기에서는 다양한 물건을 팔았다. 오늘날의 '섹스 숍'도 겸하였다. 그래서 궁중의 나인(內人)도 출입하였다. 어린 나이에 궁중에 들어가, 평생 남자를 모르고 살아야 했던 이들은 암 나인, 수 나인이 되어 동성애(同性愛)를 하거나, 성 기구(性器具)를 이용해 그들의 성 문제를 해결하였다. 저들은 뿔이나 가죽으로 만든 남자의 상징인, 소위 '각(角)좆'을 사기 위해 동상전을 찾았다. 그러나 이들은 부끄러워 차마 그 이름을 입에 내지 못하였다. 남녀가 내외를 하던 시대, 그것도 남자도 아닌 여자가 그 이름을 대고 사자고 할 수 없었던 것이다. 그래서 그들은 전방(廛房)에 들어와서는 그냥 웃기만 했다. 그러면 가게 주인은 그 뜻을 알고 그 물건을 내 주었다. 이로 말미암아 '동상전에 들어갔나?'라는 말은 말을 해야 할 사람이 말을 하지 않고 그저 웃기만 하는 것을 나타내게 되었다. 그리고 이것이 마침내 속담으로 굳은 것이다.

세태는 많이 변했다. '말 머리 아이'나, '동상전에 들어갔나?'와 같은 속담은 설명을 들어야 겨우 이해할 수 있는 문화가 되었다. 그러나 후사를 잇는 것, 그리고 남녀의 성 문제는 오늘도 인생에 있어 중대사임에는 틀림없다.

# 돼지띠는 잘 산다

임술년(壬戌年)도 저물고, 새해 계해년(癸亥年)이 다가왔다.

새해가 되면 우리는 간지(干支)에 따라 일러지는 그 해의 동물에 대해 많은 이야기를 나눈다. 금년은 계해년 돼지의 해이니, 돼지에 대한 미담이 화제가 될 것이다.

우리 속담에는 돼지와 관련된 것이 30여 개 있다. 그중 대표적인 것이 '돼지띠는 잘 산다'라는 것이다.

노랑색(黃色)이 황금과 배설물을 연상하게 하여 심리적인 면에서 양극성(兩極性)을 드러내듯, 돼지는 호오(好惡)의 상반되는 이미지를 드러낸다. 돼지꿈이 횡재를 의미하듯 우선 돼지는 좋은 이미지를 드러낸다. 그러나 우리 속담에는 돼지가 이런 좋은 이미지로 표현된 것은 하나도 없다. '돼지띠는 잘 산다.'가 좋은 의미로 쓰인 유일한 속담이다. 물론 이는 '돼지'가 아닌 '돼지띠'라 성격이 다른 것이긴 하다.

'돼지띠가 잘 산다'는 것은 돼지가 애써 일하지 않아도 잘 먹고 사는 데서 연유하는 것으로 보인다. 먹고 놀 수 있는 팔자를 우리는 옛날부터 상팔자라 했다. 그러니 먹고 자고 놀기만 하는 돼지의 팔자야말로 팔자 중 상팔자임에 틀림없다. '돼지띠는 잘 산다'는 속담은 이런 돼지의 팔자가 되기를 바라는 신년의 덕담(德談)이라 하겠다.

이와 달리 돼지는 추하고 탐욕스러운 이미지를 드러내는 대표적 동물이다.

'돼지는 흐린 물을 좋아한다.'

'양반의 새끼는 고양이 새끼요, 상놈의 새끼는 돼지 새끼라.'

'돝 잠에 개 꿈'

이들 속담은 돼지가 더러운 존재임을 나타내는 것이다. 첫째 속담은 더러운 것끼리 유유상종함을 보인 것이요, 둘째 속담은 고양이는 자랄수록 말쑥해지는데, 돼지는 억세고 더러워지는 것을 비유적으로 나타낸다. 끝의 속담은 돝, 곧 돼지가 지저분한 것의 상징으로 쓰인 것이다.

'돼지 그려 붙일라'

'돼지 밥을 잇는 것이 네 옷을 대기보다 낫다.'

이들 속담 가운데 앞의 것은 진귀한 음식을 혼자만 먹을 때 농으로 하는 말이다. 돼지의 탐욕스러움을 비유적으로 표현한 것이다. 뒤의 것은 옷을 끊임없이 더럽힐 때 하는 말이다. 이는 '돼지 밥을 잇는 것'에 비교해 돼지의 탐욕이 대단함을 대조적으로 강조한 것이다.

그러나 속담 속의 돼지는 이렇게 좋고 싫음을 드러내는 대상으로서는 많이 쓰이고 있지 않다. 오히려 비유나 비교를 위한 객관적 존재로서 제시된 것이 주축을 이룬다.

'그슬린 돼지가 달아맨 돼지 타령한다.'

'똥 묻은 돼지가 겨 묻은 돼지 나무란다.'

'언덕에 자빠진 돼지가 평지에 자빠진 돼지 나무란다.'

이들 속담은 '똥 묻은 개가 겨 묻은 개 나무란다.'가 실증하듯, 반드시 돼지여야 할 필요도 없고, 호오(好惡) 어느 쪽으로 기울어지는 것도 아니다. 이들은 제 흉을 모르고, 남의 흉을 보는 것을 풍자적으로 나타낸 것이다.

'산이 우니 돝이 운다.'

'중놈 돝 고기 값 치른다.'

'돝 팔아 한 냥, 개 팔아 닷 돈 하니 양반인가?'

이들 속담도 객관적인 돼지가 인용된 것이다. 처음 속담은 멋도 모르고 남을 쫓아하는 것을 비유한 것이다. 가운데 속담은 억울한 일을 당한 것을 나타낸다. 중이 돼지고기를 먹을 리가 없는데 남이 먹은 돼지고기 값을 억울하게 치른다는 말이다. 끝의 속담은 곁말이다. 양반을 돼지와 개를 쳐들며 동음어를 이용하여 조롱한 것이다. 이는 양반에 대한 상민(常民)의 조그만 반항이라 하겠다.

'관가 돼지 배앓는다.'

'죽은 석숭(石崇)보다 산 돼지가 낫다.'

이들은 외견상 객관적 존재로서의 돼지를 제시한 것으로 보인다. 그러나 속뜻은 모두 돼지를 폄시(貶視)한 것이다.

속담 속의 돼지는 별로 바람직한 존재로 수용되어 있지 않다. 그러나 '돼지띠는 잘 산다'는 속담은 우리에게 희망을 안겨 준다. 어찌 돼지띠만이랴? 돼지해를 살아가는 우리 모두에게 '먹고 놀 수 있는 팔자'의 기틀을 마련해 주는 한해가 되기를 기원한다.

(女性中央, 1983년 1월호)

## 뜨겁기는 박태보가 살았을라구?

뜨거운 것을 잘 들어야 시어미한테 사랑을 받는다는 말이 있다. 우리 음식문화가 대부분 끓이고 볶고 지지는 것이니 그럴 수밖에 없을 것이다. 더구나 옛날에는 유기그릇을 썼으니 뜨거운 음식의 열기가 그대로 그릇에서 손으로 전달되었을 것이다.

'뜨겁기는 박태보가 살았을라구'라는 속담이 있다. 사전에 의하면 이는 매우 뜨겁다는 것을 나타내는 속담이라 풀이하고 있다. 이 속담은 역사적 배경을 지닌다. 인현왕후(仁顯王后) 폐비 사건과 관련된 속담이다.

박태보(朴泰輔 : 1654-1689)는 조선조 숙종(肅宗)때 응교(應敎)와 암행어사를 역임하였다. 그는 성품이 강직하고 결백하여 시기하는 사람이 많았으나, 왕의 총애를 받았다. 호남지방 암행어사를 하였을 때는 숙폐(宿弊)를 시정하여 참 어사라는 칭송을 받기도 했다. 그런 그가 인현왕후 폐비사건에 반대 상소를 올렸다. 그리하여 박태보는 왕의 노여움을 샀고, 압슬(壓膝), 능장(稜杖)의 형을 받았으며, 마침내 화형(火刑)으로 단근질을 당하였다. 그리고 귀양을 가다가 장독(杖毒)과 화독(火毒)으로 노량진에서 서른여섯이란 젊은 나이에 세상을 떠났다. 속담은 이러한 사건이 배경이 된 것이다. "인현왕후전"에는 박태보를 친국(親鞫)하고 화형을 하는 장면이 보이는데, 그것은 다음과 같이 되어 있다.

> "차(此)는 간악한 독물이라, 빨리 화형으로 단근하라." 하시니, 정전(庭前)에 불을 밝히고 화형을 갖추어 단근하니, 누린내 참천(參天)하고 검은 피 땅에 괴니 좌우 보는 자가 낯을 가리고 눈물을 금치 못하며, 좌우 시신(侍臣)이 일신을 안접(安接)지 못하여 엄동같이 떨되, 태보는 안연강직(晏然剛直)하니 장하다 충신열사가 백인의 모함을 고치리오? 일신이 다 오그라져 손과 발이 그지없으니, 상(上)이 내려다보시고 착히 여기시나 종일 종야 근로(勤勞)하사 옥체 불안하신고로 괴로이 여기사 승지를 명하사 가라사되, "네 가서 달래어 지만(遲晚)하게 하고 하옥하라."

이렇게 친국을 하며 '화형을 갖추어 단근하니, 누린내가 참천하고 검은 피 땅에 괴'었고, '일신이 오그라져 손과 발이 그지없'었다. 그러나 태보는 '안연강직(晏然剛直)'하였다. 이런 것이 '뜨겁기는 박태보가 살았을라구'의 배경이다. 따라서 사실은 뜨겁기 그지없을 텐데 이 속담은 '무얼 뜨거워하느냐?'는 쪽으로 해석하게 의미를 바꾸어 쓰고 있는 것이다. 하기는 그렇게 뜨거웠으면 형장에서 죽었지 살았겠느냐는 의미도 된다.

옛날에는 형문(刑問)을 이렇게 지독히 하였다. 그리고 형벌은 오형(五刑)이 있었다. 조선조의 '오형'은 중국의 대명률(大明律)에 따라, 태형(笞刑), 장형(杖刑), 도형(徒刑), 유형(流刑), 사형(死刑)이 행해졌다. 태형은 작은 형장(刑杖)으로 볼기를 치는 것이고, 장형은 큰 형장으로 볼기를 치는 것이다. 도형은 중노동을 시키는 것이고, 유형은 귀양을 보내는 것이고, 사형은 목숨을 끊던 형벌이다. 사형은 일률(一律), 효시(梟示), 교형(絞刑), 참형(斬刑), 육시(戮屍) 등이 있었고, 이 가운데 참형을 많이 했다. 이에 대해 중국의 오형은 묵형(墨刑), 의형(劓刑), 비형(剕刑), 궁형(宮刑), 대벽(大辟)으로 구분된다. 묵형은 이마나 팔뚝에 죄명을 입묵(入墨)하는 것이고, 의형은 코를 베는 것이며, 비형은 팔꿈치를 베는 것이다. 궁형은 생식기를 제거하는 것이고, 대벽은 죄인의 목을 베던 형벌이다.

속담에는 혹형이나 극형에 관한 것은 별로 보이지 않는다. 보이는 것은 태장, 곤장, 주리, 난장 등이다. 태장은 '태장에 바늘바가지'가, 곤장은 '곤장에 대갈 바가지'와 '죽은 중에 곤장 익히기'가 그것이다. 여기 '바가지'는 '박아치기'가 와전된 것으로 보인다. 바늘, 또는 대갈을 박아 쳤다는 말이다.

'주리'는 '주리 참듯 한다.', '주릿대를 안길 년'이란 예가 보인다. '주리'는 한자어 '주뢰(周牢)'가 변한 말로, 이는 죄인의 두 다리를 묶고, 그 사이에 두 개의 막대기를 끼워 비트는 형벌이다. 이 고통은 비할 데 없이 컸다. 따라서 이 속담은 참을 수 없는 것을 참는다는 의미를 나타낸다. '주릿대를 안길 년'이란 주리를 틀 년이란 말이다. '주릿대'란 두 다리 사이에 넣어 비트는 막대다.

'난장(亂杖)'은 고려 및 조선 시대에 신체의 부위를 가리지 아니하고 마구 매로 치던 고문이다. '업어다 난장 맞힌다', '난장박살 탕국에 어혈 밥 말아먹기'가 그 예다. '업어다' 운운의 속담은 애써 한 일이 제게 손해되는 결과를 초래한다는 말이고, '난장박살 (亂杖撲殺)' 운운의 속담은 함부로 얻어맞아 성한 데가 없이 멍이 들고, 죽게 된 것을 말한다.

'귀양'은 '귀양이 홑벽에 가렸다'란 속담이 있다. 이는 재화가 언제나 우리 가까이 있음을 나타낸다. '담양(潭陽) 갈 놈'은 귀양 갈 놈이란 말이다.

형벌이란 것이 사회정의를 위하는 것이라고는 하나, 지난날의 형벌은 개과천선보다는 단죄에 더 큰 비중을 두었던 것 같다. 사실 죄가 밉지 사람이 미운 건 아닌데 말이다.

# 말 잘하고 징역 가랴?

우리 속담에 '에 해 다르고, 애 해 다르다'는 말이 있다. 이는 사소한 말씨의 차이가 상대방의 느낌에 커다란 차이를 빚어낸다는 말이다. 그러나 실제로 이 '에'와 '애'는 느낌만이 아니라, 의미상의 차이까지 드러냄을 볼 수 있다. '개(犬)와 게(蟹), 내(我)와 네(汝), 매(鷹)와 메(山), 배(腹)와 베(布), 새(新)와 세(三), 재(灰)와 제(自), 채(鞭)와 체(篩), 태(胎)와 테(輪)' 등이 이러한 것이다.

언어에 관한 속담을 보면 우리 조상들은 말을 함에 상반된 두 가지 태도를 지녔다는 것을 보게 한다. 말을 삼가고 조심하라는 소극적 태도와 말을 시원시원 거침없이 하고자 하는 적극적인 태도가 그것이다. '말이 많으면 실언(失言)이 많다', '들은 말은 들은 데 버리고, 본 말은 본 데 버려라', '관 속에 들어가도 막말은 말라'는 전자의 예이고, '고기는 씹어야 맛이요, 말은 해야 맛이다', '입은 비뚤어져도 말은 바로 해라', '말 한마디에 천 냥 빚 갚는다' 따위는 후자의 예에 속하는 것이다.

　이러한 말하기의 양면성(兩面性)은 물론 우리만의 특이한 현상은
아니다. 일본이나 영국의 속담도 이러한 양면성을 지닌다. 그러나
이들 두 가지 말하기가 똑같은 비중으로 권장되는 것은 아니다.
차이가 있다. 그것은 적극적인 말하기보다 소극적인 말하기가 좀
더 사랑을 받는다는 것이다.

　말을 삼가고 조심하라는 소극적 말하기의 태도는 의사전전달
(communication)이라는 언어 본래의 기능이라기보다 그 역기능(逆機能)
이 빚어내는 피해를 꺼리는 것이다. 이는 한 마디로 구설(口舌)을
피하고자 하는 것이다. 다음 시조는 이러한 사정을 잘 노래한 것
이다.

　　　말하기 좋다 하고 남의 말을 말을 것이
　　　남의 말 내 하면 남도 내 말 하는 것이
　　　말로서 말 많으니 말 말을까 하노라.

　내가 남의 말을 하면 남도 내 말을 하여 구설수에 휘말리게
되니 말을 하지 않는 것이 좋겠다는 것이다. 실로 말이 불씨가
되어 분란이 일어나는 것은 우리 주변에서 흔히 볼 수 있는 일이
다. 그기에 화법(話法)의 거장 카네기 경(卿)도 논란을 피하는 것
이 처세의 비결이 된다고 하고 있다.

'낮말은 새가 듣고, 밤말은 쥐가 듣는다'고 비밀은 누설되게 마련이다. 그러기에 우리 조상들은 '어미한테 한 말은 나도, 소한테 한 말은 안 난다', '소더러 한 말은 안 나도 처더러 한 말은 난다'고 어미나 아내와 같이 가까운 사람에게도 말을 삼가라고 경계하였다. 그런데 이 '어미'와 '처'는 가까운 사람만이 아니라, '여인' 및 '외인(外人)'이라 분류하고 있는 것이기도 하다. 따라서 위의 속담은 여인의 수다를 경계한 것이요, '남'에 대한 신언(愼言)을 당부하는 것이기도 하다.

'여자 셋이 모이면 접시를 뒤집어 놓는다.'는 우리 속담이나, '여자는 입에 차이가 있다'는 일본 속담, '두 여인에게 하나의 입이면 족하다'는 영국 속담은 이런 여인의 다언(多言)을 경계한 것이다. 그러기에 영국 속담에는 '과묵은 여성 최고의 장식품이다'라고 하는가 하면, '침묵은 여인에게 훌륭한 보석이다. 그러나 거의 장식되지 않는다.'고 안타까워한다. 우리 설화 가운데, 명당인 우물에 아비의 시체를 묻어 등천(登天)하게 되었는데, 어미나 딸의 발설로 그것이 수포로 돌아갔다는 이야기는 여인을 '출가외인(出嫁外人)'이라고 '외인', 곧 '남'으로 몰아 말조심을 당부한 예이다.

그러나 말을 삼가고 조심하는 것만이 능사는 아니다. 말하기의 소극적 태도는 봉건시대(封建時代)의 산물이다. 이는 복종적 성격을 지닌 서민의 처세훈(處世訓)이라 할 수 있다. 말 한마디에 생사가 달려 있는 서민이 어찌 말을 함부로 하랴⋯⋯.

오늘날 우리는 민주사회에 살고 있다. '거짓말을 하고 뺨맞는 것보다 낫다'고, 사실은 밝혀야 하고, '말 잘하고 징역 가랴?'고 예절바른 언어생활로 원만한 인간관계를 형성해야 한다. 지난날 '뒷간과 사돈집은 멀어야 한다'고 하였다. 그러나 말의 역기능을 걱정하던 시대는 이미 지나갔다. 딸은 오히려 가까이 있어야 할 피붙이다. 게다가 좌전(左傳)에서 '말은 몸의 무늬'라 하듯, 사람의 인품을 나타낸다. 영국 속담에 '사랑과 사업은 웅변을 가르친다.'고 하니, 여인은 사랑을, 남자는 사업을 하며 화술을 익혀 봄 직도 하다.

(女性中央, 1981년 7월호)

# 맹자(孟子)를 가르칠라

조물주는 참으로 위대하다. 천체의 운행까지 거론할 필요도 없다. 조그마한 미물 한 마리만 보아도 그렇다. 여름날 방에 날아든 파리를 잡을라치면 이런 사실을 절실히 느낀다. 눈곱만한 머리에 어떻게 저리 정교한 컴퓨터가 내장되어, 사람이 잡으려고 하면 저토록 미리 감지하고 도망치는 것일까?

미물이 그러하듯 사람은 다양한 재능을 지녔다. 그리고 그 재능은 사람에 따라 각기 다르다. 어떤 사람은 노래를 잘하고, 어떤 사람은 그림을 잘 그린다. 또 어떤 사람은 계산을 잘한다. 이러한 재능은 각기 그들의 인생을 위해 소중히 쓰여야 한다.

성수패설(醒睡稗說)이라는 패설(稗說)에는 '교우맹자(敎牛孟子)'라는 다음과 같은 이야기가 전한다.

어느 시골 생원 집 사내종이 일을 매우 게을리 하였다. 생원이 꾸짖으면 그는 혼자 중얼거렸다.

"에이구, 생원님은 편히 앉아 글만 읽느라구, 이놈의 괴로움(苦 勞)을 모르신단말야."

생원이 이 말을 듣고, 이렇게 말했다.

"그러면 네가 글을 읽고, 내가 너의 일을 대신하기로 하자."

그리고는 곧 종에게 망건을 씌우고, 버선과 행건(行巾)을 갖추 어 책상 앞에 꿇어앉히고, '맹자(孟子)'를 가르쳤다.

그는 두통(頭痛), 각통(脚痛)이 크게 일어나고, 또 구역질이 나 서 일시도 참을 수 없었다. 이에 종은 사죄하였다.

"농사짓는 일은 쉽고, 글 읽는 일이 어려운 것을 알았습니다. 앞으로는 농사일을 열심히 하겠습니다."

생원은 이렇게 말하였다.

"양반의 하는 일이 쉬워 보이지만 실은 어려우니라."

종이 가로되, "과연 그렇습니다."

그 뒤 종은 밭을 갈 때 소가 말을 잘 듣지 않으면 꾸짖어 이렇 게 말하였다.

"이놈의 소, 책상 앞에 무릎을 꿇리고 맹자를 가르쳐야겠다."


이 소화는 '교우맹자(敎牛孟子)', 곧 '맹자(孟子)를 가르칠라'라는 속 담의 근원설화라 할 수 있는 것이다. '대학을 가르칠라(敎牛大學)'라 는 속담의 근원 설화도 이와 같다. 한 속담사전은 '대학을 가르 칠라'에 대해 '미련한 사람의 말 같지 않은 어리석은 말'을 뜻한다고 풀이해 놓았다. 사실 이 말은 글 읽는 것을 쉽다고 생각한 종이 글 읽는 것이 농사일보다 어렵다는 것을 깨닫고, 소가 게으름을 피울 때 경계한 말이다. 따라서 이 속담은 사실은 자기 딴에는 겁을 주고 경계하는 말이다. 다만 이 경계가 미련하고 어리석은 사람의 말이어 결과적으로 어리석은 말이라는 것이다. 다시 말하면 글 읽는 것이 반드시 농사일보다 어려운 일은 아니라는 말이다. 앞에서 노래하는 사람, 그림 그리는 사람, 계산하는 사람 이야기를 했거니와 이들이 수행하는 일도 재능과 적성에 따라 얼마든지 다를 수 있다. 다만 꾸중을 듣는 소의 입장에서는 확실히 대학을 읽고, 맹자를 읽는 것은 어려운 일임에 틀림없다. 우선 자세가 어려울 것이고, 글을 읽는다는 것이 거의 불가능할 것이기 때문이다.

'삼략을 가르칠라(教汝三略)'도 같은 뜻을 나타낸다. 이 속담의 배경은 큰 맥락은 '맹자(孟子)를 가르칠라'와 같고, 배경이 다르다. 이는 장한종(張漢宗)의 '어수록(禦睡錄)', 혹은 '어수신화(禦睡新話)'에 보이는데, 그 내용은 다음과 같다.

　　금위군(禁衛軍) 하나가 어리석고 무식하기 짝이 없었으나 팔심이 남보다 배나 세어 조금도 겁나는 것이 없었다. 다만 병서(兵書) 인 삼략(三略)을 외는 것만은 매우 힘이 들었다. 임금의 수레(大駕)를 따를 때 말이 말을 잘 듣지 않고 장난을 쳐 그는 노여워

채찍을 가하면서 "내 돌아가면 반드시 네게 삼략을 가르치겠다."
고 중얼거렸다. 그의 친구가 조소하였다.

사람은 자기본위로 해석하기 쉽다. 그런 경우 올바른 판단이
내려질 수도 있으나, 그렇지 않은 경우도 있을 것이다. 올바른 처
신을 하기 위해서는 자기 적성을 찾아야 하고, '맹자(孟子)를 가르
칠라'와 같은 어리석음을 범하지 않도록 해야 할 것이다.

## 먹지 않는 종 투기 없는 아내

세상사(世上事)는 제가 원하는 대로만 돌아가는 것이 아니다. 그러기에 사람들은 여러 가지로 꿈을 꾸고, 기대를 한다. 이루어질 수 있는 꿈도 꾸고, 어느 때는 거의 실현 가능성이 없는 꿈도 꾼다. 이런 꿈이나 소망 가운데는 현실, 또는 사리와 아주 다른 것을 바라는 경우도 있다.

'먹지 않는 종, 투기 없는 아내'란 이런 현실성 없는 것을 바라는 대표적인 속담이다. 생물은 먹어야 살고, 여인은 투기(妬忌)를 하게 마련이다. '시앗을 보면 길가의 돌부처도 돌아앉는다.'고까지 하지 않던가? 그래서 '동언해(東言解)'에서는 이 속담 풀이를 '있을 수 없는 이치로 이를 어디서 구하겠는가?'라 하고 있다. 이러한 뜻을 나타내는 속담에는 여러 가지가 있다. '길쌈 잘하는 첩', '불 안 때도 절로 익는 술', '술 샘 나는 주전자', '양을 보째로 낳는 암소', '여물 안 먹고 잘 걷는 말' 등이 그것이다. '길쌈 잘

하는 첩'은 여인을 애첩(愛妾)으로 만족하지 않고, 노동력의 대상으로 본 것이다.

어우야담(於于野談)에는 다음과 같은 이야기가 전한다.

김계휘(金繼輝), 강극성(姜克誠), 정현(鄭礥), 홍천민(洪天民)의 네 사람은 모두 병술생(丙戌生)으로 계를 무었다. 강극성의 집은 남대문 밖 봉지(蓬池)라는 못가에 있었는데, 네 사람이 달밤을 타 이곳에 모였다. 모두 집안이 가난하였기 때문에 술은 시고, 좋은 것이 못 되었다. 이때 김계휘가 말하였다.

"나는 하루에 살찐 새끼를 한 마리씩 낳는 소를 가졌으면 좋겠네."

정현이 이어서 말하였다.

"나는 빚지 않아도 저절로 생겨나는 술독이 있었으면 좋겠어."

이어서 강극성이 말을 받았다.

"나는 먹지도 않고, 입지도 않는 아름다운 첩을 얻고 싶군."

그 당시 사람들은 모두 이를 삼절(三絶)이라 하였다. 김계휘는 이를 두고 다음과 같이 시를 읊었다.

풍류의 아름다움은 강 백실이고,

온자(蘊藉)한 마음씨는 홍 달가이다.

경서(景舒) 또한 시에 능하니

오직 나만 재주 없는 자로다.

이들 봉지에 모인 네 사람의 삼절(三絶)은 바로 현실, 또는 사리

(事理)와 어긋나는 소원을 피력한 것이다. 이들은 바로 이러한 뜻의 속담을 자기들의 소원이라 말하고 있는 것이다. 김계휘는 '양을 보째로 낳는 암소'를, 정현은 '술 샘 나는 주전자'를, 강극성은 '먹지도 입지도 않는 아름다운 첩'을 원하고 있는 것이다. 이들은 있을 수 없는 것들이다.

꿈이 이루어진다 해도 사단(事端)이 나는 수가 있다. 그런 경우 우리 속담은 '틈난 돌이 터지고, 태 먹은 독이 깨진다.'고 경고를 한다. 이는 어떤 사단이 날 때는 이에 앞서 반드시 징조가 나타난다고 보는 것이다. 그래서 '이담속찬(耳談續纂)'은 이 속담을 '먼저 소리가 나는 것은, 후에 반드시 결과가 나온다.'고 그 의미를 풀이하고 있다. 이러한 속담에는 또 '썩은 고기에 벌레 난다.', '빈틈에 바람난다.'와 같은 것도 있다. 창선감의록(彰善感義錄)은 이들의 좋은 예를 보여 준다.

부인이 인명(仁明)하여 참언을 듣지 아니 한즉, 내 어찌 남 씨를 무함하며, 부인이 진실로 남 부인의 현철한 줄 알았은 즉, 어찌 태벌을 더하여 외당에 가두었으며, 부인이 한림(翰林) 부처 사랑하기를 친아들같이 하였은즉 내 어찌 해할 마음을 두리오? 자고로 빈틈에 바람이 나고, 썩은 고기에 벌레가 나나니, 부인의 집은 부인이 어지러이 함이요, 내 홀로 어지러이 함이 아니라.

그러나 세상사는 언제나 사전에 징조가 나타나고, 그와 일치하는 일만 벌어지는 것은 아니다. '아니 땐 굴뚝'에서도 연기가 나고, '아닌 밤중에 홍두깨'라고 별안간에 예측하지 못한 사단이 벌어지기도 한다. 그러기에 때로는 꿈도 꾸지만, 만일의 사태에 충분한 대비도 게을리해서는 안 되는 것이다.

## 모과나무 심사

우리나라 사람들은 누구나 '흥부전'이라면 형제의 우애를 강조한 권선징악(勸善懲惡)의 소설이라는 것을 잘 알고 있다. 욕심 많은 놀부가 착한 흥부를 구박하여 내어 쫓았으나, 흥부가 제비 새끼를 구해 주어 그 보은(報恩)으로 잘 살게 되고, 놀부는 제비의 다리를 부러뜨려 오히려 망하게 된다는 이야기다.

사람들은 흔히 흥부는 착하고, 놀부는 못된 사람이란 고정관념(固定觀念)을 가지고 있다. 그런데 근자에는 주로 젊은 세대에 의해 이 고정관념이 깨지고 있는 것 같다. 놀부는 주체성(主體性)이 있고, 생활력이 강한 데 반해, 흥부는 의타적이고 무능력하다는 것이다. 사실 흥부는 착한 인성(人性) 외에 별로 볼 것이 없다. 그는 가족은 고사하고, 제 입에 풀칠할 능력도 없는 무지렁이다.

그런데 문제는 놀부의 심사다. 심사가 못됐다. '흥부전'의 서두에는 놀부 심사가 '모과나무의 아들이라'라 되어 있다. 그는 심술굿고, 성격이 뒤틀렸다는 것이다. 이러한 놀부의 심사를 경판 25장본 '흥부전'에서 보면 다음과 같다.

　　놀부 심사 볼작시면 초상난 데 춤추기, 불붙는 데 부채질하기, 해산한 데 개잡기, 장에 가면 억매흥정하기, 집에서 못쓸 노릇하기, 우는 아이 볼기치기, 갓난아이 똥 먹이기, 무죄한 놈 뺨치기, 빗 값에 계집 빼앗기, 늙은 영감 덜미치기, 아이 밴 계집 배 차기, 우물 밑에 똥 누기, 오려논에 물 터 노키, 자친 밥에 돌 퍼붓기, 패는 곡식 이삭 자르기, 논두렁에 구멍 뚫기, 호박에 말뚝 박기, 곱장이 엎어놓고 발꿈치로 탕탕 차기 심사가 모과나무의 아들이라.

이렇듯 못된 짓을 골라가며 행하는 '심사'가 '모과나무의 아들'이요, 놀부의 못된 심사다. 속담에서는 이러한 심사(心思)를 '모과나무 심사'라 하고 있다. 이본에 따라서는 이 심사가 더욱 야단스럽게 묘사된 것도 보여 준다.

그러나 이러한 놀부의 못된 짓들은 사실을 지시(指示)하고 지적한다기보다, 놀부의 심사와 행동거지(行動擧止)가 극히 불량하고 못됐다는 것을 환기하자는 데 목적이 있는 것이라 하겠다. 그래서 이 글을 읽는 독자는 아무도 놀부가 이런 행동을 다 할 것이라고 믿지 않는다. 다만 그놈 참 못 된 놈이구나라고 느낄 뿐이다.

그러면 이러한 놀부의 '모과나무 심사'를 위에 열거한 것과는 달리, 구체적 행동거지에서 한 장면 보기로 한다. 흥부가 굶다 못해 형님 댁을 찾아갔을 때의 놀부 말이다.

"쌀이 많이 있다 한들 너 주자고 노적 헐며, 벼가 많이 있다 한들 너 주자고 섬을 헐며, 돈이 많이 있다 한들 피목궤에 가득 든 것을 문을 열며, 가루나 주자한들 북쪽 광 염소독에 가득 너흔 것을 독을 열며, 의복이나 주자한들 집안이 고루 벗었거든 너를 어찌 주며, 찬밥이나 주자한들 새끼 낳은 검은 암캐 부엌에 누웠거든 너 주자고 개를 굶기며, 지게미나 주자한들 구증방 우리 안에 새끼 낳은 돝이 누웠으니 너 주자고 돝을 굶기며, 겨 섬이나 주자한들 큰 농우가 네 필이니 너 주자고 소를 굶기랴? 염치 없다, 흥부놈아!" 하고 주먹을 불끈 쥐어 뒤꼭지를 꽉 짚으며 몽둥이를 지끈 꺾어 손 잰 승의 매질하듯 원화상의 법고 치듯 아조 쾅쾅 두드리니…….

이렇게 놀부는 그의 아우 흥부를 개돼지만치도 여기지 않았다. 거기에다 '손 잰 승의 매질하듯, 상좌 중의 법고 치듯' 몽둥이로 마구 쳤다. 놀부의 심사는 이렇게 못 됐다.

이러한 놀부의 심사같이 뒤틀어진 놈이 또 있다. 그것은 염소의 심보다. 다음은 검정 염소를 두고 하는 소화(笑話)다.

염소들은 여름이면 꼭 뭉쳐서 자고 겨울이면 따로따로 떨어져서 잔다.

"더운데 왜 붙어서 자느냐?"

"왜, 누구 시원하라구?"

"추운데 왜 그렇게 떨어져서 그러지?"

"왜, 누구 따뜻하라구?"

염소들도 심보가 이렇게 고약하다고 한다.

마음을 잘 쓸 일이다. '놀부의 심사'나, '염소의 심보'를 가지고
는 이 세상을 살아갈 수 없다. 배려하는 마음, 베푸는 자세를 갖
추어야 한다. 적선지가(積善之家)에 경사스러운 일이 있게 마련이다.

### 목(睦) 낭청조(郞廳調)라

　'춘향전'은 속담의 보고다. 물론 전래 속담도 많고, '춘향전'을 바탕으로 생성된 것도 많다. '목 낭청조라.'는 틀림없이 '춘향전'을 바탕으로 이루어진 속담이다. '목(睦) 낭청(郞廳)'은 이 도령의 책방 선생이다. 그리고 이 속담은 일정한 주견 없이 남의 말에 덩달아 놀아나는 것을 비유하여 하는 말이다.

　'목 낭청'이란 성이 목(睦)가요, 벼슬이 낭청(郞廳)이란 말이니, 이는 목 씨인 당하관(堂下官)을 가리킨다. '목 낭청'은 완판 춘향전인 '열녀춘향수절가'에 나오는 인물이다. 그는 이 도령의 아버지 남원 부사(南原府使)와 동문수학(同門修學)한 친구 사이로, 도령의 책방 훈장이다. 그는 정견 없이 윗사람의 말에 아부하는가 하면, 남의 말에 덩달아 놀아난다. 여기서 생긴 속담이 '목 낭청조라'다. 이에 '목 낭청조(調)'는 '목 낭청의 가락', '목 낭청의 태도'를 의미한다. 요즘 표현으로 한다면 '목 낭청 스타일'이라 하겠다.

‘춘향전’에는 어디나 ‘목 낭청조’가 보이는 것이 아니다. 이본(異本)에 따라 낭청이 등장하기도 하고, 등장하지 않기도 하는가 하면, 낭청도 목 낭청만이 아닌 ‘조(趙) 낭청’도 있다.

경판본 춘향전 · 옥중화 : 낭청 무
남원고사 · 동양문고본 · 동경대학본 : 조 낭청
완판본 수절가 · 이명선본 · 최고본 : 목 낭청

이들 가운데 ‘목 낭청조’를 보이는 것은 완판본 ‘수절가’와 이명선본뿐이다. ‘조 낭청’의 경우는 물론이고, ‘목 낭청’으로 되어 있는 ‘최고본’도 이 대목이 빠져 있다.

‘목낭청조’는 완판본의 사설이 자세하나, 여기서는 ‘목 낭청조’를 보다 분명히 파악할 수 있고, 간략한 이명선본부터 보기로 한다.

사또 좋아라고 웃음을 웃는데 하야 줄을 외더니만 목 낭청을 부르니 목 낭청 대답하고 들어오니, 사또 희색이 만면하여, “자네 거기 앉소” “앉으라면 앉지요” “문장 났네.” “문장 났지요” “무던하지.” “무던하지요” “자네 뉘 말인지 알고 대답하나?” “글쎄요” “에이 사람, 헷 대답 하였네나. 우리 아희 말일세.” “예, 장하외다.” “자네도 어려서 지내 본 일이지마는 글 읽기처럼 싫은 것이 없느니.” “그렇지요” “우리 아희는 그런 법이 없네.” “없지요” “과거는 갈 데 없지.” “없지요” “벼슬하리.” “벼슬하지요 하다 못

하면 무명실이라도 하지요." "에이 사람 나가소" "나가라면 나가
지요"

이렇게 목 낭청은 의문을 제기하거나 이견을 제시하는 법이 없
다. 비위를 맞추어 긍정적 대답만 한다. 이에 대해 '열녀춘향수절
가'는 긍정적 대답에 그치지 아니하고 아첨까지 한다.

"배운 바 없어도 필재 절등하제"
"그렇지요"
"점 하나만 툭 찍어도 고봉투석(高峰墜石) 같고… (…중략…)
기운이 부족하면 발길로 툭 차 올려도 획은 획대로 되나니."
"글씨를 가만히 보면 획은 획대로 되옵디다."
"글쎄 듣게. 저 아해… (…중략…) 묘당(廟堂)에 당당한 명사 될
것이니. 남면북고(南眄北顧)하고, 부춘어일수(賦春於一首) 하였네."
"장래 정승 하오리다."
사또 너무 감격하여 가지고,
"정승이야 어찌 바라겠나마는 내 생전에 급제는 쉬 하리마는,
급제만 쉽게 하면 출육(出六)이야 범연히 지내겠나?"

이렇게 목 낭청은 윗사람의 말에 비위를 맞추어 옳다고만 하는
사람이다. 그는 윗사람에게 No를 못하는 Yes man이다. 지난날 자
유당(自由黨) 정권 때 장관들이 '각하, 지당하옵니다.'란 말만 되뇌

어 '지당장관'이란 말이 유행하기도 하였거니와 바로 그런 부류의 사람이다. 오늘날에도 이런 부류의 인간은 도처에 있다. 나라의 장래를 위해서는 "목 낭청조"의 인물들이 퇴조(退潮)해야 할 것이다.

오늘날은 국제화·세계화의 시대다. 우리는 그간 수동적·종속적 인성 교육에 너무 치중해 온 것 같다. 능동적·창조적 인성을 길러야 한다.

# 문익공(文翼公)이 내려다본다

요사이 '원칙(原則)'이란 말이 곧잘 화두가 되고 있다. '증세 없는 복지'와 '증세 없는 복지 불가'라는 정치권의 주장도 이러한 '원칙' 시비와 관련된다. 표만 노린 '정치 복지'를 추구하다 재정이 바닥난 것이다. 그래서 공약을 지키지 못하게 되었다. '원칙'이란 본래의 의미가 근원적 법칙이니 그것이 올바로 지켜지지 않을 때는 자연 시비가 일 수밖에 없다.

우리 속담에 '문익공(文翼公)이 내려다본다.'라는 것이 있다. 이는 이랬다저랬다 원칙을 바꾸는 것을 경계하는 말이다. 이는 조선조 중종 때의 문익공(文翼公) 정광필(鄭光弼)의 일화를 바탕으로 생겨난 속담이다.

문익공은 성종 때 진사시험에 합격하여 중종 때 좌우의정을 거쳐 영의정에 이르렀다. 그는 기묘사화(己卯士禍) 때 일시 파직되기도 하였으며, 김안로(金安老)의 참소로 김해에 유배되기도 했다.

조선조 중종 때 과거제도의 모순을 개선하기 위해 조광조(趙光祖)에 의해 현량과(賢良科)가 실시되었다. 당시 영의정으로 있던 정광필은 다른 정승 판서들이 다 찬성하는데 이 현량과를 반대하였다. 이 제도는 결국 실행되었고, 이에 의해 28명의 선비들이 선발되었다. 그러나 이 제도는 훈구파들의 맹렬한 비난을 받았으며, 이어 기묘사화를 일으키는 원인이 되었다. 조광조는 실각하였고, 현량과도 단명으로 폐지되었다.

그런데 이 현량과를 폐지하는 과정에서 문익공 정광필은 또 이의 폐지를 반대하였다. 이에 중종이 물었다.

"경은 현량과를 설치할 때도 반대하더니, 이제 또 폐지를 반대하니 어찌 된 일이오?"

정광필은 이렇게 대답했다.

"한번 시행하고 폐지하는 데 있어 나라의 정령(政令)이 이와 같이 엎치락뒤치락 해서는 안 됩니다."

이런 일이 있어 후세 사람들은 조정의 정령이 조령모개식(朝令暮改式)으로 바뀔 때, '문익공이 내려다본다.'고 하며 제동을 걸게 되었다고 한다.


문익공 정광필의 말처럼 정령을 시행함에 있어 조령모개식으로 바꾸어서는 곤란하다. 그렇게 되면 백성은 정부의 시책을 신뢰하지 않게 되고, 법이 서지 않는다. 따라서 정령은 신중히 검토하여 설정할 것이요, 이왕 설정된 것이면 지속적으로 시행되도록 해야 한다. 그래야 국민은 정부의 시책을 신뢰하고, 그 정부에 충성을 하게 된다.

그런데 우리는 왕년에 정령(政令)이나 공사(公事)가 지속성이 없고, 쉽게 많이 변한 것 같다. 그래서 우리 속담에는 '고려공사삼일(高麗公事三日)', 혹은 '조선공사삼일(朝鮮公事三日)'이란 것이 있다.

'고려공사삼일'의 예는 세종실록에 보인다. 세종(世宗)이 평안도 도절제사(都節制使)에게 전지(傳旨)하는 과정에서다. 그 요지는 이러하다.

평안도의 여러 고을에 일찍이 화통교습관(火熥教習官)을 보내어 연대(烟臺) 설치할 곳을 심정(審定)한 바 있다. 그러나 신진(新進)인 이 무리들이 혹 잘못 보아 대사를 그르치지나 않을까 염려되어 즉시 시행하지 못하였으니, 경이 친히 가서 관찰하고 그 가부를 생각한 다음 기지(基地)를 정하여 축조하도록 하라. 대저 처음에는 근면하다가도 마지막에는 태만해지는 것이 사람의 상정이며, 더욱이 우리나라 사람의 고질이다. 속담에 '고려공사삼일(高麗公事三日)'이라 하는데, 이 말이 헛된 말이 아니다.

이렇게 실록에는 '고려공사삼일'을 끈기가 없는 것으로 해석하고 있다. '조선공사삼일'에 대해서는 '어우야담(於于野談)'에 기록이 보인다. '어우야담'의 내용은 서애(西厓) 유성룡(柳成龍)이 도체찰사(都體察使)로 있을 때 사흘 전에 보낸 공문을 고칠 필요가 있어 회수

시켰더니, 역리(驛吏)가 돌리지도 않은 공문을 그대로 가져왔더라는 것이다. 그 이유를 물으니 "속담에 조선공사삼일이란 말이 있어 사흘 뒤에 고칠 것이 예견되어 보내지 않았다."고 했다. 이에 서애는 사과하고, 고쳐서 반포하였다 한다.

'고려공사삼일'이나 '조선공사삼일'은 이렇게 지속성이 없거나, 공사나 정령이 쉽게 바뀌는 것을 나타낸다. 오늘날도 이런 현상은 마찬가지인 것 같다. 대학 입시제도만 하여도 해마다 바뀐다는 인상이다. 국가의 백년대계를 과연 이렇게 하여도 괜찮은 것일까? 원칙이 서야 한다.

#### ● ● ● ●
# 묻지 말라 갑자생

해가 바뀌어 갑자년(甲子年)이 되었다. '갑자'란 육십갑자(六十甲子), 곧 육갑(六甲)의 첫째다. 그래서 그런지 우리 속담에서는 '갑자생(甲子生)'은 무엇이나 다 아는 사람으로 되어 있다. '묻지 말라 갑자생'이란 속담이 그 예다. 이 속담은 물어보지 않아도 안다고 할 때 쓰는 말이다.

'갑자생'은 이와 반대되는 뜻으로 쓰이기도 한다. '갑자생이 무엇 적은고?'란 속담의 '갑자생'이 그것이다. 이 속담은 노성(老成)하였다 자칭하나, 오히려 우매한 것을 핀잔할 때 쓰는 말이다. 따라서 이 '갑자생'은 다 아는 체하나, 실은 어리석은 사람을 이르는 말이다.

'갑자년'은 '쥐'의 해요, '갑자생'은 쥐띠가 된다. 우리 속담에 '쥐띠는 밤중에 나면 잘 산다.'고 한다. 이는 쥐의 야행성(夜行性)에 연유한다. 쥐는 밤중에 먹을 것을 찾아먹으므로 밤에 태어난 쥐띠는 밤 쥐처럼 먹을 것이 많아 잘 살게 된다는 말이다.

'약기는 쥐새끼냐, 참새 굴레도 씌우겠다.'는 속담은 사람이 민첩하고 꾀가 많음을 이른다. 이때의 쥐는 약은 존재로 비유된 것이다. 그러나 저러나 '참새 굴레도 씌우겠다.'는 기발하고, 희한한 발상의 표현이다. 참새에 굴레를 씌워 부려먹겠다니 이런 속담을 만들어 낸 우리 민족은 '쥐새끼' 못지않게 '약고' 영특한 존재라 할까?

'쓰러지는 집에는 쥐가 살지 않는다(Mice quit a falling house).'는 속담은 집이 넘어지기 전에 쥐가 떠난다는 뜻을 나타내는 영국 속담이다. 동물은 사람과는 달리 비상한 감각을 지니고 있다고 하지만, 이는 역시 쥐가 약다는 것을 나타내는 속담이다. 일본 속담에는 '쥐가 있는 집은 화재 염려가 없다.'고 한다. 이는 영국의 속담과 성격을 달리한다. 이는 영국 속담의 '쓰러지는 집'과는 달리, 안전한 집이기 때문에 쥐가 피하지 않고 그 집에 있음을 의미한다. 따라서 일본 속담을 그대로 믿는다면 일단 쥐가 살고 있는 집은 재난의 염려가 없는, 안전한 집으로 마음을 놓아도 좋을 것 같다.

우리의 잘 알려진 속담에 '두더지 혼인'이란 것이 있다. 이는 때로 두더지 아닌, 쥐의 혼인으로 바뀌어 일러지기도 한다. 일본 속담도 '쥐의 며느리 맞이'로 되어 있다. 하기야 '두더지'란 땅속을 뒤지는 쥐이니까.

‘두더지 혼인’이란 자기보다 썩 나은 사람과 결혼하려고 애쓰다가 결국은 제 동료끼리 결혼하게 된다는 속담이다. 따라서 이는 제 분수에 넘치는 엉뚱한 희망을 가지는 것을 비유로 경계하는 속담이다.

‘두더지 혼인’은 비슷하면서 서로 다른 여러 가지 설화가 있다. 여기에서는 대표적인 설화로 인조 때 홍만종(洪萬宗)이 편찬한 순오지(旬五志)의 이야기를 들어 경계를 삼기로 한다.

두더지 한 마리가 새끼 칠 때가 되어 혼인을 하고 싶은데, 세상에서 가장 높은 자와 혼인을 하고자 하였다. 처음 생각할 때 가장 높은 것은 하늘이라 하여 하늘에 청혼해 보았다. 그러나 하늘은 말하기를, “내가 비록 온 세상 물건을 총괄하고 있기는 하나, 해와 달이 아니면 나의 덕을 드러낼 수 없으므로, 해와 달과 의논해서 하라.” 했다. 이에 두더지는 해와 달을 찾아가 혼인을 청하였다. 그러나 해와 달은 “내 비록 널리 비추고 있기는 하나 구름이 우리를 덮고 있으므로 사실은 구름이 나보다 높으니 구름과 의논해 보라.”고 하였다. 두더지는 다시 구름을 찾아가 청혼해 보았다. 구름은 “내가 비록 해와 달의 빛을 덮어 비추지 못하게는 하지만 바람이 한번 불면 모두 흩어지고 마니 사실은 바람이 나보다 더 높은 것이다.”라 했다. 두더지는 다시 바람을 찾아가 혼인을 청하였다. 바람은 대답하기를 “내 비록 구름을 능히 헤칠 수 있으나 저 밭 가운데 서 있는 돌부처는 자빠뜨릴 수 없으니 따지고 보면 돌부처가 나보다 더 높은 것이다." 했다. 두더지는 하는수 없이 돌부처에게 가서 청혼을 하였다. 돌부처는 대답하기를 "내 비록 바람은 조금도 두려울 것이 없으나, 오직 두더지가 내 발밑을 뚫고 들어오면 넘어지는 것을 면할 수 없으니 사실은 두더지가 나보다 높은 것이다." 했다. 이 말을 듣자 두더지는 거만하게 앉아서 잘난 체하였다.

"천하에 제일 높은 놈은 나다. 나보다 더 높은 놈이 있거든 나와 봐라." 하며, 짧은 꼬리와 날카로운 입부리가 나의 가장 존귀한 모습이다 하고, 마침내 두더지끼리 혼인하였다.

제 분수에 맞는 삶이 무엇보다 중요하다. 그러나 처음부터 분수만 찾으면 발전을 하지 못하고, 제자리걸음을 면치 못한다. 새해에는 '두더지'의 꿈이라도 좋으니 가슴에 꿈을 품고, 찬란한 태양을 향해 전진해 볼 일이다.

(女性中央, 1984년 1월호)

# 물어도 준치, 썩어도 생치

우리나라에서 맛있는 생선의 으뜸으로 치는 것이 준치다. 그래서 '썩어도 준치', 또는 '물어도 준치, 썩어도 생치'라 한다.

준치는 청어과(靑魚科)의 바닷물고기로, 한자어로는 준어(俊魚), 시어(鰣魚), 전어(箭魚), 조어(助魚)라 한다. 이는 몸의 길이가 50cm쯤 되며, 옆으로 납작하고, 가시가 많으나 맛이 매우 좋다. '자산어보(玆山魚譜)'에는 이렇게 소개되고 있다.

준치는 가시가 많고 맛이 산뜻하며, 곡우가 지난 뒤에 우이도 (牛耳島)에서 잡히기 시작하여 차츰 북으로 올라가 유월에는 해서 지역에까지 이르는데, 어부들은 이를 쫓아가 잡는다. 준치는 이른 것이 늦게 나는 것보다 맛이 좋다.

'썩어도 준치'는 이렇게 맛이 좋은 물고기라 비록 썩었다 하더라도 그 가치를 높이 평가한다는 말이다. '물어도 준치, 썩어도 생치'는 같은 뜻을 나타내는 속담이나, 생치(生雉)와 대조적으로 표현함으로 그 뜻이 강조되고, 어희적(語戲的) 성격까지 띠게 표현한 것이다. '물어도'는 '물쿠어도'의 뜻으로, '본 모양이 없어지도록 물크러져도'를 뜻한다. 다음 시조에 쓰인 '준치'도 그 평가를 으뜸으로 친 예라 하겠다.

바둑 걸쇠같이 얽은 놈아, 제발 비자 네게.
물가엘랑 오지 마라, 눈 큰 준치, 허리 긴 갈치, 두루쳐 메기, 칭칭 가물치, 문어의 아들 낙지, 넙치의 딸 가자미, 배부른 올챙이 (鰒), 꽁지 겨레(族) 많은 곤장이, 고독한 뱀장어, 집채 같은 고래와, 바늘 같은 송사리, 긴 눈 농게, 입 작은 병어가 그물로 여겨, 풀풀 뛰어 달아나는데, 열없이 생긴 오징어 둥개는데, 그놈의 손자 꼴뚜기 애쓰는데, 바소 같은 말거머리와 귀 영자(纓子) 같은 장고아비는 아무런 줄도 모르고 그 짓들만 한다.
아마도 너 곧 곁에 섰으면 고기 못 잡아 대사로다.

뭇 고기들 가운데 준치를 맨 먼저 거명함으로 그 가치를 인정한 것이다.

'준치'를 높이 평가한 속담들은 이러한 구체적인 의미에서 나아가, 본래 출중(出衆)하여 값어치가 있는 것은 오래되거나, 헐거나, 변하였다 하여도 어디엔가 본래의 면모를 지니고 있다는 뜻을 나타낸다. 그리고 나아가 훌륭한 사람은 죽더라도 그 명예가 남고, 지조가 굳은 사람은 아무리 어려운 처지라도 절개를 지킨다는 비유적 의미까지 나타낸다.

이무영(李無影)의 소설 '삼년'에는 다음과 같은 용례가 보인다.

친구들이 몇 모여서 위안을 하고, 얼마큼씩 도와줄 의사를 말했을 때도 그는 성난 짐승처럼 날뛰었다. "썩어도 준치지. 한흥수가 친구들한테 손이야 내밀랴?"

여기서의 '썩어도 준치'는 한흥수가 본래 '출중한?' 인물로, 친구들에게 손을 벌릴 변변찮은 사람이 아니라는 것을 강조한 것이다.

우리의 '썩어도 준치'에 대해 일본에서는 '썩어도 도미(腐つても鯛)'라 한다. 우리의 준치에 대해 일본에서는 맛 좋은 생선으로 도미를 치는 것이다. 이를 보면 미각도 각각, 식성도 각각인 모양이다. 그러니 자연 문화도 다르다.

'썩어도 준치'와 같은 의미를 나타내는 속담에는 '노닥노닥 기워도 마누라 장옷'과 '노닥노닥 해도 비단일세.'와 같은 것이 있다. '노닥노닥 기워도 마누라 장옷'은 마누라 장옷은 본래 좋은 것이라, 지금은 낡아 기웠지만 여전히 좋아 보인다는 뜻이다. '노닥노닥 해도 비단일세.'에 대해서는 '이담속찬(耳談續纂)'에 '물건이 본래 아름다운 것은 비록 낡아도 옛 아름다움을 드러낸다.'라 풀이하고 있다. 본바탕이 좋은 것은 아무리 낡고 헐어도 볼품이 있다는 의미다. 일본의 '썩어도 도미'라는 속담도 같은 뜻의 속담을 하나 보여 준다. 그것은 '조각이 나도 비단'이란 것이다. 이는 우리의 '노닥노닥 해도 비단일세.'와 같은 발상, 같은 뜻의 속담이다.

준치를 재료로 하여 만드는 음식에는 '준칫국, 준치만두, 준치젓, 준치찜, 준치회' 같은 것이 있다.

준치는 맛있는 생선이다. 그리하여 '썩어도 준치', '물어도 준치, 썩어도 생치'라는 명성을 얻었다. 이름은 공연히 나는 것이 아니다. 허명(虛名)은 없다고 한다. 사람도 마찬가지다.

## 법은 멀고, 주먹은 가깝다

주먹이라도 휘두르고 싶도록 부아가 나거나, 괘씸한 경우 남자들은 '법은 멀고 주먹은 가깝다고 이걸 그냥 콱…' 하고 쥐어지르는 동작을 잘한다. 사리를 따지기에 앞서 감정적으로 완력부터 쓰고 싶다는 말이다. 이때의 '법은 멀고 주먹은 가깝다'는 말은 우리의 속담이다. 이는 사리를 따지기 전에 완력(腕力)부터 쓴다는 말이다.

완력은 흔히 남성의 전용물처럼 인식되어 왔다. 그러나 오늘날은 그렇지도 않은 것 같다. 근자의 신문보도에 의하면 서양에서는 아내에게 매를 맞는 남편이 상당수 있는 모양이다.

남편이 아내에게 맞는 이야기는 서양에만 있는 것이 아니다. 조선 전기의 학자 서거정(徐居正)의 '태평한화골계전(太平閑話滑稽傳)'에 보면 우리나라에도 아내에게 매를 맞고, 창을 넘어 도망치는 남편의 이야기가 보인다. 그리고 오늘날은 많은 사람이 엄처시하(嚴

妻侍下)에 살고 있는 것으로 일러진다. 이 '골계전'의 '창을 넘어 도망가다(踰窓而走)'란 이야기는 다음과 같다.

유(柳)씨 성을 가진 한 선비가 영남에서 놀았다. 거기서 성산(星山) 기생 청련(靑蓮)을 만나 끔찍이 사랑을 하였다. 집에 돌아온 뒤에도 둘은 서로 사모하기를 마지않았다. 아내 송(宋)씨는 무서운 질투로 욕설과 꾸짖기를 마지않다가 혹 남편을 두드려 패기까지 하였다. 유 씨는 괴로움을 견딜 수 없어 시험 삼아 위엄(威嚴)으로 억압해 보고자 하였다. 그리하여 하루는 관아의 일을 마치고, 집에 이르러 관대(冠帶)를 벗지 아니하고 단정히 앉아 정색을 하고 말하였다.

"여자가 질투를 하는 건 옳지 않소. 시(詩)에 문왕(文王)의 후비(后妃)가 질투하지 않음이 아름답다 하였고, 소학(小學)에는 부인에 칠거지악(七去之惡)이 있는데, 음란하면 내치고(淫去), 투기하면 내친다(妬去)고 하는 것이 있소. 그대는 어찌 된 사람이기에 감히 투기가 이와 같소?"

송 씨는 극도로 분개하여 곁에 있던 전반(剪板)을 휘두르며 일어나, "어찌 문왕 후비를 이르며, 어찌 음거(淫去), 투거(妬去)를 이르는 것이오?" 하고 꾸짖으며, 유 씨를 어지러이 때렸다. 유 씨는 다급하여 창을 넘어 도망하였다.

이 우스개는 법도로 아내의 투기를 다스리려다 오히려 '법보다 가까운 주먹'에 밀려 남편이 도망을 친 이야기다. 그러니 이 이야기야말로 '법은 멀고 주먹은 가깝다.'는 이치를 실례로 보여 주고 있는 예화라 하겠다.

그러나 우리 속담에 '시앗을 보면 길가의 돌부처도 돌아앉는다.'고 하였다. 시앗을 보게 되면 부처같이 자비로운 부인도 마음이 변하여 시기한다는 말이다. 그리고 이러한 시기가 싹트면 말씨도 거칠어지고, 욕도 하고, 거친 행동도 하게 되어 남편에게 행패도 하게 될 것이다. 과거의 여인들은 남성과는 달리 규중(閨中)에서만의 삶이었기 때문에 남편의 사랑이 인생의 전부였을 것이다. 따라서 이를 잃게 되면 정신적 충격이 이만저만이 아닐 것이다. 다만 이를 폭발시키느냐, 아니면 이를 체념하고 삭히느냐만이 달랐을 것이다. 이런 의미에서 송세림(宋世琳)의 '어면순(禦眠楯)'에 전하는 '아내는 존대 받기를 원하지 않는다(妻不欲尊).'는 다음 이야기는 부부 관계에 있어 많은 것을 시사해 준다.

한 선비가 기생을 몹시 사랑하였다. 그 아내가 선비에게 말하였다.

"사내가 아내를 박대하고 기생에게 빠짐은 어찌 된 까닭이오?"

선비가 말하였다.

"아내에게는 서로 공경하고 분별해야 할 의리가 있으므로, 가히 존경할 수는 있으나, 친할 수는 없소. 그러나 기생에게는 정에 맡겨 정욕을 즐기며, 음탕한 희롱을 끝없이 할 수 있소. 공경하게 되면 소원해지고, 허물없이 되면 친해지는 것이 자연의 이치요."

아내는 벌컥 화를 냈다.

"내 언제 공경해 달랬소? 내 언제 분별해 달랬소?"

이렇게 말하며 아내는 어지러이 남편 치기를 마지않았다.


'법은 멀고 주먹은 가깝다.'고 한다. 가까운 주먹은 임시방편이다. 비록 먼 법이라도 차근차근 사리를 따지는 것만이 진정한 해결의 열쇠다. 주먹이 가까운 세상은 아무래도 바람직한 것이 못된다.

(女性中央, 1953년 3월호)

# 변학도 잔치에 이 도령 상

'춘향전'에서 변학도의 생일잔치는 정점(climax)을 향해 숨 가쁘게 치닫는 장면이다. 이때 이 도령은 암행어사(暗行御史)가 되어 남루한 옷을 입고 연회 자리의 말석에 앉게 된다. 그런데 다른 수령들의 진수성찬의 상과는 달리 이 도령 앞에 놓인 상은 초라하기 이를 데 없다. '변학도(卞學道) 잔치에 이 도령 상'이란 이러한 소설적 배경을 바탕으로 생겨난 속담이다. 따라서 이는 남의 음식상에 비해 자기 음식상이 보잘것없을 때 비유적으로 이르는 말이다.

"내 상은 이게 뭐냐? 변학도 잔치에 이 도령 상이냐?"

이렇게 쓰인다.

그러면 '변학도 잔치에 이 도령 상'이란 구체적으로 어떠했던가? 춘향전은 약 100여 종의 이본(異本)이 있는데, 그 가운데 대표적인 것의 상차림을 보기로 한다.

먼저 완판(完板) '열녀춘향수절가'를 보면 이렇게 그려져 있다.

어사또 들어가 단좌하여 좌우를 살펴보니 당상의 모든 수령 다 담(茶啖)을 앞에 놓고 진양조 양양할 제, 어사또 상을 보니 어찌 아니 통분하랴? 모 떨어진 개상판에 닥채저범, 콩나물, 깍두기, 막 걸리 한 사발 놓였구나.

음식이란 것이 고작 '콩나물, 깍두기, 막걸리 한 사발'뿐이다. 이에 대해 고려대 소장의 '춘향전'에는 다음과 같이 그려져 있다.

모 떨어진 개상반에 먹다 남은 콩나물, 장탕국 한 그릇, 멸치 하나 둥둥 띄워, 먹던 뼈다귀 여덟팔자 갈라놓고, 그 뒤 건 고름 탁주 한 사발 그뜩 부어 겨릅대를 뚝뚝 잘라 도서원(都書院)의 부 서격(付書格)으로 여기 저기 별여 놓고…

완판본에 비해 '장탕국, 먹던 뼈다귀'가 더 놓였으나, 초라하기 는 마찬가지다. 이에 대해 이명선본(李明善本) '춘향전'은 다음과 같 이 되어 있다.

어사 앞에 상 올릴 제, 가만히 살펴보니 모 떨어진 개상반, 대 초 하나, 밤 하나, 저리 김치, 모주 한 사발이라.

여기에는 '대추 하나, 밤 하나, 저리김치, 모주 한 사발'이 놓여 있을 뿐이다. 따라서 박대는 고대본보다 더 하다. 이에 대해 파리의 동양어학교 소장의 '남원고사(南原古詞)'에는 다음과 같이 묘사되어 있다.

  어사 눈을 들어 살펴보니 모조라진 소반에 뜯어먹던 가리 한 대, 대초 세 개, 생률 두 낱, 소곰 한 줌, 장 한 종자에 저린 김치 한 보사기, 모주 한 사발, 면 한 그릇 덩그렇게 놓았거늘…

다른 이본에 비해 상당히 나아진 편이나, 초라하기는 마찬가지다. 이에 대해 일본 동양문고에 소장되어 있는 '춘향전'에는 다음과 같이 그려져 있다.

  어사 상 받아들고 눈 들어 살펴보니 모조라진 상소반에 뜯어 먹은 가리 한 대, 대초 세 개, 밤 두 낱, 소곰 한 줌, 장 종자에, 저리김치 한 보사기, 박박 탁주 한 사발을 덩그렇게 놓았거늘…

'남원고사'와 비슷하나, 이에 비해 '면'이 빠져 있는 등 좀 더 초라한 상이 되었다. 최남선(崔南善)이 개작한 '고본 춘향전'은 동양문고본과 동일한 내용이다. 그리고 이해조(李海朝)의 '옥중화(獄中花)'를 보면 다음과 같이 되어 있다.

어사또 상을 차려오는데, 모 떨어진 개다리소반에 긁어먹던 갈비 한 대, 콩나물 대강이 한 접시, 멸치 꼬리 한 접시, 모주 한 사발을 놓아다 주니…

이렇게 사잣밥 같은 대접을 받았다. 그러기에 도령은 남의 상 돌아보고 심술이 나 상을 뒤엎기까지 하였다. 그러니 몇 번 사는 인생도 아니고 보면 '변학도 잔치에 이 도령 상'이 아니라, '변학도 잔치에 수령 상'을 받는 팔자가 되도록 인생을 수련할 일이다.

(女性中央, 1984년 7월호)

# 보릿고개가 태산보다 높다

우리말에 '보릿고개'라는 것이 있다. 묵은 곡식은 떨어지고, 햇보리는 아직 여물지 않아 농가에서 식량에 어려움을 겪던 4, 5월을 비유적으로 이르는 말이다. '보릿고개'란 춘궁기(春窮期)를 달리 이르는 말로, 한자어로는 '맥령(麥嶺)'이라고 한다. 그러나 한자어 '맥령'은 한어(漢語)나 일어에는 보이지 않는 것이다. 따라서 이 '보릿고개'란 우리만의 특수상황이었던 것 같다.

우리 조상들은 이 '보릿고개'가 실로 살아가기 힘든 고난의 순간이었던 모양이다. '보릿고개가 태산보다 높다.'거나, '보릿고개에 죽는다.'는 속담은 그것이 얼마나 역경이었나를 잘 증언해 준다. '보릿고개가 태산보다 높다.'는 속담은 춘궁기에 식량이 떨어져 살아가기가 험난한 태산을 넘기보다 힘들다는 말이고, '보릿고개에 죽는다.'는 4, 5월에 끼니를 잇지 못해 죽는 사람이 많았음을 뜻한다. 이러한 가난하고 못살던 때의 생활상은 1920년대의 빈궁문학(貧窮文學)에 잘 반영되어 있다. '감자,' '운수좋은 날', '화수분', '물레방아' 등이 그러한 작품들이다.

그러면 다시 '보릿고개'로 돌아가 공주(公州) 지방에서 채집된 설화를 보기로 한다.

옛날 다섯 며느리를 둔 시아버지가 어느 며느리가 살림을 잘 해 나갈지 시험을 하였다.

"애들아, 꽃 중에서 어느 꽃이 제일 고우냐?"

첫째는 모란, 둘째는 국화, 셋째는 복숭아, 넷째는 함박꽃이라 대답했다. 다섯째는 목화꽃이라 대답해 시아버지의 눈길을 끌었다.

다음엔 "이 고개, 저 고개, 어떤 고개가 제일 높으냐?"고 물었다.

새재, 추풍령 등 여러 고개가 들려졌다. 막내는 '보릿고개'라 대답하였다. 마지막으로 "새 중에서 가장 큰 새는 무엇이냐?"하고 물었다. 대붕새, 황새 등 여러 가지 새들의 이름이 들려졌다. 이때 막내는 또 "이 새 저 새 해도 가장 큰 새는 먹새지요"라 대답했다. 시아버지가 그 말을 듣고, "막내야, 네가 가장 소견이 있구나" 하고 그는 막내와 평생을 같이 살았다.

이 설화는 '보릿고개'가 견디기 힘들며, 사람이 먹어치우는 것이 엄청나다는 것을 말하고 있다. 그러기에 우리 속담에 '가난 구제는 나라도 어렵다.'고 하였고, '목구멍이 포도청(捕盜廳)'이라 하였다. '먹은 죄는 없다.'는 속담도 먹고 살기가 어려웠음을 반증하는 것이다.

공주 지방의 설화는 대동기문(大東奇聞)에 보이는 영조(英祖)의 정순왕후(貞純王后)의 간택 이야기와 맥락을 같이한다. 영조는 정성왕후(貞聖王后)가 돌아가자 왕비 후보로 추천된 규수를 친히 둘러보았다. 처녀들은 모두 방석에 앉았으나 한 규수가 방석을 밀어놓고 그 옆에 앉아 있었다. 영조는 이상히 여겨 그 까닭을 물었다. 규수는 "아비의 이름이 방석에 씌어 있사옵니다. 자식 된 도리로 어찌 아비의 이름을 깔고 앉겠습니까?" 하였다. 그 규수는 김한구(金漢耉)의 딸이었다.

영조는 규수들에게 "무엇이 가장 깊으냐?"고 물었다. 산이 깊다, 물이 깊다 등 여러 대답이 나왔다. 김한구의 딸은 사람의 마음이 가장 깊다고 했다. 그 까닭을 묻자 사람의 마음은 측량할 수 없기 때문이라 했다. 영조는 감탄했다.

영조는 또 "무슨 꽃이 가장 좋으냐?"고 물었다. 도화, 모란, 해당화 각색 꽃이 들려졌다. 김한구의 딸은 면화(棉花)라 했다. 다른 꽃은 잠시 아름다울 뿐이나, 면화는 옷이 되어 천하를 덥게 하니 가장 좋은 꽃이라 했다. 이리하여 결국 김한구의 딸이 왕비로 책정되었다.

영조의 간택(揀擇) 설화에는 '보릿고개' 이야기가 빠져 있다. 임금의 질문으로 마땅치도 않았겠지만, 양반댁 규수에게 하는 질문으로도 마땅치도 않았을 것이다. 오히려 "풀 중에 가장 귀한 풀은 무엇이냐?"는 질문에 "예, 벼이옵니다."란 문답은 나올 법한 것이었다.

'먹어야 체면'이란 속담이 있다. 사람은 배를 곯지 않아야 사람 구실을 한다는 말이다. '광에서 인심 난다.'는 속담도 있다. '쌀독에서 인심 난다'고도 한다. 이제 우리는 '보릿고개'란 말을 지난날의 악몽으로 돌리고, 언어의 화석(化石)으로 이를 수용하게 되었다. 소비는 미덕(美德)이라 한다. 그러나 과소비는 경계해야 할 대상이다. 우리 속담에 아무 데도 소용이 없고, 도리어 해로운 것의 하나가 '지어미 손 큰 것'이라 했다. 활수(滑水)한 삶은 결코 바람직한 것이 못 된다. 나라 살림도 마찬가지다. 절제를 해야 한다.

(女性中央, 1983년 11월호)

## 복날 개 패듯

　개는 일찍이 가축이 되어 사람과 가장 가까운 동물이다. 이는 주인에게 충실하고, 순종한다든가, 은혜를 잊지 않는다 하여 사람들이 아끼고 사랑한다. 더구나 애완견의 경우는 더 없이 사랑을 받는다. 지난날에는 '이것을 죽이고 개 값을 물어?'라고 더 할 수 없이 천시했는데, 요사이는 '쫑이 엄마', '매리 엄마'라고 여인들은 스스로를 '개의 엄마'라고까지 자처하고 있으니 세상은 참으로 많이도 변하였다.

　우리 속담에 '복날 개 패듯'이란 것이 있다. 이는 개를 잡는 과정을 일러주는 속담이다. 우리는 일찍부터 개고기를 먹었다. '삼국유사'에 보면 원광(圓光)은 오계(五戒)를 설명하며, '기르는 짐승 말, 소, 개, 닭을 죽이지 말라(不殺使畜謂馬牛犬鷄)'고 하였다. 이는 뒤집어 말하면 가축을 잡아먹었다는 것을 나타낸다. 들짐승(野獸)은 잡기 어렵고, 가축이라도 큰 짐승은 잡기에 부담이 되니 개·닭이 제일 만만했을 것이다. 그래서 이를 잡아먹었다. 정학유(丁學游)의 농가월령가(農家月令歌)를 보면 개는 근친(覲親) 차반으로까지 쓰였다.

며느리 말미 받아/ 본집에 근친(覲親)갈 제
개 잡아 삶아 건져/ 떡고리와 술병이라.

'복날 개 패듯'이란 속담은 복달임으로 개고기를 먹던 것과 관련된다. 요사이는 '보신탕'을 '사철탕'이라 하며 사계절을 통해 먹고 있지만, 지난날에는 '동구불식(冬狗不食)'〈與猶堂全書〉이라 하여, 여름 그것도 복날에나 즐겨 먹었다.

그런데 이 개를 잡는 방법이 독특했다. 전통적으로 짐승을 잡는 방법이 다 잔인하기는 하나 개를 잡는 방법도 그러했다. 일단 개를 올무로 옭아 묶는다. 그리고는 나무에 매달고 몽둥이로 사정없이 때려서 잡는다. 경우에 따라서는 개를 올무로 옭아 묶은 다음 멍석으로 둘둘 감고 몽둥이로 사정없이 내리쳐 잡기도 했다. 그리고는 개를 그슬었다. 개는 이렇게 패어야 육질이 좋고 맛있다 하여 그렇게 한 것 같다. 따라서 '복날 개 패듯'이란 복날 개고기를 먹기 위해 개를 사정없이 패어 잡는 것을 말한다. 그래서 이 속담은 매를 무지막지하게 몹시 때리는 것을 비유적으로 나타낸다. 이는 '복날 개 맞듯'이라고도 하며, '몽둥이로 개 패듯'

이라고도 한다. 이렇게 매를 몹시 때리거나, 맞는다는 속담으로는 개와 관련된 것 외에 '섣달 그믐날 흰떡 맞듯', '넙치가 되도록 때린다.', '넙치가 되도록 맞았다.', '누린내가 나도록 때린다.'와 같은 것이 있다.

'돼지 멱따는 소리'라는 말이 있다. 이는 속담 아닌 관용어(慣用語)로, 아주 듣기 싫도록 꽥꽥거리는 소리를 말한다. 이러한 관용어가 생긴 것은 돼지가 본래도 시끄럽게 꽥꽥거리지만, 돼지를 잡는 것과 관련을 갖는다. 지난날에 돼지는 묶어 놓고 멱을 따서 잡았다. 산 돼지의 목을 칼로 찔러 목에 구멍을 내고, 그 구멍으로 피가 다 빠져 나와 마침내 죽게 하였다. 그러니 돼지가 죽겠다고 요동치며 꽥꽥거릴 것임은 말할 것도 없다. '돼지 멱따는 소리'란 여기서 생겨난 관용어다. 그런데 놀라운 것은 이런 돼지 잡는 풍속이 우리만의 것은 아닌 것 같다. 이를 구체적으로 확인한 것은 아니지만, 신빙할 만한 사실이 있다. 일본의 나가사키(長崎) 데지마(出島)에는 근대화(近代化) 과정에 홀란드 상인이 모여 살았다. 그런데 당시의 생활상을 축소 모형을 만들어 전시하고 있는데, 그 건물의 한쪽 벽에는 놀랍게도 우리의 돼지 잡는 모습과 똑같은 벽화가 그려져 있다. 이로 보면 홀란드에서도 지난날 우리와 같이 돼지를 잡았던 것 같다.

소는 '도수장(屠獸場)에 들어가는 소'라는 속담도 있듯 도수장, 혹은 도살장(屠殺場)에서 백정이 도끼로 소의 머리를 쳐 잡았다. 다음의 두 예화는 우리에게 이를 확인시켜 준다.

　* 씨근거리는 품이 도살장에 소를 끌어다 놓고 단숨에 숨통을
자르려고 도끼를 찾아 이곳저곳 두리번거리는 기세였다.
&lt;이영치, 흐린 날 황야에서&gt;

　* 장터에서 푸줏간을 하는 백정이 오더니 도도한 훈장에게 다
정하게 인사를 한다.
　'성님, 그동안 안녕하셨어요?'
　'이놈아, 왜 내가 네 형이란 말이냐?'
　'아유, 성님두! 대가리 쳐서 먹고 살기는 매일반 아니에요?'
&lt;전래 설화&gt;

　닭을 잡는 방법도 잔인하다. 닭은 멀쩡한 생닭을 목을 비틀어
잡는다. 어쩌다 놓치게 되면 목뼈가 부러졌을 닭이 그런 가운데
도 도망을 친다. 삶이란 간절한 희구의 대상이다.
　박지원의 '호질(虎叱)'에서는 호랑이까지 인간을 잔인하다 나무
라지만, 확실히 '머리 검은 짐승'은 잔인한 동물임에 틀림없다.
근자에는 가축을 도살하는 방법이 달라진 모양이니 그나마 다행
이라 하겠다.

## 봄볕에 그을리면 보던 님도 몰라 본다

'일 년의 계획은 봄에 세우고, 하루의 계획은 새벽에 세운다.'고 한다. 이제 봄도 무르익어간다. 일 년의 계획은 잘 세워졌고, 그것은 착착 잘 진행되고 있는지? 일본 속담에 '봄에 꽃이 피지 않는 나무는 여름에 열매를 맺지 않는다.'고 한다. 가을 결실을 위하여 이 봄에 꽃나무를 다시 한 번 챙겨보아야 하겠다.

우리 속담에는 봄과 관련된 것이 많다. 속담에 반영된 봄은 춘궁(春窮)과 봄볕의 따가움을 나타내는 것이 주종을 이룬다.

'강철이 간 데는 가을도 봄이다.', '황충이 간 데는 가을도 봄', '봄 떡은 들어앉은 샌님도 먹는다.', '봄 사돈은 꿈에도 보기 무섭다.', '봄에 의붓아비 제 지낼까?', 이들은 다 춘궁과 관련된 속담들이다. 춘궁을 압축한 말이 '보릿고개'다. 우리 조상들은 가장 넘기 어려운 고개를 이 '보릿고개'라 생각했다.

'강철'이나 '황충이' 간 데가 '봄'이란 말은 강철이는 독룡(毒龍),

황충(蝗蟲)은 풀무치로, 이들이 지나가면 폐농이 돼 추수 때가 돼도 거둘 것이 없어 곤궁한 봄이라는 말이다. 여기서의 봄은 만물이 소생하는 봄이 아닌, '춘궁'의 상징이다. '봄 떡은 들어앉은 샌님도 먹는다.'는 곤궁한 봄에 해는 길고 출출하여, 점잔만 빼는 양반도 떡을 즐겨 먹는다는 말이다.

이에 대해 '봄 사돈은 꿈에도 보기 무섭다.'나, '봄에 의붓아비 제 지낼까?'는 곤궁한 봄에 사람을 대접하거나, 체면치레를 위해 행사를 하기가 어렵다는 말이다.

춘궁을 나타내는 속담은 일본에도 있다. '봄에 큰어머니 찾아가기보다 감꽂이(柿串)를 씹어라.'가 그것이다. 먹을 것 없는 곶감 꽂이를 씹는 것이 오히려 낫다는 것이다.

봄볕이 따가움을 나타내는 속담으로는 '가을볕에는 딸을 쬐고, 봄볕에는 며느리를 쬔다.', '봄볕에 그을리면 보던 님도 몰라본다.', '딸 손자는 가을볕에 놀리고, 아들 손자는 봄볕에 놀린다.' 같은 것이 있다. 봄볕이 따가워 얼굴이 타게 됨을 나타낸다.

일본에도 이러한 뜻의 속담이 있다. '봄날 탄 것은 천민(賤民)도 홀리지 않는다.'가 그것이다. 우리의 '봄볕에 그을리면 보던 님도 몰라본다.'를 좀 더 강조한 속담이라 하겠다. '봄날 차양을 달아라.'는 봄볕을 꺼린 일본의 속담이다.

이밖에 봄으로 순서를 보이기도 한다. '겨울이 지나지 않고 봄이 오랴?'란 속담이 그것이다. 영국의 서정시인 셸리(Shelly)는 그의

'서풍부(Ode to the west wind)'에서 우리의 속담을 한번 돌려 절창을 만들어내고 있다.

예언의 나팔을 불어다오! 오오, 바람이여,
겨울이 오면 봄도 머지않으리.

봄에는 비가 많이 내린다. 그러기에 '봄비'도 속담에 자주 등장한다. '봄비 잦은 것', '봄비가 잦은 것은 가을 지어미 손 큰 것 같다.', '봄비가 잦으면 마을집 지어미 손이 큰다.'가 이런 것이다. 앞의 두 속담은 봄비가 해로움을 나타낸 것이다.

'패관잡기(稗官雜記)'에 보면 '봄비 잦은 것, 돌담 배부른 것, 사발이 빠진 것, 노인 부랑한 것, 어린애 입 잰 것, 중 술 취한 것, 진흙부처 내 건너는 것, 지어미 손 큰 것, 도시락 먹으며 소리 내는 것'은 쓸데없는 일이라 하고 있다.

'봄비가 잦으면 마을집 지어미 손이 큰다'는 봄날 감상적인 여심(女心)에, 가뜩이나 비까지 자주 내리면 여자의 손이 헤퍼진다는 말이다. '춘향전'의 삼촌(三春) 정경도 이때의 심사와 관련이 있는 것이라 하겠다.

초목군생지물(草木群生之物)이 개유자락(皆有自樂)이라, 떡갈닢에 속닢 나고, 노고지리 높이 떴다. 건넌 산에 아지랑이 끼이고,

잔디잔디 속닙 나고, 달바자 찡찡 울고, 삼년 묵은 말가죽 외용죄
용 소리 하고, 선동아(先童兒) 군복하고 거동(擧動) 참례하러 가고,
청개고리 신상투 짜고, 동네 어른 찾아보고, 고양이 성적(成赤)하
고 시집가고, 암캐 서답 차고 월후(月候)하고, 너구리 늦손자 보고,
두꺼비 외손자 보고, 다람이 용개 치고, 과부 기지개 켤 제 이 도
령의 마음이 흥글항글 하여 불승탕정(不勝蕩情)이라.

'봄물에 방게 기어 나오듯'이란 속담처럼 봄에는 생기가 나고,
나들이를 하고 싶은 계절이다. 영국 속담은 '5월에 시내에 있는
사람은 봄을 잃는다.'고 한다. 만물이 소생하는 교외로 나가 봄의
생기를 마음껏 누려볼 일이다. 봄볕에 다소 그을린들 그것이 무
슨 대수랴? 더구나 요사이는 흰 살결보다 구릿빛 피부를 건강색
이라 하여 더 좋아하는 시대다.

(女性中央, 1986년 4월호)

# 봄 조개 가을 낙지

'잎 하나 떨어지니 오 천지가 가을'

이렇게 노래한 시인(이자경)이 있다. 더위에 지친 시야에 어느 날 문득 떨어지는 낙엽은 시인이 아니라도 확실히 '가을이 왔구나!' 하고 탄성을 발하기에 충분하다.

우리 속담에 가을을 소재로 한 것이 20여 개 보인다. 이들은 그 내용으로 보아 너덧 가지로 유형화해 볼 수 있다. 그 첫째가 바쁜 계절이란 것이요, 둘째가 풍요한 계절이란 것이며, 셋째가 청명한 계절이란 것이고, 넷째가 미각의 계절이란 것이다. 요새처럼 가을=단풍놀이란 등식의 속담은 보이지 않는다.

'가을에는 부지깽이도 덤벙인다'나, '가을 판에는 대부인 마님이 나막신짝 들고 나선다', '가을철에는 죽은 송장도 꿈지럭한다'와 같은 것이 분망(奔忙)한 가을의 정경을 풍자적으로 나타내 주는 속담이다. 부엌에 불을 지피는 하찮은 부지깽이에서부터 귀부인,

사자(死者)에 이르기까지 어느 것 하나 거들지 않으면 안 될 정도로 분주한 것이 추수 때의 농가(農家)의 모습이다. 일본 속담도 이때의 모습을 '가을걷이가 한창일 때에는 말이 나무에 올라가도 알리지 말라'고 익살스럽게 표현하고 있다. 그러나 분망한 것이 어찌 농가뿐이랴? '가을 중 싸대듯'이라고 일 년의 결실을 거두어들이는 계절이고 보면, 가을은 누구에게나 바쁜 계절이요, 계절이어야 할 것이다.

'가을밭에 가면 가난한 친정에 가는 것보다 낫다', '가을마당에 빗자루 몽댕이 들고 춤을 추어도 농사 밑이 어둑하다', '가을 중의 시주 바가지 같다'는 추수 뒤의 풍요를 칭송한 속담이다. 우리 겨레는 꽤나 가난에 시달린 백성이었다. '보릿고개에 죽는다', '보릿고개가 태산보다 높다'고 춘궁기를 이겨내기가 어려웠다. 그러니 오곡백과(五穀百果)가 무르익어 풍성한 가을이야말로 하느님께서 마련한 축제의 장이었다.

추석은 그 축제의 절정이었고… 그러기에 '더도 덜도 말고 늘 한가위만 같아라'라는 것이 이 겨레의 소원이었다. '이 설움 저 설움 해도 배고픈 설움이 제일'임에야 어찌하랴……

'가을볕에는 딸을 쬐이고, 봄볕에는 며느리를 쬔다'나, '가을 물은 소 발자국에 고인 물도 먹는다'와 같은 것이 청명(淸明)한 가을을 나타낸 속담이다. 푸른 하늘, 따뜻한 햇볕, 맑은 물, 이런 것들은 온통 가을만의 전유물(專有物)이라 하여 좋을 것이다. 그러기에 비가 오더라도 '가을비는 장인의 나룻 밑에서도 피한다.'고 잠시 오다가 그치는 것이다. 영국의 속담에 '아름다운 것 가운데 가을은 아름답다'고 한 것도 바로 이런 정취를 나타낸 것이라 하겠다.

그런데 일본의 속담은 이와는 다르다. '가을 하늘은 일곱 번 반 바뀐다', '남자의 마음과 가을 하늘은 하룻밤에 일곱 번 바뀐다', '가을 날씨와 여자의 마음은 일곱 번 바뀐다'고 하여 가을 날씨가 변덕스러움을 고발하고 있다. 일본 속담에서는 남자의 마음(愛情), 여자의 마음, 여울물, 고양이 눈과 같이 잘 바뀌는 것의 하나가 가을 날씨라 보고 있다. 이는 우리로서는 생각하기 어려운 저들의 자연적 특성을 반영한다. 영국 속담을 보면 변하기 쉬운 계절이 엘리엇(T.S. Eliot)의 '황무지(The Waste Land)'로 잘 알려진 4월이거나, 겨울로 나타난다. '여자는 4월의 날씨와 같이 변덕스럽다', '여자의 마음과 겨울 날씨는 자주 바뀐다'고 하는 것이 그 예다.

가을이 미각(味覺)의 계절임은 일본 속담 '가을이 되면 거지 배가 된다'가 잘 나타내 준다. 가을의 진미로는 우리 속담에 '낙지, 상추, 아욱국'이 들려진다. '봄 조개 가을 낙지', '가을 상추는 문 걸어 잠그고 먹는다.', '가을 아욱국은 계집 내어 쫓고 먹는다.'가 그것이다. 가을 낙지는 제철임을 뜻하고, 가을 상추, 가을 아욱국은 진귀한 것임을 의미한다. 그런데 이런 진미를 노나 먹고 싶지 않은 상대가 걸작이다. 우리 속담에는 '계집'이 등장하지만, 일본의 경우는 언제나 '며느리'가 등장한다. 일본의 경우는 고부간(姑婦

間)의 불화와 갈등을 보여 준다. 고부갈등은 일본에만 한정된 것이 아니다. 이러한 속담은 우리에게도 많을 뿐 아니라, 세계 공통의 현상인 것 같다. '며느리는 시어머니를 미워한다.'나, '시어머니는 아내의 악마'란 독일의 속담이나, '시어머니와 며느리는 폭풍과 우박'이란 이탈리아의 속담이 다 이런 예들이다.

가을이 다가온다. 이번 가을은 분망, 풍요, 청명, 미각을 만끽하는 가을이 되었으면 하고 소망해 본다.

(女性中央, 1981년 9월호)

## 부부 싸움은 칼로 물 베기

부부의 인연은 천생연분이요, 그 짝은 천정배필(天定配匹)이라 한다. 하늘이 맺어 준 인연이요, 짝이란 말이다. 그러기에 지난날은 부부가 '검은 머리 파뿌리 되도록 해로하기'가 소원이었다. 그러나 오늘날은 남녀가 쉽게 만나고 쉽게 헤어진다. 돌아서면 남이란 속언을 실증이나 하듯 실리를 찾아 떠나간다.

우리 속담에 '부부싸움은 칼로 물 베기'란 말이 있다. '내외간 싸움은 칼로 물 베기', '내외간 싸움은 개싸움'이라 하기도 한다. 이는 내외간 싸움이 둘을 갈라놓는 싸움이 아니요, 싸워도 쉬 화합이 이루어지는 싸움임을 의미한다. 일본 속담을 보면 이러한 시간성(時間性)이 좀 더 분명해진다. '부부 싸움과 서풍은 밤이 되면 가라앉는다', '부부 싸움은 자고 나면 낫는다', '부부 싸움과 팔월 바람은 해 질 녘에 그친다'라고 하루해가 다 가기 전, 저녁 한때나, 밤이 고작 냉전 시간의 전부라는 것이다. 구약성서의 창

세기에 보이듯 해와가 아담의 갈비뼈로 빚어진 것이라면 툭탁 싸우고 헤어지는 파경(破鏡)이란 생각할 수 없는 일이다.

이별의 장면에는 거울이 자주 등장한다. 우리의 대표적인 고전 춘향전에서도 이 도령이 춘향에게 신표(信標)로 거울을 주는 것을 볼 수 있다. 부부의 이별을 뜻하는 파경(破鏡)은 바로 이 거울과 관련되는 고사에 연유한다.

신이경(神異經)에 보이는 고사는 이러하다. 옛날 어떤 부부가 헤어질 때 거울을 쪼개 반쪽씩 서로 나누어 가졌다. 그 뒤 부인이 남과 밀통(密通)을 하였다. 거울은 까치가 되어 남편 앞으로 날아갔다. 거울 뒤에 까치 모양을 새기는 것은 이러한 일이 있은 뒤부터이다.

문자 그대로 파경, 영원한 이별을 한 고사다. 태평광기(太平廣記)에 보이는 고사는 이와는 달리 이별 후 다시 만나는 해피엔드의 이야기다. 진(陳)나라 태자의 사인(舍人) 서덕언(徐德言)의 처는 후주(後主) 숙보(叔寶)의 누이로서 악창공주에 봉함을 받았다. 그런데 이때 세상이 어지러워 안전을 꾀하기가 어려웠다. 그래서 덕언은 아내에게 말했다.

"당신만한 재능과 용모가 있으면 반드시 권문세가에 들어가게 될 것이요. 만일 부부의 인연이 다하지 않았다면 다시 만나게 되길 바라오. 내가 말하는 것을 믿어 주시오."

그리고 거울을 쪼개어 서로 반쪽씩 나누어 가지고 약속하였다.

"훗날 반드시 정월 보름날 서울의 시장에서 팔기로 합시다."

진 나라가 망하게 되어 관연 그 아내는 월국공(越國公) 양소(楊素)의 집에 들어가게 되었다. 남편 덕언은 서울에 이르러, 마침내 정월 보름이 되어 시장을 찾아갔다. 거울 반쪽을 팔고 있는 하인이 있었다. 덕언은 자기 거울 반쪽을 꺼내 이에 맞추며 노래를 지어 불렀다.

거울과 사람이 함께 떠났으나,
거울은 돌아오고 사람은 돌아오지 않네.
다시금 항아의 모습은 보이지 않고,
부질없이 밝은 달빛만 머무르고 있네.

부인은 시를 받고 흐느끼며 음식을 폐하였다. 월국공은 이를 알고 덕언을 불러 그 아내를 돌려주었다.

파경 뒤의 생활은 '홀아비는 이가 서 말, 과부는 은이 서 말'이란 속담이 잘 대변해 준다. 과부는 알뜰하게 재물을 모으고, 홀아비는 살림이 헤퍼 어렵게 산다는 말이다. 따라서 이는 여자는 혼자 살 수 있으나, 남자는 혼자 살기 어렵다는 뜻이 된다. 일본 속담에서는 '홀아비에게는 구더기가 끓고, 과부에게는 꽃이 핀다.'고 한다. 상처(喪妻)를 하면 가사가 엉망이 된다. 그러나 상부(喪夫)를 하면 소문이 나 한량이 다 모여들어 두 번째 꽃을 피우게 된다는 말이다. 우리처럼 재혼이 금지되지 않았던 일본 사회의 윤리를 반영해 주는 속담이다.

여인이 개가(改嫁)하는 것을 '팔자를 고친다.'고 한다. 운명을 바꾼다는 말이다. 남자의 경우도 부인에 따라 생애가 달라진다.

부부 싸움은 칼로 물 베기라 하듯이 파경이나 지옥이 아닌, 한 집안과 이 세상을 낙원으로 만드는 많은 현처(賢妻)들이 잇따라 나왔으면 한다.

(女性中央, 1981년 8월호)

## 불감청이언정 깨소금이라

　'전설의 고향'이나, 사극을 보다보면 상노 아이가 주인집 아가
씨를 사모하는 경우를 더러 볼 수 있다. 이는 감히 엄두도 못 낼
일이다. 그런데 경우에 따라서는 이러한 일이 성사되기도 한다.
그것은 어떠한 사건이 계기가 되어 아가씨가 상노를 측은히 여기
다 사랑하게 되는 경우다. 이때 아가씨는 반상(班常)의 차이가 있
으니 정식 결혼은 할 수 없고, 삼십육계(三十六計) 줄행랑을 치자고
제의한다. 이럴 경우 상노는 '불감청(不敢請)이나 고소원(固所願)'이라
는 말을 하게 된다. 감히 청할 수는 없으나, 진실로 원하던 바라
는 말이다.
　'불감청이나 고소원이라.'나, '불감청이언정 고소원이다.'는 한
자 숙어로 된 속담이다. 이는 자기 형편이나 입장으로 감히 청할
수 없는 것을 남의 덕에 청하게 될 때 쓰는 말이다. '불감청이언
정 깨소금이라.'도 같은 속담이다. 이는 '불감청이언정 고소원이

라'가 변형된 것이다. '고소원'이라는 한자말이 이와 비슷한 표현 성을 지닌 발음의 '깨소금'이란 말로 바뀐 것이다. 이는 일종의 곁말을 한 것이다.

'불감청이언정 고소원'이란 속담의 용례는 쉽게 많은 곳에서 찾아볼 수 있다. 김안로(金安老)의 '용천담적기(龍泉談寂記)'에는 다음 과 같은 재미있는 이야기가 실려 있다.

채(蔡)라는 학생이 있었는데, 그는 어두컴컴한 저녁 때 거리로 나섰다. 멀리 보니 희미한 달빛 아래 한 부인이 서 있었다. 가까이 가 보니 엷은 화장의 아름다운 여인이었다. 그는 정신이 황홀했다. 눈짓 손짓을 해 보았으나 의심하는 기색이 없었다. 그는 다가가 이렇게 말하였다.

"좋은 밤, 한가한 때 미인을 만나게 되어 애정을 억제할 수 없어 광태를 보였습니다. 용서해 주시겠지요?"

부인은 약간 얼굴을 붉히고 이렇게 말하였다.

"뉘시길래 이다지 정중히 대해 주십니까? 이 천한 것에게 마음이 있으시다면 저를 따라 오실 수 있습니까?"

학생은 자신이 예기했던 이상이어서 "그야 불감청이나 고소원이라는 것이지요"라며 따라걸었다.

꾸불꾸불 골목길을 돌고 개울을 건너가 한 솟을 대문의 큰집 앞에 이르렀다. 부인은 잠시 여기서 기다리라고 했다. 그리고 한참 뒤에 어린 여자 아이가 나와 그를 인도하였다. 방안에 들어가

보니 장치가 화려하고 세상에서 보지 못하던 것들이라, 선계(仙界)에 온 것이 아닌가 의심하였다. 그 부인은 주안상을 차려와선 술을 권하며 정색을 하고 말했다. 그녀는 어려서 부모를 여의고 자라서는 남편을 잃었으며, 화창한 밤이면 긴 한숨을 짓곤 하였다고 했다. 오늘은 동무를 따라 큰길에 나갔다가 행차 소리에 놀라 피하였는데, 동무를 잃고 방황하던 중 선비의 부드러운 시선을 받게 되었다고 했다. 그리고 선비께서 버리지 않으신다면 모시고 시중들고 싶다고 했다. 삼경이 되어 술도 얼큰해지고 말도 다 끝이 났다. 여자아이가 학생의 허리띠와 갓을 받아 횃대에 걸고 이부자리를 깔아 주었다. 두 사람은 벌과 같이 감아 돌고, 나비와 같이 사랑하여 얽힌 정을 있는 대로 다 풀었다.

새벽이 되어 즐거운 흥이 채 가시지 않았는데 느닷없이 천둥소리가 머리를 때리는 것 같았다. 눈을 떠 보니 학생은 돌다리 밑에 돌을 베고 헌 거적을 덮고 누워 있었다. 썼던 갓과 허리띠는 다리 기둥 틈에 걸려 있었다. 아침 해가 돋았는지 인마(人馬)가 몰려오고, 달구지들이 왈가닥거리며 다리를 건너가고 있었다. 그는 미친 사람처럼 도망쳐 돌아왔고, 여러 날 만에야 정신이 돌아왔다. 그러나 그는 여전히 경황이 없었고, 그 부인을 만났으면 했다. 사람들은 그가 허깨비에 홀렸다는 것을 알고 푸닥거리를 하여 겨우 그 빌미를 몰아내었다. 이 다리는 서울 한복판 개천 하류에 걸려 있는 태평교(太平橋)다.

'불감청이나 고소원'으로 만났던 부인과의 인연은 남가일몽(南柯

一夢)이었다. 이러한 설화로서 잘 알려진 것에는 조신(調信)의 꿈 설화가 있다. 이는 춘원 이광수(李光洙)의 '꿈'이란 소설로 형상화하여 좀 더 잘 알려지게 되었다. '불감청이나 고소원'의 대상은 채군(蔡君)이나, 조신의 경우처럼 꿈이 아닌 현실로 이루어져야 '불감청이언정 깨소금이라'라 하듯 깨소금 맛이 날 것이다. 새해에는 모든 분들의 꿈이 현실로 이루어지길 바란다.

(女性中央, 1985년 12월호)

# 비단이 한 끼

우리의 고소설 "흥부전"에서 흥부는 대망(大蟒 : 큰 구렁이)의 화를 입은 제비 새끼의 다리를 고쳐 주고 제비 왕으로부터 보은(報恩)의 박 씨를 하나 받는다. 흥부가 이를 심었더니, 이삼일에 싹이 나고, 사오일에 순이 벋어 박 네 통이 열렸다. 박은 "대동강 상 당두리선같이, 종로 인경같이, 육환 대사 법고같이", 곧 배(船)만 하게, 인경만 하게, 북만하게, 커다란 놈들이 둥두렷이 달리니, 흥부가 좋아라고 문자를 써 말을 한다.

유월에 화락(花落)하니 칠월에 성실(成實)이라. 대자(大者)는 여항(如缸)하고, 소자(小者)는 여분(如盆)하니 어찌 아니 기쁠소냐? 여보소, 아기 어머니. 비단이 한 끼라 하니 한 통을 따서 속을랑 지져 먹고, 바가지는 팔아다가 쌀을 팔아 밥을 지어 먹어 보세.

굶기를 밥 먹듯 하는 흥부의 집안이라 박을 보고도 먼저 먹는 것을 생각하여야 했다. 그리고 사실 우리는 전통적으로 시골에서 박 속을 삶아 먹었다.

흥부의 말 가운데는 "비단이 한 끼"라는 속담이 보인다. 이는 양식이 떨어져 깊이 간직해 두었던 비단을 파니, 겨우 한 끼 먹을 돈밖에 안 된다는 뜻을 나타낸다. 이 속담은 본래 열상방언(洌上方言)에 "언호화불과일시야[言豪華不過一時也]"라고 보이듯, 인생의 호화(豪華)가 오래 가지 아니하고 일시적임을 나타내는 말이었다. 그러나 이 말은 흔히 목구멍이 포도청(捕盜廳)이라고, 굶게 되면 아낄 것이 없다는 뜻으로 쓰인다. "굶으면 아낄 것이 없어 통비단도 한 끼라"라는 속담이 이를 웅변으로 증명해 준다. 그래서 이담속찬(耳談續纂)에도 이 속담에 대해 "주리면 인색할 것이 없다. 한 필의 비단으로 한 끼를 먹는다. 이것은 천하지물 가운데 먹는 깃보다 급한 것이 없음을 말한다."고 풀이하고 있다. 유몽인(柳夢寅)의 "어우야담(於于野談)"에 천하 명기 황진이(黃眞伊)가 "두루 유람(금강산) 하는 가운데 걸식도 하고, 승려들에게 몸을 팔아 양식을 얻기도 하였다."는 기록이 보이는 데 이도 그 한 예이다. "금강산 구경도 식후경(食後景)"이나, 논어의 "의식이 족한 연후에 예절을 안다(知禮節)고 한 것도 다 이러한 지경을 말하고 있는 것이라 하겠다. 흥부도 이런 뜻으로 말한 것이다.

그런데 여인들은 반드시 그렇지만은 않은 것 같다. 신재효(申在

孝)의 판소리 "박타령"을 보면 흥보가 셋째 박을 타 놓았을 때 한 미인(美人)이 나타나 자기는 양귀비(楊貴妃)로, 흥보의 첩이 되려 왔다고 한다. 그러자 흥보의 아내는 "나는 열 끼, 곧 굶어도 시앗꼴은 못 보겠다. 나는 지금 곧 나가니 양귀비와 같이 잘 살아라."라고 투기를 한다. 천하지물(天下之物) 가운데 "막급어식(莫急於食)", 먹는 것보다 급한 것이 없다고 하는데 여인네는 오히려 지아비의 사랑이 우선인 모양이다.

그런데 이 아내의 강짜에 대처하는 흥보의 응수가 걸작이다. 그는 이렇게 말한다.

"여보소, 아기 어멈. 이것이 웬일인가? 자네 방에 열흘 가면, 첩의 방에 하루 자지. 그렇다고 양귀비가 나 같은 사람을 보려하고 만리타국에 나왔으니 도로 쫓아 보내겠나?"

착하기만 하고, 군자 같은 흥보지만 그도 남자이니 여인에게 끌리는 것은 어쩔 수 없는 모양이다. 그리고 이는 일부일첩(一夫一妾)은 당연히 거느리는 것이란 전통적 봉건사회의 의식이 깔린 발상이라 하겠다.

'비단이 한 끼'라고 우선 급한 것이 먹는 것이다. 그러나 먹는 것만 생각하고, 입는 것을 외면할 수는 없다. 우리 속담은 '입은 거지는 얻어먹어도 벗은 거지는 못 얻어먹는다.'고 한다. 의식(衣食)은 불가분의 관계에 놓여 있다. 그래서 동양문고본 '춘향전'에서는 거지차림의 도령(실은 암행어사)을 보고, 춘향은 그 어미에게 이렇게 당부한다.

"여보, 어머니. 저 서방님이 유리걸식할지라도 관망의복(冠網衣服)
선명하면 남이 천대 아니 하고, 정한 음식을 먹이겠소그려……."

이렇게 말한 다음 패물, 의복, 세간즙물을 다 팔아다가 도령님
관망의복 새로 마련해 드리고 좋은 음식을 대접하라고 당부한다.
'비단이 한 끼'임에 틀림없다. 그러나 '입은 거지'가 얻어먹는
것도 엄연한 사실이다. 이런 것이 인생이기에 사람들은 '의식이
족한 연후에 지예절(知禮節)'이라고 오늘도 이리 저리 부산히 뛰고
있는 것이겠다.

# 빨간 상놈, 푸른 양반

우리말에는 감각어(感覺語)가 비유적으로 쓰이는 것이 많다. 이러한 표현의 대표적인 것이 공감각적(共感覺的) 표현이요, 다른 하나가 감각적 대상이 아닌 것에 감각어를 전용하는 정의적(情意的) 표현이다.

청각적 표현인 말이나 소리에 대해 '달콤한 말', '향기로운 말'이라고 미각어(味覺語)나 후각어를 사용하거나, '커다란 소리', '부드러운 소리'라고 시각어(視覺語)나 촉각어를 사용하는 것은 공감각적 표현이다. 이에 대해 '따뜻한 우정', '달콤한 사랑'과 같은 표현은 추상적 대상에 대해 감각어를 전용한 정의적 표현이다.

우리 속담에는 이 정의적 표현의 변종이라 할 감각어의 비유적 표현이 보인다. '빨간 상놈'이나, '푸른 양반'이란 속담이 그 대표적인 것이다.

'빨간 상놈'이란 아주 상놈(常漢)이란 말이다. '빨간'은 사전에 의하면 '온통', '아주'의 뜻을 나타내는 관형사(冠形詞)로 되어 있다. 그러나 이 말은 '붉을 적(赤)'이란 적(赤)자의 뜻이 변한 말이다. 적(赤)자는 '빨강·붉다·벌거벗은·공허하다·멸망시키다' 등등의 뜻을 지닌다. '빨간 상놈'의 '빨간'이란 '벌거벗다', '공허하다'와 관계가 있는 말이다. '공허하다'란 뜻을 좀 더 구체적으로 살펴보면 '다 써서 아무것도 없다·손에 아무것도 가진 것이 없다·나무에 가지나 잎이 없다'가 된다. '빨간 상놈'이란 '아무것도 가진 것이 없이 벌거벗은 상놈'이란 말이다. 여기에서 '빨간'은 '온통·아주'의 뜻을 지니게 된 것이다. 이러한 뜻으로 아주 익은 말에 '빨간 거짓말'이란 것이 있다. '빨간'이 좀 더 그 의미가 강해지면 '새빨간'이 되고, 더 강해지면 '시뻘건'이 된다. 이들 '빨간 거짓말'류의 표현은 실속 없는, 공허한 거짓말이란 말이며, 나아가 더 할 수 없는 거짓말이란 말이다. 다음의 민담(民譚)은 이런 '새빨간 거짓말'의 대표적 예라 하겠다.

　　지붕 없는 집에 눈 없는 영감이 대통 없는 담뱃대로 담배를 피워 물고, 문 살 없는 문을 열고 앞산을 바라보니, 나무 없는 앞산에서 다리 없는 멧돼지가 떼를 지어 뛰어가기에, 구멍 없는 총으로 한 방 쏘아 잡아서 썩은 새끼줄로 꽁꽁 묶어 지게뿔 없는 지게를 지고, 사람 없는 장터에 나가 한 푼 안 받고 팔아 집으로 오는데, 물 없는 강물에 배를 타고 건너자, 빈 가마니가 둥둥 떠

내려 오기에 그것을 건져내어 이리저리 들쳐보니 새빨간 거짓말
이 잔뜩 쏟아져 나오더라.

이에 대해 '푸른 양반'이란 세도가 당당한 양반이란 말이다.
'푸른'은 '빨간'과는 달리 관형사로 보지 않으며, '푸르다'의 관형
형으로 본다. 그리고 이 '푸르다'의 뜻으로 '하늘빛 같다, 청색이
다, 일반적으로 하늘빛·초록빛·쪽빛과 같은 빛이다, 세력의 서
슬이 싱싱하다'가 들려진다. '푸른 양반'의 '푸른'이 '세력의 서슬
이 싱싱하다'임은 말할 것도 없다. '서슬이 시퍼렇다'란 관용어의
'시퍼렇다'가 이러한 '푸른 양반'의 '푸른'과 같은 뜻의 말이다.
'서릿발 같은 칼날'을 '상인(霜刃)'이라 하거니와, 이때의 '서리'도
'푸른 서리'라 할 수 있다. 이는 한어(漢語)로 검(劍)을 '청상(靑霜)'이
라 하는 데서 쉽게 확인된다.
   '빨간 상놈'과 '푸른 양반'은 각각 독립적으로 속담을 이룬다.
그러나 이 둘이 결합하여 하나의 속담을 이루기도 한다. '빨간
상놈, 푸른 양반'이 그것이다. 이는 각각 독립적으로 속담을 이룰
때와는 달리, 대조적인 표현이 되어 그 표현 효과를 배가(倍加)하
게 된다. '가진 것 없는 상놈, 서슬이 싱싱한 양반'이 그 뜻이다.
'종년 간통(姦通)은 소타기'란 속담은 이러한 대조적인 신분을 단
적으로 제시해 주는 것이다. 가진 것 없는 종년은 서슬이 퍼런
양반에 의해 보잘것없이 무너진다.

'상놈의 발 덕, 양반의 글 덕', '양반의 새끼는 고양이 새끼요, 상놈의 새끼는 돼지 새끼라.'라는 속담도 반상(班常)의 대조적 입장을 보여 준다.

오늘날은 반상의 가문이 따로 있는 것이 아니다. 자기가 처신하기에 따라 양반도 되고 상놈도 된다. '빨간 상놈, 푸른 양반'은 없어졌다. 그러나 가정교육에 따른 새로운 의미의 반상은 인류와 함께 영원할 것이다. 그러니 모두 양반의 언행을 닦도록 할 일이다.

(女性中央, 1983년 8월호)

#### ● ● ● ●

# 뺑덕어멈 같다

우리 속담에 '뺑덕어멈 같다'는 것이 있다. '뺑덕어멈'은 '심청 전(沈淸傳)'에 나오는 심청이 아버지 심 봉사의 후처다. 그녀는 행실이 고약해 심 봉사의 재산을 거덜 내는가 하면, 맹인 잔치에 가는 도중 어떤 사내와 눈이 맞아 심 봉사를 버리고 도망을 쳤다. 그래서 '뺑덕어멈'이라면 사람들은 대부분 행실이 좋지 못한 여인으로 기억한다.

그렇다면 '뺑덕어멈 같다'는 속담은 어떤 여인을 비유하는 말일까? 한 대표적인 속담사전은 '소설 심청전에 나오는 말이니, 수다스럽고 못생긴 여편네를 뜻함.'이라 풀이하고 있다.

현실적으로 이런 의미로 쓰이는지 모르겠으나, 이는 소설의 내용과는 거리가 있다. '심청전'에서 '뺑덕어멈'을 묘사한 부분을 구체적으로 보면 이렇게 되어 있다.

이때 마침 뺑덕어미라 하는 계집이 있어 행실이 괴악(怪惡)한데, 심봉사의 가세 넉넉한 줄 알고, 자원하고 첩이 되어 심 봉사와 사는데, 이 계집의 버릇은 아주 인중지말(人中之末)이라. 그렇듯 어둔 중에도 심봉사를 더욱 고생되게 가세를 절단 내는데 쌀을 주고 엿 사먹기, 벼를 주고 고기 사기, 잡곡을랑 돈을 사서 술집에 술 먹기와, 이웃집에 밥 부치기, 빈 담뱃대 손에 들고 보는 대로 담배 청하기, 이웃집을 욕 잘하고, 동무들과 쌈 잘하고, 정자 밑에 낮잠 자기, 술 취하면 한밤중 긴 목 놓고 울음 울고, 동리 남자 유인하기, 일 년 삼백육십일을 입 잠시 안 놀리고는 못 견디어, 집안의 살림살이를 홍시(紅柿)감 빨듯, 홀짝 없이 하되…

이렇게 수다스럽다는 것은 '일 년 삼백육십일을 입 잠시 안 놀리고는 못 견디어'라고 표현하고 있다. 수다스러운 여인일 것 같다. 그러나 구체적으로 수다를 떠는 장면은 거의 보이지 않는다. 그리고 못 생겼다는 것은 전혀 구체적 묘사가 보이지 않는다.

그런데 신재효의 '심청가'를 보면 상황은 다소 달라진다. 여기에는 뺑덕어멈의 '형용(形容)'이 구체적으로 묘사된 것이 보인다.

뺑덕어미라는 홀어미가 있는데, 생긴 형용, 하는 행실 만고 사기(史記) 다 보아도 짝이 없는 사람이라. 인물을 볼작시면 백등칠일(白登七日) 보냈으면 묵돌정병(冒頓精兵) 풀 터이요, 육궁분대(六宮粉黛)가 보았으면 무안색을 하겠구나. 말총 같은 머리털이 하늘을 가리키고, 됫박이마, 횃 눈썹에 움푹 눈, 주먹코요, 메주 볼, 송 곳 턱에 써레니 드믄드믄, 입은 큰 궤문 열어 논 듯하고, 혀는 짚 신짝 같고, 어깨는 키를 거꾸로 세워 논 듯, 손길은 소댕을 엎어 논 듯, 허리는 짚동 같고, 배는 폐문(閉門) 북통만, 엉덩이는 부잣 집 대문짝, 속옷을 입었기로 거기는 못 보아도 입을 보면 짐작하 고, 수종다리, 흑각(黑角) 발톱, 신은 침척(針尺) 자가웃이라야 신 는구나.

이렇게 '뺑덕어멈'의 인물은 괴상하게 생겼다. '장화홍련전'의 계모 허(許)씨와 쌍벽을 이룰 정도로 추물이다. 이로 보아 '뺑덕어 멈'은 못생긴 여자라 할만하다. 그리고 인물에 이어 행실이 묘사 되어 있는데, 이는 소설 '심청전'의 묘사에 비해 그 정도가 더욱 심하다.

인물은 그러하고 행실을 볼작시면 밤이면 마을 돌기, 낮이면 잠자기와 양식 주고 떡 사먹기, 의복 전당 술 먹기와, 젯메를 올 리려도 담뱃대는 빼지 않고, 몸 볼 적에 차던 서답 조왕(竈王) 앞 에 끌러 놓기, 밥 푸다가 이 잡기와 머슴 잡고 어린양하기, 젊은 중놈 보면 웃기, 코 큰 총각 술 사주기, 인물 행실이 이러하니 눈 있는 사람이야 누가 돌아보겠느냐?

신재효의 '심청가'에는 '뺑덕어멈'이 수다스럽다는 표현은 거의 보이지 않는다.

이상의 자료로 볼 때, '뺑덕어멈 같다'는 속담은 신재효의 '심청가'가 그 근원이 된다고 봄이 좋을 것이다. 그리고 '같다'는 내용도 '수다스럽고, 못 생겼다'는 것보다는 '행실이 좋지 않고, 못생긴 것'을 뜻하는 것으로 봄이 옳을 것이다.

우리 속담에 '하루의 근심걱정은 새벽 술이요, 일 년의 근심걱정은 볼 좁은 신이요, 일생의 근심걱정은 성질이 고약한 아내'라 한다. 어찌 아내만이랴? 여인의 입장에서 보면 남편 또한 그러할 것이다. 그리고 보면 인생의 가장 큰 행운은 좋은 반려자를 만나는 것이라 해야 할 것 같다.

# 사명당 사첫방

겨울이 되면 가난한 서민은 추위를 걱정하게 된다. 한국 사람은 무엇보다 배부르고 등 따스운 것을 행복하다 여겼다. 추우면 웅크리게 된다. 등이 시리다.

우리 속담에는 추위를 나타내는 것이 여럿 있다. 그 가운데 대표적인 것이 '사명당 사첫방'과 '삼청냉돌', 그리고 '손돌이추위'라는 것이다.

'사명당 사첫방'은 매우 추운 방을 말한다. 조선조 선조 때의 고승 "사명당(四溟堂 : 1544- 1610)"이 여행 중 거처한 방이 몹시 추웠다는 것이다. 이 속담의 배경은 일본 여행과 관련된다. 사명당은 1604년 일본의 도쿠가와(德川家康) 막부에 사신으로 갔다. '사명당 사첫방'이란 이때의 숙소를 말한다.

조선시대 작자 미상의 소설 임진록(壬辰錄)에 의하면, 그가 일본에 가자 일본에서는 생불(生佛)이 온다 하여 조정이 시끄러웠다. 그리하여 여러 가지로 사명당을 시험해 보고 신통력이 드러나자 마침내 그를 죽이기로 계략을 꾸몄다. 그들은 대사가 묵을 별당을 새로 지으며, 방바닥에 무쇠를 깔아 풀무로 방을 달구어 태워 죽이기로 하였다. 임진록에는 이 장면이 다음과 같이 묘사되어 있다.

모든 장인(匠人)이 삼일 간에 (별당을) 불일성지(不日成之)한지라. 사명당이 어찌 그것을 모르리오 필역(畢役)한 후 사명당을 인도하여 들인 후에 방문 별당을 잠그고 풀무를 급히 부니 그 화기를 쐬면 사람이 기절하는지라. 사명당은 내심 대로하고 얼음 빙(氷)자를 써 두 손에 쥐고 언연히 앉았으니, 면벽(面壁)에 서리 눈오듯 하고 고드름이 드리웠으니 가장 추운지라. 일야(一夜)를 지낸 후에 한기 과하매 사명당이 한 손의 얼음 빙(氷)자를 버리매 조금도 더움이 없더라. 왜왕(倭王)이 사관(査官)을 보내어 "사명당 사생을 탐지하라" 하니 사명당이 죽기는 새로이 방 안에 고드름이 틈 없이 드리워 한기 사람에게 쐬는지라. 사명당이 완연히 안으로서 문을 열어 사관을 보고 대질(大叱) 왈, "내 들으니 일본이 덥다 하더니, 이런 냉돌에 사처(下處)를 정하여 잠을 이루지 못하게 하니, 네 왕이 타국 사객(使客)을 이같이 박대를 심히 하는다?"

사명당의 사첫방은 왜인들이 펄펄 달구었으나, 대사가 도술을 부려 방 안은 서리가 내리고 고드름이 어는 추운 방이 되었다. 따라서 속담의 배경이 되는 '사명당 사첫방'은 단순한 사첫방이 아니라, 대사가 도술을 부려 몹시 추웠던 일본의 사처를 말한다. 대사가 펄펄 끓는 방을 도술로 고드름이 얼게 한 추운 방이다.

'삼청냉돌'은 '삼척냉돌'이라고도 한다. 그러나 이는 와전된 것이다. '강원도 삼척이다', '강원도 아니 가도 삼척'도 마찬가지다. 강원도 삼척(三陟)이 이렇게 추워야 할 이유가 없다. 이는 비슷한 발음의 말 '삼청(三廳)'을 '삼척'에 잘못 적용시킨 것이다.

임금을 호위하던 군대를 금군(禁軍)이라 하는데, 이는 내금위(內禁衛), 겸사복(兼司僕), 우림위(羽林衛)의 세 기관으로 되어 있었다. 그런데 이들 기관은 겨울에도 방에 불을 때지 않았다. 금군이 근무하던 '삼청'은 매우 추웠다. 그래서 추운 방을 '삼청냉돌(三廳冷突)'이라 하게 된 것이다.

'손돌이추위'는 '사명당 사첫방'이나, '삼청냉돌'과 또 다른 의미의 추위를 나타내는 말이다. 이는 음력 10월 20일경의 추위다. 이 속담은 흔히 고려시대의 뱃사공 '손돌(孫乭)이'와 관련을 짓는다.

'여지도서(輿地圖書)'에 의하면 고려 공민왕이 몽고 병사에 쫓겨 해도(海島)로 피신할 때 손돌이라는 뱃사공이 왕을 모셨다. 갑곶나루에서 광성(廣城)에 이르자 바다가 심히 요동쳤다. 왕은 뱃사공이 일부러 험난한 해로를 택한 것이라 하여 그의 목을 베었다. 그 뒤 그가 죽은 10월 20일경 심한 풍랑이 일고 날씨가 몹시 추웠다. 그래서 사람들은 손돌이의 원한이 사무쳐 그런 것이라 하고, 해마다 그를 위해 제사를 지내게 되었다.

그러나 여기 '손돌'이란 사람이 아니라, '손돌목(窄梁項)'이란 좁은 여울목을 오해한 것, 내지 의인화한 것이다. 그리고 역사적으로도 공민왕은 강화로 피난한 사실이 없으며, 고종과 희종, 충렬왕이 피난한 바 있다. '손돌이추위'는 계절적으로 이때 닥쳐오는 추위를 극적으로 각색한 것이다. '손돌이추위'는 방언에 '손돌맹이 추위'라고도 하여 '손돌목'과 좀 더 비슷한 발음으로 일러지기도 한다. '손돌이 추위'란 '손둘목의 추위'를 이른다.

우리나라의 기후가 아열대성 기후로 바뀐다고 한다. 그러나 아직도 '사명당이 월참(越站 : 역에 들르지 아니하고 건너뜀)하겠다'는 정도는 아니지만, 겨울은 춥다. 삼한사온(三寒四溫)도 사라졌다. 겨울을 따뜻하게 나는 방도를 강구해야 한다. 그것은 난방기구가 아닌, 무엇보다 훈훈한 인심(人心) · 훈훈한 인정(人情)이라 하겠다.

# 사위 사랑은 장모

요사이 미국 하원에서 '장모의 날' 제정 법안이 가결되어(81년 12월) 화제가 되고 있다. 이는 여권신장(女權伸張)으로 세력을 얻게 된 장모의 압력에 의한 것이라니 더욱 흥미로운 이야깃거리가 아닐 수 없다. 미국의 장모들은 사위의 결혼생활을 지배하는가 하면, 사회 생활까지 참견하고 간섭하는 모양이다. 그래서 미국의 사위들은 장모 혐오증을 느끼고 있다 한다. 이는 장모에 붙어 다니는 수식어가 대체로 부정적인 것이라는 데서 알 수 있다. '잔소리 많은 장모, 사나운 장모, 오만한 장모, 심술쟁이 장모'로 표현되는 것이 그것이다.

우리나라의 장모는 이와는 다르다. 그녀들은 성가셔하거나 두려워할 정도로 간섭하는 존재가 아니다. 오히려 사위에게 씨암탉을 잡아 주는 다정한 여인이다. 그러기에 우리 속담에는 '첫사위가 오면 장모가 신을 거꾸로 신고 나간다.'고 한다. 장모가 사위를 매우 귀히 여긴다는 말이다. '사위는 백년지객(百年之客)'이라는 속담은 사위가 일생동안 손님처럼 잘 대접해야 할 사람임을 일러주는 말이다. 완판본(完板本)인 '열녀춘향수절가'를 보면 이 도령이 어사(御使)가 되어 춘향의 집을 찾았을 때 춘향 모에게 자신을 '백년지객'이라 하는 것을 볼 수 있다.

"사위는 백년지객이라 하였으니, 어찌 나를 모르는가?"

춘향 모는 이 말을 듣고 반기며, 도령의 손을 잡고 방으로 인도한다.

우리나라 사위는 무조건 극진한 사랑과 대접을 받았다. '미운 열(十) 사위 없고, 고운 외며느리 없다'고, 손가락도 크고 작은 것이 있듯, 많은 사위 중에는 밉고 고운 사람이 있으련만 누구나 차별 없이 사랑을 받았다. '장모는 사위가 곰보라도 예뻐하고, 시아버지는 며느리가 뻐드렁니에 애꾸라도 예뻐한다.'고 결점마저 탓하지 않았다. 그러기에 고운 사위는 소변기(小便器)는 고사하고, 소·대변을 담는 분지(糞池)까지 방안에 들여 놓고 쓸 정도로 사랑을 받았다. '사위가 고우면 요강 분지를 쓴다.'는 속담이 그것이다. 사위 사랑에 대한 속담을 몇 개 더 보면 다음과 같다.

'사위 사랑은 장모, 며느리 사랑은 시아버지'
'며느리 사랑은 시아버지, 사위 사랑은 장모'
'씨아와 사위는 먹어도 안 먹는다'

이러한 사위 사랑은 일본 속담에도 마찬가지로 나타난다. '사위는 숨 막힐 정도로 사랑스럽다'거나, '사위는 껍질을 벗기고 싶도록 사랑스럽다'고 하는 것이 그것이다. 그러나 서양에는 이러한 사위 사랑의 속담은 보이는 것 같지 않다.

사위는 언제나 이렇게 사랑을 받고 대접을 받는 것만은 아니다. '겉보리 서 말만 있으면 처가살이 하랴?'고 처가살이 하는 사위는 일반적으로 천대와 멸시를 받았다. 그리하여 가진 것이 없어 처가살이 하지, 처가살이는 할 것이 아니라 하였다. 일본의 속담도 '데릴사위는 일생 하마(下馬)', '분강(粉糠) 세 홉 있으면 데릴사위가 되지 마라'라고 데릴사위로 들어가는 것을 말렸다. '데릴사위는 일생 하마'란 일생 남의 식구 취급을 받아 권력이 없음을 나타내는 속담이다.

그리고 사위는 피가 통한 제 자식이 아니기에 따돌림을 받는 것도 사실이었다. '사위는 백년손이요, 며느리는 종신 식구라'가 그것이다. 사위와 며느리는 남의 자식으로 제 자식뻘이 되었으나, 며느리와는 달리 사위는 끝끝내 남의 자식으로 외면을 당하였다. '사위자식 개자식'이란 이런 불만을 좀 더 노골적으로 드러낸 속담이다. 사랑과 극진한 대접을 받고도, 남의 자식으로 효도를 하지 않는다고 개에 비유하여 탓한 것이다. 일본의 경우는 앞에서 본 바와 같이 '데릴사위는 일생 하마'라는 것이 이러한 따돌림을 나타내는 것이라 하겠다.

사위의 선택은 '내 딸이 고와야 사위를 고른다.'고 우선 내 딸이 예뻐야 한다고 생각했다. 이쪽이 부족한데 턱없이 과분한 사위를 욕심 낼 수는 없는 일이다. 그런데 역사를 보면 출세를 위해 욕심을 부려 딸을 훌륭한 가문이나, 임금에게 상납하는 경우가 많다. 그것도 한 사람에게 두 딸까지… 이렇게 딸 덕에 출세하는 것을 '치마양반'이라 한다. 일본에서는 며느리는 내 집보다 못한 집에서, 사위는 내 집보다 훌륭한 집에서 맞는다는 것이 대원칙이다. '사위는 무사 집안에서 얻고, 며느리는 오막살이에서 맞아라.', '사위는 보료에서 얻고, 며느리는 뜰에서 얻는다', '며느리는 부엌에서 얻고, 사위는 현관에서 얻는다.'라는 것이 그것이다. 배필은 우리처럼 걸맞은 사람이 좋거니와, 일본처럼 처가에 기대지 않으려는 태도가 바람직하다 하겠다.

(女性中央, 1981년 12월호)

# 삼 년 구묘에 십 년 택일한다

우리는 유교를 받아들여 관혼상제를 중시하였다. 역사적으로 보면 예법 때문에 조정이 시끄러운가 하면, 관직을 삭탈 당하기도 하고, 엄한 문초에 귀양까지 가기도 하였다.

관혼상제 가운데 구묘(求墓)는 보통 신경을 쓰는 일이 아니었다. 묘 자리는 풍수설에 따라 후손에 미치는 영향이 큰 것으로 받아들였다. '삼 년 구묘에 십 년 택일한다.'는 이러한 사회·심리적 배경을 바탕으로 묘를 쓸 때 매우 신중하고도 정성스럽게 써야 함을 비유적으로 나타내는 속담이다. 제주도에는 이 속담의 근원 설화라 하여도 좋을 설화가 전해 온다.

제주도 매촌의 부자인 입조방장이 친상을 당해 구묘를 하게 되었다. 지관은 이곳저곳 소위 명당자리를 많이 권했으나 주인은 싫다고 하였다. 이러기를 3년을 하여 비로소 묏자리를 정하였다. 그 다음은 날짜가 문제였다. 이날저날 고르다가 10년이 되었다.

하루는 점심 때 머슴이 자기 아버지 묘를 쓰려하나 돈이 없어 묏자리를 구할 수 없으니 주인이 싫다고 한 자리에 쓸 수 없겠느냐고 했다. 주인은 선선히 허락하였다. 주인은 재혈(裁血)을 마치고 돌아오며 지관에게 묘지의 운세를 물었다. 그는 머슴의 묏자리가 '천석지지(千石之地)'로 더 좋은 곳이라 하였다. 이에 주인은 당황하여 바꾸기를 원했으나, 지관은 이미 운명이 결정된 것이라 안 된다고 하였다.

이 설화에서는 상을 당해 묏자리를 보러 다니나, 명문세가(名門勢家)에서는 당사자가 살아 있을 때 묘소를 구해 둔다. 소위 명당을 찾아 우선 가묘(假墓)를 써 둔다. 이렇게 우리 선조들은 구묘에 신경을 썼다. 그도 그럴 것이 조상의 묘 자리는 후대에 영향을 미친다고 보았기 때문이다. 다음의 청구야담(靑邱野談)의 점혈(點穴) 이야기는 이의 구체적 사례다.

한 지관이 초상집의 후의에 보답하기로 하였다. 주인은 가산은 요족(饒足)하나, 나이 50에 자식이 없어 대가 끊기게 생겼으니 그렇지 않을 자리면 좋겠다 하였다. 지관은 마을 뒷산에 점혈(點穴)하여, '이곳은 세 아들을 연하여 낳을 땅이니 여기에 쓰라.'고 하였다. 이때 노승이 지나다 광중 파는 것을 보고, 지관을 불러 삼우(三虞) 전에 사람이 죽을 땅에다가 왜 무덤을 쓰게 하느냐고 하였다. 지관은 '네 알 배 아니다'라 하여 쫓아 보냈다. 그리고 주인에게 10년 후에 다시 오겠다 하고 작별하였다.

장사를 지내고 돌아오니 부인이 급한 병이 들어 마침내 죽었다. 주인은 삼년상을 마치고, 어린 재취를 얻어 연이어 세 아들을 낳았다. 10년 뒤에 지관이 주인을 찾으니, 상배(喪配)한 것을 흠잡았다. 그러자 지관은 웃으며 이렇게 말하였다.

"그대 내외가 해로하면 아이를 가질 수 없으리니, 그래서 내가 이 땅을 점찍은 것이오"

신통한 지관이었다. 그는 절손이 되지 않게 해 달라는 주인의 말에 따라, 후사(後嗣)를 얻기 위해 상배하는 자리를 점혈(点穴)한 것이다. 이는 대를 잇게 하기 위해 아내와 자식을 바꾸게 한 것이다.

어수록(禦睡錄)에 수록된 구묘에 대한 이야기는 또 다른 상황의 이야기다.

어느 큰 마을 뒷산에 순찰사(巡察使)가 아버지 묘를 이장한다고 하여 마을이 온통 뒤숭숭하였다. 묘를 쓰면 폐촌이 될 텐데, 이를 막을 방법이 없는 것이다. 하루는 술파는 노파가 숙덕공론장에 찾아와 큰 소리로 웃으며 말하였다.

"사또로 하여금 장사를 치르지 못하게 하는 것은 쉬운 일이오 동네에서 1인당 한 냥씩만 걷어 주면 제가 목숨을 걸고 이를 막아 드리겠습니다."

그리하여 단단히 약조를 하고, 주모에게 천 냥 가까운 돈을 건
네었다.

주모는 이장하는 날 술과 안주를 준비하여 가지고 순찰사를 맞
았다. 자기는 죽은 지관의 아내이며, 길지 이장을 축하한다고 했
다. 순찰사는 길지라는 것을 어떻게 아느냐고 물었다.

"쇤네 지아비가 살아 있을 때 이곳에 입장(入葬)하면 당대에 반
드시 왕후(王侯)가 나리라 하던 말을 기억하고 있고, 이곳을 지날
때마다 우러러보았습니다."

관찰사는 이 말을 듣고 역적으로 몰릴까 두려워 노파의 입을
막고, 면례를 중단하고 돌아갔다.


명당을 찾아 헤매지만 왕후(王侯)가 태어날 길지라면 그것은 멸
문지화(滅門之禍)를 당할 화근의 혈이다. 그래서 순찰사는 이장을
서둘러 중단하고 돌아간 것이다.

묏자리가 과연 그렇게 발복(發福)이 되는지 모르겠다. 여하간 우
리 선조들은 묏자리에 큰 관심을 가졌다. 그런데 요즘은 매장문
화가 많이 변모되고 있어 장례문화도 많이 바뀌고 있다.

# 색시 그루는 다홍치마 적에 앉혀야 한다

우리말에 '다홍치마'라는 말이 들어가는 속담이 셋 있다. '같은 값이면 다홍치마', '색시 그루는 다홍치마 적에 앉혀야 한다.', '아내의 행실은 다홍치마 적부터 그루를 앉힌다.'가 그것이다.

'다홍치마'란 녹의홍상(綠衣紅裳)의 '홍상'으로, 젊은 여자의 복색을 가리키며, 나아가 비유적으로 '젊은 여자'나 '새색시'를 의미한다. '다홍'은 중국어 '大紅'을 차용한 말로, 짙고 산뜻한 붉은 빛을 말한다. 따라서 '같은 값이면 다홍치마'란 '동가홍상(同價紅裳)'을 말하는 것으로, 이는 단순히 좋은 것이 좋다는 말이 아니라, 같은 값이면 늙은이나 과부가 아닌 젊은 아가씨가 좋다는 말이다. '같은 값이면 처녀'란 속담은 이를 확인해 준다.

'색시 그루는 다홍치마 적에 앉혀야 한다.'는 아내가 새색시일 때 법을 세워야 한다는 속담이다. '아내의 행실은 다홍치마 적부터 그루를 앉힌다.'는 속담은 이를 구체화한 것이다.

색시 '그루'의 '그루'는 초목 등의 '아래 줄기'다. 따라서 '색시 그루'는 새색시를 초목에 비유해 '젊은 때'를 가리킨다. 따라서 이 속담은 '아내가 새색시일 때 법을 세워야 한다.'는 뜻을 나타 낸다. '순오지(旬五志)'는 이 속담 풀이를 다음과 같이 하고 있다.

옛말에 자식은 어릴 때부터 가르치고, 며느리는 처음 들어올 때 가르치라고 한다. 속된 말로 아내는 홍상(紅裳) 때 가르치고, 아이는 부리가 노랄 때 가르치라는 것이다. 부인과 나약한 자식은 가까이 하면 불손하고, 멀리 하면 원망하므로 이들과의 사이에는 간격이 있어야 한다. 이에 이 속담이 생겨났다.

이 속담은 이렇듯 교처홍상(敎妻紅裳), 곧 아내는 붉은 치마를 입 었을 때 가르치라는 것이다. 가까이 하면 하면 불손하고, 멀리 하 면 원망하므로 일정한 거리를 두라는 말이다. '일생의 근심은 성질 이 고약한 아내(一生之患性惡妻)'란 말도 있듯, 고약한 아내는 일생의 화근이 되니 갓 시집왔을 때 법을 단단히 세워야 한다는 것이다.

조선조의 개국공신으로, 여러 번 절제사(節制使)를 지낸 병마사 최운해(崔雲海)는 이 그루를 잘못 앉혀 망신을 당하였다. 고려사(高麗 史)에 다음과 같은 이야기가 전한다.

충주 병마사(兵馬使)로 있을 때의 일이다. 최운해(崔雲海)는 오 랜만에 임지에서 아내가 있는 광주 집에 돌아왔다. 아내 권 씨(權

氏)는 남편을 반기기보다 강짜를 부렸다.

"흥, 좋겠군…… 어떤 년을 끼고 누웠다가 오시오?"

"부인 그게 무슨 소리요?"

이렇게 실랑이를 하다가 마침내 부인은 달려들어 운해의 얼굴을 할퀴고 상처를 내었다. 고정하라 하니 막무가내로 또 달려들어 옷을 찢었다. 운해가 일어나 밖으로 나가자 부인은 죄가 있으니 겁이 나는 모양이라 했다. 권 씨는 운해의 칼을 집어 들어 활을 두 동강 내고, 말을 쳐 도망가게 하는가 하면, 개를 칼로 베어 죽였다. "부인!" 하고 만류하자 권 씨는 또 칼을 번쩍 쳐들었다. 이에 운해는 뒤도 돌아보지 않고 도망쳤다.

왜구(倭寇)와 맞서 물러서지 않던 병마사다. 그는 질투가 심한 아내를 다스리지 못해 이렇게 도망쳤다. 이에 대해 다음 설화는 일찍 아내를 잘 다스린 이야기다.

옛날 김, 이 두 정승이 배 안의 자식을 두고 사돈을 맺었다. 그리하여 김 정승의 아들은 이 정승의 딸을 아내로 맞게 되었다. 그런데 이 정승의 딸은 성격이 억세어 시집을 가면 집안을 온통 휘두를 것이라 하였다. 김 정승의 아들은 걱정에 싸였다. 열두 살이 되어 장가를 가며, 색시 버릇을 고쳐 놓아야겠다고 생각하였다. 신랑은 생콩가루 한 숟갈을 초저녁에 먹고 잠든 신부 속옷에 설사를 해 놓았다. 그리고 웬 구린내가 이렇게 심하냐고 신부에게 물었다. 신부가 일어나 보니 제 속옷, 요 할 것 없이 모두 설사

천지다. 신부는 부끄러워 얼굴을 들지 못했다. 신랑은 냄새가 나 못 있겠다며 나가려 하자 신부가 나가지 못하게 붙잡았다. 그 뒤 색시는 억센 성깔이 죽고, 남편에게 고분고분 복종하며 잘 살았다.

김 정승의 아들은 정말 '색시 그루'를 '다홍치마 적'에 앉힌 것 이다. 이렇게 하였기에 최운해와 같은 욕을 당하지 않았다. 만일 그렇지 않았으면 아내가 '고양이'로 변하고, '호랑이'로 변해 집안 에 파란이 끊이지 않았을 것이다. 인생은 처신하기에 따라 달라 진다.

**• • • •**

# 소띠는 일이 되다

또 해가 바뀌었다. 갑자년(甲子年)이 가고 을축년(乙丑年)이 돌아왔
다. 쥐의 해가 가고 소의 해가 찾아온 것이다.

우리 속담에는 소에 관한 것이 참으로 많다. '소 잃고 외양간
고친다.', '쇠귀에 경 읽기', '바늘 도둑이 소 도둑 된다.', '빈 외
양간에 소 들어간다.', '닭 소 보듯, 소 닭 보듯', '어미한테 한 말
은 나고, 소한테 한 말은 안 난다.'와 같은 속담은 잘 알려진 것
이다.

속담에 반영된 소는 인자(仁慈), 근면(勤勉), 덕성(德性)과 같은 아름
다운 자질로 표상된 것은 별로 보이지 않는다. 오히려 객관적으로
'크다'는 것이 강조되는가 하면 '변변치 않은 것', 또는 '제3자'라
는 이미지를 드러내는 것이 많다. '바늘 도둑이 소 도둑 된다.'의
'소'는 큰 것이며, '쇠귀에 경 읽기'의 '소'는 변변치 않은 것이며,
'닭 소 보듯, 소 닭 보듯'은 제3자를 나타내는 것이다.

그러면 이러한 소를 소재로 한 속담을 몇 개 보기로 한다. 먼저 새해이기도 하니 '소띠'에 대해 살펴보기로 한다. 우리 조상들은 '소띠'는 일이 되다고 생각했다. 그래서 이것이 굳어져 '소띠는 일이 되다.'란 속담이 되었다. '소는 농가의 조상'이라고 농가에 필수적인 존재로 위함을 받는다. 그러나 농경사회인 우리 사회에서는 밭을 갈고, 논을 썰고 쉴 새 없이 일을 해야 한다. 그래서 소띠인 축생(丑生)은 고단하게 일을 해야 하는 것으로 받아들였다.

옛날에는 일 안하고 놀고먹는 것을 팔자가 좋다고 했다. 그러나 현대인은 일하지 않고 놀고먹는 것을 결코 좋다고만 생각지 않는다. 괴테의 파우스트에는 인간의 욕망(慾望)의 변화가 그려져 있다고 본다. 지식욕에서 애욕(愛慾)으로, 그리고 사업욕(事業慾)으로 발전한다고 보는 것이다. 그러니 좀 고달프더라도 뜻있는 일을 하는 것은 바람직하다 하겠다. '길마 무거워 소 드러누울까?'라는 속담도 있듯이 힘이 부족할까 염려하지 말고, 조금씩이라도 밀고 나아갈 일이다. 그래야 인생은 발전된다.

'힘 많은 소가 왕 노릇하나?'라는 속담도 있다. 힘만 세어서는 안 되고, 지략(智略)이 있어야 한다. 항우(項羽)가 이를 바위 위에 놓고 주먹으로 쳤으나 이는 죽지 않았다. 그런데 조조(曹操)는 손톱으로 이를 가볍게 눌러 죽였다는 우스개가 있다. 오늘날과 같이 하루가 다르게 과학 문명이 발달하는 시대에는 남에게 뒤지지 않게 지적 갈증을 충족시켜야 한다.

'소같이 벌어서 쥐같이 먹어라.'라는 속담도 있다. 쉬지 않고 애써 일하여 번 것을 조금씩 절약하여 쓰라는 말이다. 오늘날 우리 사회는 사치성이 극도로 늘어났다고 한다. 구멍가게나 전통시장이 장사가 안 되고, 백화점이 성황을 이루며, 일반 대중업소가 불경기인데 비하여 호화 사치성 업소는 흥청거린다고 한다. 이는 '소같이 벌어서 쥐같이 먹어라.'라는 속담과는 달리, '쥐같이 벌어서 소같이 먹는다.'는 생활태도라 하겠다. 손이 크면 거덜이 나게 마련이다. 이러한 생활태도를 가질 때 집안이나, 나라의 꼴은 말이 아니게 된다.

'아침 아저씨, 저녁 소 아들'이란 속담도 있다. 이는 농가에서 한창 바쁠 때 머슴이 일을 잘 해 주어야 하므로, 아침에는 그의 비위를 맞추고 잘 해 주나, 저녁에 일을 다 하고 돌아오면 대우는커녕 함부로 다룬다는 말이다. 달면 삼키고 쓰면 뱉는다는 말이 있다. 제가 필요할 때는 간이라도 빼 줄듯이 갖은 아양을 다 떨고, 아쉬운 때가 지나면 언제 그랬더냐 하는 식으로 표변하는 것이 인심이다. 이런 인심이 극성을 부리는 것이 오늘의 현실이 아닌가 한다. 사람이 사람다운 것은 신의(信義)가 있기 때문이다. 신의를 배반하고 잠시 이득을 취할 수 있을는지는 모른다. 그러나 이는 영원할 수 없다. 그는 불신의 대상이 되어 불원간에 버려지게 될 것이다.

'소 잃고 외양간 고친다.'는 속담이 있다. 일을 그르치고 난 뒤에 대비할 것이 아니라, 평소에 대비하여 잘못을 저지르지 않도록 해야 한다. 유비무환(有備無患)이다.

우리 속담에 '늙은 소 콩밭으로 간다.'고 한다. 이에 대해 영국 속담은 '늙은 소는 스스로 피난처를 찾는다.'고 한다. 스스로 바람직한 자신의 향방을 찾는 늙은 소(老牛)의 슬기를 배우도록 해야 한다. 그리하여 을축년 새해에도 '도랑에 든 소'의 삶이 되기를 바란다. '도랑에 든 소'란 도랑 양쪽의 우거진 풀을 다 뜯어먹을 수 있음을 말함이니, 복이 터진 처지에 있음을 이르는 말이다.

(女性中央, 1985년 1월호)

## 속 각각 말 각각

염상섭의 소설 '삼대(三代)'에는 다음과 같은 대목이 보인다.

"누구 하고?"

"그건 알아 무엇 하세요?"

"아니 글쎄 잭히나 좋으랴 싶어서…"

하고 상훈이는 머쓱해 웃어버린다.

아무리 이야기를 하여야 속 각각 말 각각임을 피차에 깨닫자 오늘은 이대로 헤어지는 수밖에 없다고 생각하였다.

이 대목은 하는 말과 생각이 다른 것을 그린 것이다. 이런 상황을 나타낼 때 우리는 위의 예문에도 보이는 것처럼, '속 각각 말 각각'이란 속담을 쓴다. 이러한 '속 각각 말 각각'을 나타내는 것으로는 다음과 같은 재미있는 고담(古談)도 있다.

한 신부를 첫날밤에 유모가 신방으로 인도하려 하자 신부는 완강히 거절하였다. 이에 유모는 신부를 끌어 업다시피 하여 신방에 이르렀다. 그런데 창문 앞에 이르러 유모는 문지도리를 문고리로 알고 잡아 다녔다. 그러니 문이 열릴 리가 없었다. 이러기를 한참 하자 겉으로 굳이 거절하였지만 속으로는 빨리 신방에 들어가고 싶었던 신부는 유모를 탓하며 이렇게 말하였다.

"이 문이 열려도 들어갈 수 없을 거야. 잡아당긴 것은 고리가 아니고 지돌이잖아!"

이는 홍만종의 '명엽지해'에 전하는 익살스러운 이야기다. 신부의 마음은 '속 각각 말 각각'이었던 것이다. 그래서 편자 홍만종은 '야사(野史)씨 가로되'라 하여 다음과 같은 평을 적고 있다.

이 여인의 겸양이 처음에 교만한 생각에서 나왔으나, 방안에 들어가는 것이 늦어진다는 데 이르러, 도리어 속히 문고리를 가리키고자 하였다. 이는 세상에 이름을 팔아 값을 찾는 것과 앞서는 정절을 지키다가 뒤엔 검은 무리들로 더불어 어울리는 것과 무엇이 다르다 하리오

이 세상에는 말과 행동이 다른 사람이 있는가 하면, 겉과 속이 다른 사람이 많다. 이런 사람의 대표적인 부류가 간신(奸臣)이요, 기생이다. 다음에 이러한 기생의 작태(作態)를 하나 보기로 한다.

어떤 사람이 관북(關北)에서 놀다가 기생 하나를 사랑하게 되었는데 장차 이별하게 되었다. 기생이 울면서 말했다.

"당신이 이제 떠나가시면 뒷기약을 하기 어려울 것입니다. 당신은 전후에 제게 많은 물건을 주셨습니다. 그러나 그것이 어찌 신체발부(身體髮膚)에 미치겠습니까? 그러니 원컨대 당신의 이를 하나 뽑아 주시면 깊은 정을 쏟겠습니다."

그 사람은 감격하여 이를 빼어 주고 철령(鐵嶺)에 당도하였다. 머리를 돌이켜 관북의 흰 구름을 바라보니 슬픈 마음을 누를 길이 없었다. 마침 그때 한 나그네가 따라와 슬피 울기에 그 연유를 물었다. 나그네는 이렇게 말하였다.

"내 어느 기생을 사랑하다가 이를 빼 정을 표했던 바 아직도 그 회포를 능히 잊을 수 없기 때문입니다."

이 나그네의 말을 듣고 보니, 그가 사랑했다는 기생은 자기가 사랑하던 기생이 분명했다. 나그네의 말을 듣자 쌓이고 쌓였던 정이 구름같이 사라져 종을 보내 자기 이빨을 찾아오게 하였다. 기생은 한 주머니의 이빨을 내 주며 이렇게 말했다.

"내 어느 이빨이 너의 상전 것인지 모르겠으니 네가 모름지기 가리어 가져가라."

이 이야기는 부묵자(副墨子)의 '파수록(破睡錄)'에 전하는 것인데, 이러한 이야기는 '명엽지해', 서거정의 '태평한화(太平閑話)' 등에도 보인다. 그리고 풍자소설 '이춘풍전'은 이러한 익살스러운 이별의 장면을 보여 주는 대표적인 작품이다.

요사이 우리는 불신시대(不信時代)를 살고 있다. 간신이나 기생만을 어찌 '속 각각 말 각각'이라 하겠는가? 우리 주변의 모든 사람이 '속 각각 말 각각'인 것을……

(女性中央, 1984년 11월호)

# 손대성(孫大聖)의 금수파 쓰듯

우리 속담에 '손대성(孫大聖)의 금수파 쓰듯'이란 것이 있다. 이는 잘 알려져 있지 않아 생소하게 들릴는지 모른다. 그러나 사실은 그렇지 않을 속담이다. 이는 우리에게 잘 알려진 중국문학의 사대기서(四大奇書) 가운데 하나인 '서유기(西遊記)'를 배경으로 한 속담이기 때문이다.

'서유기'는 당 나라의 현장법사(玄奘法師)가 불법을 배우고, 아울러 대승경전(大乘經典)을 구하기 위하여 인도(印度)엘 다녀오던 도중 겪은 81고비의 고난을 공상과 신비성을 가미하여 구성한 장편소설이다.

여기에는 유명한 손오공(孫悟空)이 등장한다. 속담에 보이는 '손대성(孫大聖)'이란 이 '손오공'이다. '손대성의 금수파 쓰듯'의 "금수파"란 "금고주(金箍呪)", 또는 "긴고주(緊箍呪)"를 잘못 쓴 것이다. "긴고주"는 사람을 구속 속박하는 것을 비유하는 말로, 서유기에서

삼장법사가 손오공의 무궤도한 행위를 제지하기 위해 그 머리에 씌운 금테를 단단히 죌 때 쓰던 주문이다. 속담에서는 이것이 삼장법사의 주문이 아니라, 머리에 쓰는 금테를 가리키고 있다. 동양문고본 "춘향전"에 이 용례가 보인다.

> 사장(鎖匠)이 분부 듣고 크나큰 전목 칼을 춘향의 가는 목의 선봉대장 투구 쓰듯, 손대성(孫大聖)의 금수파 쓰듯 흠쩍 쓰인 후의 칼머리에 인봉(印封)하고 거멀못을 수쇄하고 옥중으로 내려갈 새……(현대 표기)

이렇게 동양문고본에는 '금수파 쓰듯(금슈파 쓰듯)'이라 하고 있다. 이에 대해 최남선의 '고본춘향전'에서는 '금수파(金籀兒) 쓰듯'이라고 한자를 병기하고 있다. 이는 최남선이 교정을 본 것이라 할 수 있다. '금수파'는 오기이며, 金籀兒(금고아)라 한다고 본 것이라 하겠다. 그래야 '금으로 만든 테(以竹束物)'가 되고, 문맥상 머리에 씌우는 것이 될 수 있기 때문이다. 그러나 이는 '서유기' 본래의 문맥에 따른 표현이 아니요, 주문을 외는 '금고주(金籀呪)'를 '금고아(金籀兒)'로 바꾸어 문의에 맞게 고친 것이라 하겠다. 따라서 이러한 문맥이라면 '춘향전'의 '금수파'는 '금고아(金籀兒)'로 바꾸어 써야 한다. 그리고 속담의 경우는 마땅히 '손대성의 금고주 쓰듯', 또는 '손대성의 긴고주(緊籀呪) 쓰듯'으로 바로잡아야 한다. 다만 이때의 '쓰듯'은 '테를 쓰다(着)'의 뜻이 아닌, '주문을 사용하다'란 뜻의 '쓰다(用)'로 구별되는 말임은 물론이다. 그렇지 않고 속담을 '테를 쓰다(着箍)'의 뜻으로 쓰는 경우라면 '손대성이 금고주(金箍呪) 쓰듯'이 아닌, '손대성의 금고아(金箍兒) 쓰듯'이라 할 수 있다.

주문(呪文)이 아니더라도 언어는 본래 주술적 힘을 가졌다. '삼국유사'에 보면 신라의 향가(鄕歌)가 '천지귀신을 감동시켰다(動天地感鬼神)'는 기록이 보이는데, 바로 이런 것이 그것이다. 요즘 말로 하면 언어가 '마력(magic power)'을 지녔다는 말이다. 언어가 이런 주술적 힘을 가졌다는 것은 '중구난방(衆口難防)', 또는 '중구삭금(衆口鑠金)'이란 한자 속담이 잘 말해 준다.

'중구난방'이란 뭇 사람의 말은 막기 어렵다는 뜻으로, 현대적인 해석을 하면 여론(輿論)의 위력을 말한다. 이는 달리 말하면 민주정치의 다수결 원칙을 말하는 것이라 해도 좋다.

'중구삭금(衆口鑠金)'도 기본적으로 '중구난방'과 같은 뜻의 말이다. 이는 뭇 사람의 말은 쇠를 녹인다는 뜻으로, 여론의 힘이 큼을 나타낸다. 이러한 사실은 '삼국유사'의 '수로부인(水路夫人)' 이야기가 직접 확인해 준다.

신라 성덕왕 때 강릉태수(江陵太守) 순정공(純貞公)이 부임하는 도중 임해정(臨海亭)에서 점심을 먹는데 해룡(海龍)이 나타나 부인을 끌고 바다 속으로 들어갔다. 공이 허둥지둥하고 있었더니, 한 노인이 고하되 옛날 말에 여러 입은 쇠도 녹인다(衆口鑠金) 하니, 해중의 물건인들 어찌 여러 입을 두려워하지 않으리오(何不畏衆口 乎)? 경내의 백성을 모아 노래를 부르고, 막대로 언덕을 치면 부인을 찾을 수 있으리라 하였다. 공이 그 말대로 하였더니 용이 부인을 받들고 나와 바치었다.

여러 사람이 부른 해가사(海歌詞)는 '거북아, 거북아 수로를 내놓아라. 남의 부녀 빼앗는 죄 얼마나 큰지 아느냐? 네 만일 거역하면 그물로 잡아 구워먹겠다'라 하였다.

뭇사람의 입은 주술적 힘을 갖는다. 사람은 말할 것도 없고 천지 귀신을 감동시키고, 쇠도 녹인다. 뭇 사람의 말의 위력, 곧 여론의 위력을, 특히 정치하는 사람들은 마음에 새기고 조심할 일이다.

# 솔 심어 정자(亭子)라

충청북도 보은(報恩), 속리산(俗離山) 가는 길에 유명한 정이품송(正二品松)이 있다. 이 소나무는 수령이 600여 년 되어 옛 모습을 지니고 있진 못하나, 거대한 원추형의 잘 생긴 나무다. 이 나무에는 별난 사연이 있다. 조선조 세조(世祖)가 법주사(法住寺)로 행차할 때의 일이다. 세조가 이 나무 밑을 지나는데 연(輦)이 걸렸다. 이에 세조는 "저 나무에 연 걸린다!"라 소리쳤다. 그러자 소나무가 가지를 쳐들었다. 이에 세조는 이 나무에 정이품 벼슬을 내렸다. 그래서 이 나무는 오늘날 연송(輦松), 또는 정이품송이라 한다.

정이품송이 정말 가지를 쳐들었는지 어떤지는 알 수 없으나, 그 풍채만 보아도 정이품 벼슬을 제수할 만하게 잘 생겼다. 이 나무는 오랜 세월 동안 법주사를 찾는 불도(佛徒)나, 서울을 오르내리는 과객에게 좋은 정자 구실을 하였을 것이다.

'솔 심어 정자라'라는 속담이 있다. 소나무를 심어 정자를 만든다는 말인데, 이는 그 실현성이 아득함을 말한다. 소나무는 잘 자라지 않기 때문에 그것이 자라서 정자가 되려면 요원할 것이기 때문이다. 따라서 이 속담은 앞날의 성공이 까마득하다는 뜻을 나타낸다.

'송남잡지(松南雜識)'는 이 속담의 근원을 다음과 같이 당시(唐詩)에서 찾고 있다.

'솔심어 정자라(栽松望亭)'는 당시(唐詩)에서 나왔다. '내 노인네 집을 지나는데 그 노인의 마음을 모를레라. 무슨 일로 석양 속에 소나무를 심어 그 그늘을 바라고 있는지(栽送欲望陰)'. 오늘날 '솔 심어 정자라'는 말은 여기서 나왔다.

물론 개연성은 있다. 그러나 반드시 여기서 비롯되었다고 보기에는 근거가 충분치 못하다. 그리고 '동언해(東言解)'는 이 속담의 의미를 '기약하는 것이 너무 멀어 그 효과를 반드시 기약할 수 없다.'라 하고 있다. 오늘날의 우리의 해석과 같다.

그러나 엄연한 현실을 눈앞에 두고도 엉뚱한 생각을 하고 꿈을 꾸는 것이 인간이다. 특히 장수에 대한 욕구가 그렇다. '어우야담'에 다음과 같은 설화가 있다.

송천(松川) 양응정(梁應鼎)이 군의 수령이 되어 관아를 수리하였다. 이때 송천이 술상의 잣을 뜰에 심게 하며 말하였다.

"후일 이 소나무가 크게 자라면 그것을 베어 내 관의 재목으로 써야겠소"

객이 송천에게 말하였다.

"그 잣(海松) 열매가 자라 열매를 맺으면 나는 그 열매를 심어 그 나무가 크기를 기다려 내 관의 재목으로 쓰겠소"

그러자 지붕에 있던 목수가 내려와 절을 하며 말하였다.

"후일 두 합하(閤下)께서 돌아가시면 소인은 두 분을 위해 그 해송으로 관을 짜 드리겠습니다."

목수의 말을 듣고 두 사람은 박장대소 하였으며, 송천은 말 잘한 목수에게 후한 상을 주었다.

이 소화에서 말 잘한 목수에게 상을 주었다는 것이 인상적이다. '고얀 놈, 목수의 주제에 양반의 말씀에 끼어 들다니'라고 노여워하였다면 이 소화가 어떻게 되었을까?

그러나 '솔 심어 정자라'라는 속담은 반드시 실현성이나, 가능성이 적고, 기약하기 어려운 것만을 의미하지 않는다. 소나무를 심어 그 소나무가 자라면 정자가 될 것임은 틀림없는 사실이니, 그 현실을 액면 그대로 수용하기도 한다. 다음 경북 김천 지방의 모내기노래(移秧謠)가 이런 것이다.

세월이라 왕대밭에/ 금비둘기 알을 낳네.

그 알을 내 줬으면/ 금년 과개(科擧) 내 하련만
이 논배미 모를 숭거(심어)/ 잎이 너무 장하도다.
우리 부모 산소 등에/ 솔을 심어 정자로다

'솔 심어 정자라'와 비슷한 속담에는 '솔 심어 정자라고 얼마 살 인생인가?'라는 것이 있다. 이는 효험을 보기 아득한 것은 짧은 인생에 경영할 필요가 없다는 것을 나타낸다. 그러나 내일 이 세상에 종말이 온다 해도 사과나무를 심는 것이 인생이라 할 것이다. 우리 앞에는 후대(後代)가 있지 않은가?

# 송도(松都) 갔다

우리말에 색향(色鄕)이란 단어가 있다. 미인이나 기생이 많이 나는 고을이란 말이다. 이런 고을로는 평양, 개성, 진주 등이 들린다.

'송도(松都) 갔다'는 속담은 이런 색향과 관련이 있다. 이 속담은 한 불량한 사내의 이야기에서 유래하는 것으로 알려진다. 한 사내가 주색에 빠져 송도에 가서 장사한다고 핑계하여 전답을 팔아 가지고는 색주가에 가 없애고, 없애고 하였다. 마치 우리의 고소설 '이춘풍전(李春風傳)'에서 춘풍이 추월이란 기생에 빠져 돈을 날리듯이… 그래서 시속에 헛구멍에 재물 없애는 것을 '송도 갔다'고 하게 되었다 한다.

송도 기생 이야기라면 황진이(黃眞伊)를 빼어 놓을 수 없다. 그녀는 중종 때 서 화담(徐花潭), 박연폭포(朴淵瀑布)와 더불어 자신을 송도삼절(松都三絶)이라 일컫던 인물이다. 일설에는 서 화담, 지족선사(知足禪師) 만석(萬石)과 더불어 그녀가 송도삼절이라 일러졌다. 그리하여 황진이는 삼절(三絶)이 아닌 독절(獨絶)이 되려고 서 화담과 만석의 도를 깨뜨리고자 하였다 한다. 서 화담은 황진이의 꾐에 넘어가지 않았다. 그러나 만석은 처음에는 동요하지 않다가 마침내 파계를 하였다. 그리하여 황진이가 놀리는 대로 놀아나게 되었다. '만석중이 놀린다.'는 속담은 여기서 생겨났으며, '만석중이놀이'란 인형극은 이를 풍자하기 위한 것이라는 말이 있다. 그러나 이는 후대에 덧붙인 속설로 보인다. 왜냐하면 '만석중이놀이'는 사월 팔일 석가탄일에 놀던 고려시대 연등(燃燈)의 유물로 보이며, 이는 조선조에 내려오면서 잡희(雜戲)가 된 것으로 보이기 때문이다.

남녀의 관계를 보이는 재미있는 속담에는 또 '포천장(抱川場) 소 까닭'이란 것이 있다. 이 속담은 이와 비슷한 속담 '포천(抱川) 소 (疏) 까닭이라'와 구별된다. '포천 소 까닭이라'는 무슨 까닭이냐고 물을 때 이를 얼버무리는 대답으로 쓰는 말이다. 조선조 고종(高宗) 때 최익현(崔益鉉) 선생이 빈번히 상소를 하여 나라 일이 변경되는 일이 많았다. 그리하여 당시에 사람들이 웬 까닭이냐고 물으면 포천서 올린 소(疏), 곧 상소(上疏) 때문이라 하였다 한다. 이것이 관용적으로 굳은 것이 '포천소 까닭이라'다.

이에 대해 '포천장 소 까닭'은 알면서도 모르는 척 하는 것을 이르는 속담으로, 이에는 외설적인 배경 설화가 있는 것으로 해석한다. 양주 땅에 사는 이 생원과 김 생원은 사돈 간으로, 나이·형세·인품이 비슷하여 자별한 사이였다. 하루는 둘이 다 포천장에 소를 팔러갔다. 그러나 그들은 소는 팔려 하지 않고, 만나 반갑다고 둘이서 술만 잔뜩 마셨다. 해가 저문 뒤에 그들은 각기 소를 타고 집으로 돌아오게 되었는데, 취중이라 소를 바꾸어 탔다. 그리하여 소들은 각기 제 집을 찾아들었고, 두 생원은 각각 사돈네 집으로 들어가게 되었다. 집에 들어온 것은 삼경이 지난 뒤라 주변은 온통 칠흑 같고, 집안은 고요히 잠들어 있었다. 그리하여 두 생원은 취중에 안방을 찾아들어가 잠을 잤다. 새벽에 깨어보니 자고 난 방이 자기 집 안방이 아니다. 두 생원은 각각 무안하여 총총히 자기네 집을 향하여 발걸음을 재촉하였다. 이들은 도중에 만나 누가 먼저라고 할 것도 없이 크게 실수한 것을 사과하였다. 그리고 이것이 어인 까닭이냐고 물었다. 벌어진 일을 짐작하는 두 사람은 '이 까닭 저 까닭 할 것 있나? 포천장 소 까닭이지.' 하였다. 이 이야기가 후세에 전해져 속담으로 굳어진 것이 '포천장 소 까닭'이라는 것이다. 이러한 배경설화는 1928년에 간행된 김동진의 '사천년간 조선이어해석(朝鮮俚語解釋)'이란 책에 실려 있다.

속담은 사회의 소산으로 끊임없이 생성 소멸한다. 따라서 그것이 먼 옛날 생성된 것이면 그 형성 배경을 파악하기 용이한 일이 아니다. 그리하여 본래의 배경과는 달리 엉뚱한 배경설화가 생기기도 한다. 앞에서 '만석중이 놀린다.'만 하여도 그런 것의 하나이고, '포천장 소 까닭'도 그런 것인지 모른다. '포천장 소 까닭'

의 배경설화는 황당한 이야기로, 혹 사실일는지도 모르나, 소화(笑話)를 즐기는 호사가의 장난일 가능성이 더 높다.

그러나 저러나 인생은 남자와 여자에 의해 엮어 나가게 마련이다. 그리고 보면 말 한마디나, 글월 한 구절에까지도 남녀의 이야기로 얽힌 것은 오히려 당연하다 하겠다. 그러나 술에 취해 의식을 잃고 '포천장 소 까닭'과 같이 사돈댁 안방을 바꾸어 찾는 망발이 있어서는 안 되겠다. 그리고 세상을 살아가면서 누가 '송도(松都) 갔다'는 소리는 듣지 않도록 해야 하겠다.

(女性中央, 1982년 7월호)

## 쇠가죽 무릅쓴다

뻔뻔스러워 부끄러움을 모르는 사람을 후안무치(厚顔無恥)라 한다. 낯가죽이 두껍다는 말이다. 영어로도 skin deep이라 한다. 달리는 철면피(鐵面皮)라 한다. 낯가죽이 쇠와 같이 두껍고 단단하다는 말이겠다. '철면'은 한 수 더 떠 '철판(鐵板)'으로 바뀌기도 한다. '낯짝에 철판 깔았다', '얼굴에 철판을 깔고 대든다.'라고 하는 것이 그것이다. 이는 또 '뎃빵'이라고도 한다. '그 사람은 얼굴에 뎃빵을 깐 상종 못할 사람이더군……' 이렇게 쓰인다. '뎃빵'은 '철판'의 일본말이다.

'철면피, 철판 깔다, 뎃빵 깔다'와 같이 뻔뻔스러워 부끄러움을 모르는 것을 또 '얼굴에 쇠가죽을 뒤집어썼다.'고도 한다. 철면이나 철판처럼 두껍고 단단하지는 않지만 쇠가죽을 얼굴에 뒤집어쓰면 체면을 차리거나, 부끄러워하지 않아도 되니까 이렇게 말하게 된 것이리라. 그러기에 이런 말이 속담으로 굳은 것이 있다.

'쇠가죽 무릅쓴다.'가 그것이다. 여기 쓰인 '무릅쓴다'는 '창피한 것을 무릅쓰고'와 같이 쓰는 '무릅쓰다'로, 이는 '머리에 뒤집어쓰다'를 뜻하는 말이다. 그래서 이 속담은 비유적으로 부끄러움을 생각지 않음을 나타낸다. 이러한 뜻의 속담으로는 또 '낯가죽이 두껍다.', '뱃가죽이 땅 두께 같다.'고 하는 것도 있다. '쇠가죽 무릅쓴다.'와 같은 표현은 우리가 흔히 접하는 것이지만 '속어면순 (續禦眠楯)'에는 시 속에 이 말이 쓰인 것을 보여 준다.

하늘에는 이름 없는 별이 있고,
땅에도 이름 없는 풀이 있소
이십사령(二十四令)에 쇠가죽 쓰고(牛皮蒙)
한가(韓哥) 잔치 유가(柳哥) 잔치 다 참여할 뿐
그 밖의 주찬(酒饌)이 풍족하고 아니한 것은
나는 관계하지 아니하오

이 시에 쓰인 '이십사령에 쇠가죽 쓰고(二十四令牛皮蒙)'가 그것이다. '속어면순'에서는 이 '우피몽(牛皮蒙)'에 대해 '속에 염치를 잊고, 부끄러워하는 빛이 없는 자를 일러 얼굴에 쇠가죽을 썼다(面蒙牛皮)고 한다.'라 주해까지 하고 있다.

'쇠가죽 무릅쓴다.'나 '면몽우피'가 이렇듯 염치없고 부끄러워하지 않음을 나타내게 된 배경설화라 할 재미있는 이야기는 '명엽지해'에 전한다.

한 어리석은 원(員)이 있었다. 관가(官家)의 소가 죽었는데, 이 사건에 대한 제사(題辭)를 어떻게 써야 할 지 몰랐다. 안으로 들어가 아내에게 물어 이렇게 제사를 써 주었다.

'고기는 관청(官廳)으로 보내고, 가죽은 공방으로 내려 보내고, 힘줄과 뿔은 군기시(軍器寺)로 보내라.'

며칠 뒤 한 백성이 상을 당하여 사망증명인 물고첩(物故牒)의 발급을 신청하였다. 그러자 원은 전날 소의 제사대로 살은 관청으로 보내고, 가죽은 공방으로 보내고, 힘줄은 군기시로 보내는 것이 마땅하다 하였다. 이에 사람들은 해괴하게 여기는 한편, 원을 조소하였다.

이런 소문이 널리 퍼져 관찰사는 그 원의 치적을 낮게 평가하게 되었고, 마침내 원은 파직을 당해 고향으로 돌아가게 되었다. 이때 아내는 원을 책망해 이렇게 말했다.

"당신 잘못으로 마침내 파직을 당하게 되었으니, 비록 서리와 백성은 아무 말이 없다 하나 어찌 마음에 부끄럽지 않겠소? 관아를 떠나는 날에 나는 가마에 숨어 앉으면 부끄러움을 면하겠지만, 당신은 말 등에 있으니 그 얼굴 뜨거움을 어이하려오?"

원은 대답했다.

"나는 쇠가죽을 쓰고 가면 그만이오."

이를 들은 사람은 모두 실소(失笑)하였다.


이렇듯 부끄러움을 면하기 위해 쇠가죽을 쓰려 했던 모양이다. 그러기에 '쇠가죽 무릅쓴다.'는 말이 부끄러움을 생각지 않는다는 말이 된 것이다.

　세상을 살아가노라면 실수를 저질러 부끄러워해야 할 경우도 많을 것이다. 그러나 이때 쇠가죽을 뒤집어쓴다고 그것이 해결되는 것은 아니다. '쇠가죽을 무릅쓴' 인생보다는 얼굴을 '붉히는' 인생이 훨씬 인간적이라 할 것이다. 그런 사회에서는 내일을 기대할 수 있다.

(女性中央, 1985년 7월호)

# 수구문(水口門) 차례

지난날의 성시(城市)에는 4대문이 있었고, 경우에 따라서는 여기에 4소문까지 있었다. 서울, 곧 한양성(漢陽城)에도 4대문과 4소문이 있다. 4대문은 흥인지문(동대문), 돈의문(서대문), 숭례문(남대문), 숙정문(북대문)이 그것이고, 4소문은 홍화문(동소문), 소덕문(서소문), 광희문(남소문), 창의문(북소문)이 그것이다.

그런데 우리에게는 이들 문과 관련된 속담이 여럿 있다. 그중에는 남대문과 관련된 것이 제일 많아 네 개다. '남대문 구멍 같다.', '남대문 입납(入納)', '모로 가나 기어가나 서울 남대문만 가면 그만이다.', '이그러진 방망이 서울 남대문에 가니 팩했다.'가 그것이다. 그 다음은 동대문과 관련된 것이 두 개다. '남산골샌님은 뒤지 하고 담뱃대만 들면 나막신을 신고도 동대문까지 간다.', '못된 바람은 동대문 구멍에서 들어온다.'가 그것이다. 이밖에 남소문인 광희문(光熙門)을 가리키는 '수구문(水口門)'과 관련된 것이

'수구문 차례'와 '못된 바람은 수구문으로 들어온다.'의 둘이다.

'광희문'은 오늘날 중구 광희동에 위치해 있는데, 조선조 태조 5년(1396)에 건립하였고, 현재의 것은 1975년 개축한 것이다. 이 문은 수구문(水口門)이라고도 한다. 서울의 상여는 다른 문으로는 출입을 못하고, 서소문과 남소문인 이 문으로만 나가게 되어 있었다. 그리하여 이 문은 시신이 나가는 문이라 하여 시구문(屍軀門)이라고도 했다. 속담의 '수구문 차례'란 시신, 곧 죽음과 관련된 것이다. 그래서 이 속담은 다음과 같은 뜻을 지닌다.

① 술을 마실 때 도는 순배(巡杯)가 나이가 많은 사람에게 먼저 가는 것을 이름.
② 나이 들어 늙고, 병들어 죽을 때가 가까운 사람을 두고 하는 말.

'수구문 차례'란 나이가 들어 이제 곧 죽을 사람, 북망산(北邙山)에 갈 사람이란 말이다. 나이 든 것만도 서러운데, 이런 말을 듣게 되면 무척 섭섭할 것이다.

사람들은 '나이가 들면 가야지.'라 하면서도 막상 가라면 섭섭해 한다. 고담에 이런 이야기가 있다. 어느 설날 젊은이가 동네 어른께 세배를 드렸다. 그리고 '백수를 하셔야지요.'라 덕담(德談)을 하였다. 그러자 노인은 화를 내며 젊은이를 내쫓았다. 노인은

97세로 '백수'는 3년 밖에 남지 않은 것이다. 이 이야기를 들은 친구들은 친구를 변호해 주기로 하였다. 세배를 드리고 좀 전에 그 친구의 말을 잘못 들으신 것 같다 했다. 그 친구는 '백수를 더 하시라'고 축수한 것이라 했다. 그러자 노인은 '그렇게야 바라겠나.'하며 그 친구를 다시 부르라 했다는 것이다. 덕담을 해도 상황에 맞게 해야 한다.

사람들은 꼭 해야 할 일이 있는 것도 아니면서 덮어놓고 오래 살려 한다. '개똥에 굴러도 이승이 좋다.', '산 개가 죽은 정승보다 낫다.', '소여(小輿) 대여(大輿)에 죽어가는 것이 흰옷 입고 볕에 앉아 있는 것만 못하다.', '죽은 석숭(石崇)보다 산 돼지가 낫다.'는 속담이 다 이런 것이다. 그저 먹고 놀고 즐기며 살고 싶어 한다. 그것이 전부라면 이는 동물적 본능에 따른 삶이요, 인생은 아니라 할 것이다. '태평한화골계전(太平閑話滑稽傳)'에는 이런 이야기가 있다.

호탕한 이(李) 장군이 병이 심각했다. 의사는 병을 치료하려면 분대(粉黛)와 금슬과 고기와 술을 멀리 해야 한다고 했다. 여인·술·고기를 끊으라는 말이다. 그러자 장군이 말했다.

"내가 잠시라도 생명을 이으려는 것은 이를 가까이 하고자 함인데, 이를 모두 버린다면 백세를 산들 무슨 의미가 있다는 말인가?"

다른 사람은 또 "주육을 끊고 염불을 하여야 합니다."라 하였다. 그러자 장군은 "그럼 그 효과가 어느 정도인가?"하고 물었다.

"서천 극락세계에 가서 태어나실 겁니다."

"그럼 그곳에는 삶은 돼지 대가리와 맑은 술이 있는가?"

"그건 잘 모르겠습니다."

장군은 다음과 같은 말로 거부의 의사를 밝혔다.

"만일 그것들이 없다면 비록 극락세계일지라도 나는 가고 싶지 않으니 그대는 다시 그런 말일랑 하지 말게."

이 장군의 삶도 죽기 전에 그냥 인생을 즐기겠다는 것이다. 이보다 한 단계 윗길이 영달(榮達)을 추구하는 것이다. 효도의 마침을 '입신출세(立身出世)하여 부모를 드러냄(以顯父母).'에 둔 것이 그 단적인 증거다. 그러나 이도 공적이 아닌, 사적 삶의 목표에 불과하다. 지난날의 삶의 목표는 이렇게 사적인 것에 중점을 두었다.

현대인의 삶의 목표는 정치 경제적으로, 또는 문화적으로 기여하는 삶이 돼야 한다. 적어도 '수구문 차례'가 되기 전에 내가 사회·국가 발전에 어떻게 기여할 것인가 하는 고민이 좀 있어야 한다.

### • • • •

## 수염 잡는다

우리 속언에 '손자를 귀여워하면 수염이 남지 않는다.'고 한다. 이는 지나친 사랑을 하면 버릇이 없게 된다는 말이다. 수염과 관련된 속담으로는 이 밖에 '김칫국 먹고 수염 쓴다.', '수염이 대자라도 먹어야 양반', '집안이 망하려면 맏며느리가 수염이 난다.' 따위가 잘 알려진 것이다.

그런데 이들과는 달리 좀 생소한 속언(俗諺)으로, '수염 잡는다.'는 말이 있다. 이는 술을 마신다는 뜻을 나타내는 말이다. '수염 잡는다(執髥)'란 속언은 근원 설화를 지니고 있다. 이제 이 설화를 유몽인(柳夢寅)의 어우야담(於于野談)에서 보기로 한다.

근세에 어떤 수염이 긴 장부(丈夫)가 있어 집안이 넉넉하여 매양 주찬(酒饌)을 갖추어 손님을 대접하였다. 하루는 은밀히 부인과 더불어 약속을 하였다.

"내가 상객(上客)을 맞으면 윗수염을 잡고, 중객(中客)을 맞으면 가운데 수염을 만지고, 하객(下客)을 맞으면 아래 수염을 만질 것이니, 세 층으로 구별하여 주찬을 차리시오"

그런데 가만히 한 이 말을 들은 바깥사람이 있었다. 하객(下客)이 와 주인이 아래 수염을 잡으니, 그 아내가 주효를 변변치 않게 차려 내었다. 석 잔을 마시자 주인이 말하였다.

"집이 가난하여 주효의 맛이 없으니 존객(尊客)을 대접함 직하지 못합니다."

그리고 명하되, "거두어라." 하였다.

이에 나그네가 말하되, "이 술과 음식이 맛이 좋으니, 더 마시게 걷지 마시오" 하였다.

주인이 웃으며 이르되, "이는 나를 비웃는 것이오" 하고 즉시 거두었다.

뒤에 이 이 일을 아는 자가 있어 찾아오니, 주인이 아래 수염을 잡았다. 이에 나그네가 말하되, "청컨대 손을 올려 잡으시오" 하였다. 그러자 주인은 크게 부끄러워하였다. 그리하여 요사이 사람이 술 마시는 것을 "수염 잡는다."고 한다.


'수염 잡는다.'는 이렇게 수염을 달리 잡아 손님을 대접하다 망신을 당한 이야기에서 근원하는 속언이다. 없어 대접하지 못함은 어쩔 수 없는 일이거니와, 유족한 터에 사람을 차별하여 대접함은 바람직하지 못하다는 교훈을 안겨 준다. 그런데 요사이는 세상이 점점 야박하게 되어 수염을 달리 잡는 사람이 자꾸만 늘어가니 딱한 노릇이다. 좀 더 인간미를 갖도록 해야 하겠다.

수염을 잡는 이야기는 다른 문헌에도 보인다. 그것은 홍만종(洪萬宗)의 '명엽지해(蓂葉志諧)에 보이는 것이다. 이 이야기는 다음과 같다.

한 지방관이 성품이 인색하고 말이 많아서, 그는 미리 아래 관원들에게 일러두었다.

"손이 오거든 네가 나의 어루만지는 바를 보라. 내가 이마를 만지면 상객이요, 코를 만지면 중객이요, 수염을 만지면 하객이니, 그들을 접대하는 것이 풍부하고 인색함이 이로써 고하(高下)가 있는 줄 알아라."

손 가운데 이를 아는 사람이 있어 주인 사또를 들어와 뵙고, 자세히 사또 이마 위를 쳐다보았다. 그리고 낮은 목소리로 가로되, "사또의 이마 위에 벌레가 붙었습니다." 하였다.

그러자 사또가 곧 손으로 이마를 어루만졌다. 이에 하리(下吏)들은 상객으로 알고, 성찬을 차려 대접하였다.

홍만종은 이 이야기에 덧붙여 이렇게 쓰고 있다.

내가 만약 술책을 써서 사람을 대접하면, 남도 또한 지혜로써 나를 속이리라. 남을 대우하는 길이 가히 성신(誠信)으로써 근본을 삼아야 한다.

홍만종은 남을 대접함에 술수를 쓸 것이 아니라, 성실해야 한다고 경계한 것이다.

‘약빠른 고양이가 밤눈이 어둡다.’고 한다. 인색하고 이기적인 현대인은 이런 설화를 듣고 좀 반성해야 할 것이다. 목전의 이익만을 추구하는 것은 긴 인생을 두고 볼 때 결코 현명한 처사가 되지 못한다. 지나치게 약아 빠질 것이 아니라, 좀 어수룩해 보여도 좋으니 인간미를 지닌, ‘성신(誠信)한’ 사람이 되도록 하여야 할 것이다.

(女性中央, 1984년 9월호)

# 심사는 없어도 이웃집 불난 데 키 들고 나선다

'그 사람은 심사가 참 좋다.'

'심사를 잘 써야 팔자가 편다.'

이렇게 '심사(心思)'란 문자 그대로 '마음과 생각', 또는 '마음의 씀씀이'란 뜻으로 쓰이는 말이다. 그런데 한 사전에는 이와는 달리 '남이 하는 일에 방해하려는 고약한 마음보'라고 풀이되어 있다. 사전을 만든 사람의 '고약한 마음보'가 터진 것일까……?

사실 '심사'란 말은 이 '고약한 마음보'라는 뜻으로 많이 쓰이고 있다. '심사는 없어도 이웃집 불난 데 키 들고 나선다.'는 속담의 '심사'도 이런 것이다. 이는 '불난 데 부채질한다.'와 마찬가지로 남의 액운을 위로해 주기는 고사하고 오히려 더 조장한다는 말이다. 사람은 본래 시샘하는 마음이 있어 남이 잘 되는 것을 싫어하고, 안 되는 것을 좋아하는 악심이 있는지도 모른다. '사촌이 땅을 사면 배가 아프다.'는 속담의 심리도 이와 같은 것이다. 중국의 순자(荀子)가 주장한 성악설(性惡說)이 일리가 있을 것 같다.

그런데 심사가 고약하기로는 놀부만한 사람이 없을 것 같다. 그러기에 그의 고약한 심사로 말미암아 '심사가 놀부다'라는 속담까지 생겨났다. '흥부전'에서 그의 고약한 심사를 보면 이렇게 그려져 있다.

이놈의 심술을 볼진대 다른 사람은 오장육부(五臟六腑)로되 놀부는 오장칠부였다. 어찌하여 그런고 하니, 심술부 하나가 더하여 곁간 옆에 붙어서 심술부가 한번만 뒤집히면 심사를 피우는데 썩 야단스럽게 피웠다. 술 잘 먹고, 욕 잘 하고, 에테하고, 싸움 잘 하고, 초상난 데 춤추기, 불붙는 데 부채질하기, 해산한 데 개 닭 잡기, 장에 가면 억매흥정, 우는 아이 똥 먹이기, 무죄한 놈 뺨치기와, 빚값에 계집 빼앗기, 늙은 영감 덜미 치기, 아이 밴 계집 배 차기며, 우물 밑에 똥 누어 놓기, 오려논에 물 터놓기, 잦힌 밥에 흙 퍼붓기, 패는 곡식 이삭 빼기, 논두렁에 구멍 뚫기, 애호박에 말뚝 박기, 꼽사등이 엎어놓고 밟아주기, 똥 누는 놈 주저앉히기, 안질방이 턱살 치기, 옹기장사 작대 치기, 면례하는 데 뼈 감추기, 남의 양주(兩主) 잠자는 데 소리 지르기, 수절과부 겁탈하기, 통혼하는데 간혼 놀기, 만경창파에 배 밑 뚫기, 목욕하는 데 흙 뿌리기, 담 붙은 놈 코침 주기, 눈 앓는 놈 고추 가루 넣기, 이 앓는 노 뺨치기, 어린아이 꼬집기와 다 된 흥정 파의하기, 중 놈 보면 대테 메기, 남의 제사에 닭 울리기, 행길에 허공 파기,

비 오는 날 장독 열기라.

이는 목판본인 경판 20장본, 또는 25장본의 사설을 윤색한 손낙범본 '흥부전'의 사설이다.

이렇게 고약한 심성의 소유자이니 '심사가 놀부다'란 속담이 생겨난 것은 오히려 당연하다 하겠다. 이 속담은 오늘날 본성이 아름답지 못하고, 지나치게 욕심을 내며, 일마다 심술을 부리는 사람에게 비유되어 쓰인다.

'심사'란 말이 이렇게 '고약한 마음보'란 뜻으로 기울어지게 된 것은 아마도 흥부전의 예에도 보이듯, 이 말이 '심술'의 뜻에 이끌려 그리 된 것 같다. '심술(心術)'이란 물론 '온당하지 못하고 고집스러운 마음'을 말한다.

'심술'이란 말이 들어가는 속담에는 '심술이 왕골 장골 때라', '심술궂은 만을보(萬乙甫)라', '심술거복(心術去福)', '심술만하여도 삼 년 더 살겠다.'와 같은 것이 있다. 이들 속담에 보이는 '왕골(王骨)', '장골(張骨)', '만을보(萬乙甫)'는 속설에 옛날 심술이 고약했던 사람으로 일러진다. 아마도 놀부와 같은 사람이었던 모양이다. '심술거복(心術去福)'이란 심술이 사나우면 오는 복도 털어버리는 것이니 심술을 부리지 말라는 말이다. '심술만 하여도 삼 년 더 살겠다.'는 심술을 부리면 오래 산다는 말이 아니요, 심술이 많다는 것을 그렇게 표현한 것뿐이다.

심술은 앞에서도 말한 바와 같이 우리 마음속에 본래 도사리고 있는 것인지 모른다. '심사는 좋아도 이웃집 불붙는 것보고 좋아한다.'는 속담은 이러한 심성을 잘 반영해 준다. 그러나 심술이 심술로 그쳐서는 안 된다. 그것은 반성과 도약의 발판으로서의 심술이어야 한다. 그렇게 되면 그 '심술'은 '자부(自負)'로 승화할 수 있을 것이다. 그러나 '심술거복'이란 속담처럼 그것이 지나쳐 복을 박차는 일이 되어서는 안 될 것이다.

(女性中央, 1983년 5월호)

## 십리사장 세 모래가 정 맞거든

이 세상에는 이루어질 수 있는 일도 있고, 그렇지 못한 일도 있다. 그런데 간혹 이루어질 수 없는 일에 집착하거나, 평생 목을 매는 경우도 있다. 그런 사람을 보노라면 가엾고 답답해진다.

'춘향전'에는 불가능한 사실을 전제로 탄식하는 장면이 보인다. 도령이 한양(漢陽)으로 떠나게 되자 춘향이 자탄하는 대목이다. 춘향은 지금 떠나가면 언제 오시겠느냐 묻고 있지만, 사실은 이미 도령이 다시 돌아오지 못할 것이라 체념한 탄식이다. 최남선본 '고본춘향전'에는 이 장면에 불가능한 사실을 드러내는 속담을 무더기로 쓰고 있다.

"도련님 이제 가면 언제 오려 하오? 태산중악(泰山衆嶽) 만장봉 (萬丈峰)이 모진 광풍에 쓰러지거든 오려 하오? 십리사장 세 모래 가 정 맞거든 오려 하오? 금강산 상상봉에 물 밀어 배 띄어 평지

되거든 오려 하오? 기암절벽 천층석(千層石)이 눈비 맞아 썩어지
거든 오려 하오? 용마(龍馬) 갈기 사이에 뿔 나거든 오려 하오?
층암 상에 진두(陳豆) 심어 싹 나거든 오려 하오? 병풍에 그린 황
계(黃鷄) 두 나래 둥덩 치며 사경(四更) 일점에 날 새라고 꼬끼오
울거든 오려 하오?"

만장봉이 쓰러질 리도 없고, 세 모래가 정 맞는 일도 없을 것
이며, 더구나 금강산 상상봉에 물이 밀려들어 평지가 될 리가 없
다. 층암절벽 천층석이 썩는 일은 있을 수 없으며, 용마 갈기 사
이에 뿔이 날 리도 없다. 게다가 묵은 팥을 심어 싹이 나고, 병풍
의 황계(黃鷄)가 울기를 기대할 수는 없는 일이다. 이렇게 불가능
한 것을 전제로 도령이 오겠느냐고 묻고 있는 것이니 춘향은 이
미 도령의 귀환을 단념하고 포기한 것이다. 이들 전제로 내 건
것들은 모두 실현될 가능성이 없다는 것을 나타내는 속담들이다.
동양문고본 '춘향전'은 이 대목이 최고본과 비슷하나 약간 차
이를 보인다. 우선 열거의 순서가 다르고, '층암 상에 진두 심어
싹 나거든 오려 하오?'가 '층암절벽에 진주 심어 싹 나거든 오랴
시오?'라 되어 있다. 따라서 이는 '최고본'보다 좀 더 불가능한
사실을 예로 든 것이라 하겠다. '최고본'은 '동양문고본'을 모본으
로 하여 개작한 것으로 보이는 것이다.
이러한 춘향의 자탄이 뒤에도 계속된다. 다만 이들은 그 전제

가 속담으로 굳은 것이 아니라, 보다 산문적 표현을 하고 있는 것이다. '고본춘향전'의 사설은 다음과 같다.

"함경도로 들어가서 마운령(摩雲嶺) 마천령(摩天嶺) 함관령(咸關嶺) 철령(鐵嶺)을 다 떠다가 도련님 가시는 길에 막아 놓으면 가다가 도로 오시게. 그렇지 못하거든 울산 바다 나주 바다 안흥목(安興項), 손돌목(孫石項), 강화목(江華項)을 다 휘여다가 도련님 가시는 길에 가로 쳐 놓고 일엽선(一葉船)도 없이 하면 가다가 못가고 도로 오시게. 애원 극통 설운지고, 이 이별을 어찌할꼬? 두고 가시는 도련님 안은 설옹남관(雪擁藍關)의 마부전(馬不前)뿐이어니와 보내고 있는 나의 안은 방초연년(芳草年年) 한무궁(恨無窮)이오."

임을 떠나보내고 싶지 않은 춘향의 간절한 사연이 글자 한자 한자에 엉겨 있는 것 같다. 실현 가능성이 없는, 불가능한 사실을 들어 문의를 강조한 대표적인 예는 고려속요 '정석가(鄭石歌)'에 보인다. 이들 수사는 여기에서도 이별과 관련된 것을 나타내는 데 쓰이고 있다. 현대어로 번역해 소개하면 다음과 같다.

바삭바삭 세모래 벼랑에/ 바삭바삭 세모래 벼랑에/
구운 밤 닷 되를 심습니다.//
그 밤이 움이 돋아 싹이 난 다음에야/ 그 밤이 움이 돋아 싹이

난 다음에야/
유덕(有德)하신 님을 여희고 싶습니다.//

옥으로 연꽃을 새깁니다/ 옥으로 연꽃을 새깁니다./
바위 위에 접을 붙입니다.//
그 꽃이 삼동을 핀 다음에야/ 그 꽃이 삼동을 핀 다음에야/
유덕하신 님을 여희고 싶습니다.//

'정석가'는 2연이 더 이어진다. 실현 가능성이 없는 것을 전제로 이별하겠다는 것이니, 영원히 임과 이별하지 않겠다는 것을 노래한 것이다.

불가능을 전제로 한 춘향이나 '정석가'의 주인공은 결과적으로 각각 영원한(?) 이별과 이별하지 않을 것이란 상반된 내용을 노래한 것이다. 표현이란 이렇게 묘한 것이다.

## 아산이 깨어지나, 평택이 무너지나?

쌍방의 힘이 비슷하여 싸우는 기세가 등등하거나, 싸움에서 결판이 날 때까지 끝까지 해보자고 벼를 때 쓰는 속담이 있다. 이것이 '아산이 깨어지나, 평택이 무너지나?', 혹은 '평택이 무너지나, 아산이 깨어지나?'라는 것이다.

'평택(平澤)'은 경기도의 지명이고, '아산(牙山)'은 충청남도의 지명이다. 이들은 이웃한 고을로, 형세가 비슷해 쌍방이 기세가 등등하게 경쟁할 때, 속담에서처럼 곧잘 비유로 사용되었다. 그런데 아산과 평택의 관계는 이런 정도에 그치지 않는다. 상호간에 역사적 관계도 지니고 있다. 그것은 동학농민운동, 혹은 동학혁명이다.

동학농민운동은 지배층의 수탈을 참다못한 농민들이 사회개혁, 외국 세력의 배척, 탐관오리의 숙청 등을 외치며 봉기한 혁명운동이다. 전봉준(全琫準)을 총대장으로 한 농민군은 '보국안민(輔國安民)'을 내세우고 창의(倡義)하여, 불만을 품은 농민들의 호응을 받아 그 기세가 갈수록 커졌다. 이에 당황한 정부는 청나라에 원군을 청하게 되었고, 일본도 거류민 보호를 구실로 군사를 일으켜, 이는 마침내 청일전쟁(1894-1895)을 불러왔다. 이때 청군은 아산만(牙山灣)에 상륙하여 성환(成歡)으로 북상하고, 일군은 인천에 상륙하여 서울에서 내려오다가 성환과 평택 사이 소사(素沙) 벌판에서 싸움이 벌어졌다. 속담의 배경은 이러한 역사적 사실이 바탕에 깔린 것이다. 그리고 이러한 역사적 배경은 일본이 아산(牙山) 풍도(豊島) 앞바다에서 청군에 대하여 전단(戰端)을 열고, 8월 1일 선전포고를 한 것과도 관련된다. 이때 일본 육군은 성환·평양 등에서 전승하였고, 해군은 아산만 앞바다 풍도·황해 등에서 청군을 격파하여 마침내 청일전쟁은 일본의 승리로 돌아갔다.

따라서 '아산이 깨어지나, 평택이 무너지나?'라는 속담은 아산이 이기느냐, 평택이 이기느냐, 말을 바꾸면 일본이 이기느냐, 아니면 청국이 이기느냐 결판내는 것을 나타내는 말에서 비롯되었다 할 것이다. 이것이 오늘날 일반화하여 '결판내다', '끝장을 내자'는 의미로 쓰이게 된 것이다. 심훈(沈薰)의 '영원의 미소'에는 다음과 같은 용례가 보인다.

"오냐, 어떠한 고난이 닥쳐오더라도 뚫고 나아가자! 맨주먹으로 헤치고 나가자. 그 길밖에 없다. 인제부터 힘을 시험할 때가 온 것이다. 아산이 깨어지나 평택이 무너지나 단판씨름을 할 때가 닥쳐 온 것이다!"

'아산이 깨어지나, 평택이 무너지나?'와 같은 뜻을 나타내는 속담에는 또 '백두산이 무너지나, 동해수 메어지나?'라는 것이 있다. 백두산이 무너지든지, 동해수가 메어지든지 끝 갈 데까지 가 보자는 것이다. 그 결의가 대단한 다짐이라 하겠다. 이의 용례도 소설에 보인다. 김동인(金東仁)의 '운현궁(雲峴宮)의 봄'에서다.

> 입맛이 쓴 듯이 몇 번 혀를 찰 뿐이었다. 그런 뒤 남에게는 들리지 않을 작은 소리로, '백두산이 무너지나, 동해수가 메어지나' 중얼거렸다.

'백두산이 무너지나, 동해수 메어지나'라는 속담은 우리나라의 대표적인 산수(山水)를 들어 결연한 의지를 나타낸 것이다. 그러나 이는 실현 불가능한 사실을 들어 강조한 것으로 특수한 수사법을 쓴 것이다. 이러한 수사의 예는 속담으로 많이 굳어져 있다. 예를 들면 춘향전에 보이는 다음과 같은 것이다. '동양문고본'의 예를 보면 다음과 같다.

> "도련님 이제 가면 언제 오려 하오? 태산중악(泰山衆嶽) 만장봉 (萬丈峰)이 모진 광풍에 쓰러지거든 오려 하오? 십리사장 세 모래 가 정 맞거든 오려 하오? 금강산 상상봉에 물 밀어 배 띄어 평지

되거든 오려 하오? 기암절벽 천층석(千層石)이 눈비 맞아 썩어지
거든 오려 하오? 용마(龍馬) 갈기 두 사이에 뿔 나거든 오려 하
오? 층암절벽 진주 심어 싹 나거든 오려 하오? 병풍에 그린 황계
(黃鷄) 두 나래를 둥덩 치며 사경(四更) 일점에 날 새라고 꼬끼오
울거든 오려 하오?"

'아산이 깨어지나, 평택이 무너지나?'는 역사적 사실을 바탕으
로 이루어진 속담이다. 그러나 이는 오늘날 다짐의 말로 일반화
하여 쓰인다. '백두산이 무너지나, 동해수 메어지나?'도 마찬가지
다. 이들은 결연한 다짐을 하는 것이다. 세상살이를 이런 결연한
자세로 산다면 내일의 행복은 보장되고도 남을 것이다.

(女性中央, 1983년 4월호)

## 어미한테 한 말은 나고, 소한테 한 말은 안 난다

우리 속담 가운데는 말에 관한 것이 많이 있다. 이들은 대개 말을 삼가고 조심하라고 경계하고 있다.

'어미한테 한 말은 나고, 소한테 한 말은 안 난다.'는 속담도 이러한 신언(愼言)에 관한 속담이다. 이는 비밀이란 지켜지기 어려운 것이니, 아무리 친근한 사이라도 말을 삼가도록 하라는 것이다. 이러한 속담으로는 앞에 든 속담 외에 '소 앞에서 한 말은 안 나도, 어미 귀에 한 말은 난다.'와 '소더러 한 말은 안 나도, 처더러 한 말은 난다.'와 같은 것이 있다.

'비밀(秘密)'이란 경우에 따라서는 지켜져야 한다. 그것이 백일하에 드러나게 되면 그 감미로움을 잃게 되거나, 화근을 몰고 오게 된다. '부처님 밑을 들면 삼 꺼풀이 나온다.'고 하듯, 속을 드러내는 것이 반드시 좋은 것은 아니다. 따라서 비밀을 지키기 위해서는 '어미', '처'와 같이 가까운 사람에게까지 말을 삼가게 한다.

더구나 '낮말은 새가 듣고, 밤말은 쥐가 듣는다.'고 함에랴……

그런데 이들 속담에서 말을 삼가야 할 대상으로 '어미'와 '처'가 들려지고 있다는 것은 좀 음미해 보아야 할 것 같다. 이들은 물론 앞에서 말한 바와 같이 가까운 사람, 친근한 사람의 대표자로서 들려진 것이다. 그러나 그것이 전부는 아닌 것 같다. '어미'나 '처'는 남의 가문(家門)에 들어온 여인으로, 흔히 사회적으로 외인(外人)이란 관념을 지닌다. 우리 속담은 이러한 생각도 반영되어 있는 것으로 보인다. 그것은 다음과 같은 설화가 구체적으로 증명해 준다.

한 고을에 용한 풍수가 죽게 되었다. 그래서 자손들이 "무엇 유언할 마씀은 없으십니까?"하고 여쭈었다. 그랬더니 풍수는 "외인이 있어 말을 못 하겠다."고 했다. 자식들이 여기는 자식들과 어머니밖에 없다고 했다. 그래도 아버지는 "외인이 있어."라 하였다. "어머니 말씀입니까?" 하고 물었더니 "그렇다"고 하였다. 그래서 어머니는 오랫동안 부부의 정을 나누고 살았는데, 외인이라 하여 쫓겨나니 서운해서, 밖에 나가 방안의 말을 엿들었다.

"우리가 먹는 우물에 내 목을, 잘라 넣고, 모르는 체해라."

자식들은 아버지의 유언대로 하였다. 동네 사람들은 아무것도 모르고 그 물을 마시고 살았다.

세월이 흘러 3년 탈상이 불과 몇 달 남지 않게 되었다. 이때 무슨 일로 모자간(母子間)에 대판 싸움이 벌어졌다. 그래 어머니는 뒷산에 올라가 크게 소리쳤다.

"저놈이 제 애비 목을 잘라 우물에 넣었다."

동네 사람들이 우르르 몰려나왔다. 우물의 물을 퍼내고 보니 우물 안에 그 아버지가 말이 되어 승천(昇天)하려고 앞발과 뒷발 하나를 하늘로 올리고, 뒷발 하나도 마저 올리려고 하는 순간이었다. 우물을 치듯 우물물이 없어지자 말은 스르르 사그라졌다.

'어미'나 '처'는 출가외인(出嫁外人)으로 마땅히 시집 사람이 되어야 하나, 시집에서는 또 남의 집에서 온 사람이라 하여 '외인'으로 취급하여 비밀을 나누어 가질 대상에서 제외한 것이다. 이것이 마침내 결정적인 순간에 터져 파탄을 빚었다.

설화에는 이와 달리 '출가외인', '딸은 헛것'이라 하듯, 딸도 외인으로 다루어지고 있다. 이런 설화에서는 딸이 상을 당해 친정에 가서 산소 자리가 명당(明堂)이란 말을 듣고, 꾀를 내어 그곳에 친정 아닌, 시집의 산소를 모시는 설화도 있다.

이들 설화에서 여인은 날짐승에도 길짐승에도 끼지 못하는 박쥐처럼 친가에도 시가에도 속하지 못한 '외인'으로 형상화되었다. 따라서 이들은 그 어디에도 비밀을 공유(共有)하는 대상이 될 수 없었다.

'어미·아내·딸'은 누구보다 친근한 사람들이다. 그럼에도 이들은 비밀을 지키기 어려운 대표적 존재로 제시되었다. 사실 가

정법원에서 이혼재판을 하고 나면 자식을 낳고, 살을 맞대고 산 부부가 언제 보았더냐는 듯 말 한마디 없이 갈라서는 경우가 대부분이라 한다. 가족관계가 이러하거늘 일반 대인관계야 일러 무엇하랴? 어제의 친구가 오늘의 원수로 바뀌는 것이 작금의 현실이다. 꽹과리처럼 속을 다 빼어놓고 떠벌이는 것만이 좋은 것은 아니다. 실오라기 하나 걸치지 않은 나상(裸像)보다 베일에 가려진 모습이 더욱 신비롭고 매력 있는 법이다.

(女性中央, 1983년 4월호)

# 억지 춘향이

춘향전에는 많은 속담이 쓰이고 있다. 그뿐 아니라, 춘향전에서 연유하는 속담도 더러 보인다. 그 대표적인 것이 '억지 춘향이'와 '춘향이 집 가는 길 같다.'는 것이다.

'억지 춘향이'란 속담은 '사리에 맞지 않는 일을 억지로 하는 것'을 뜻한다. 이런 예를 우리는 이무영(李無影)의 '흙의 노예'에서 볼 수 있다.

그들의 농사란 생나무 휘어잡기다. 억지 춘향으로 끌어내고, 꾸어내고, 휘어잡고, 마치 아닌 밤중에 물난리가 치는 듯이 모내기를 끝내 놓으면, 또 딴 쪽 일고가 터진다. 채소밭도 손질해야 하고, 기장이나 수수밭도 매 주어야 하고, 논에 물도 끌어야 한다.

'억지 춘향이'가 이러한 뜻의 속담이 된 것은 도령이 춘향이를 광한루로 부를 때 그녀가 자진해서가 아니라, 신분의 차이 때문에 할 수 없이 오게 된 데 말미암은 것이라 하겠다. 따라서 이것은 춘향이가 '열녀춘향수절가'에서 기생이 아니라, 성 참판의 서녀(庶女)가 된 것처럼 신분 상승이 이루어지기 전에 형성된 속담이라 하겠다.

경판본(京板本) 춘향전에서 도령이 '얼싸 좋을시고 제 본이 창녀면 한 번 구경 못 할쏘냐? 방자야, 네 가 불러오라.'라고 한 것은 이런 예다. 이때 방자는 '…녹음 중 추천하는 네 거동 사래여 보고 성화같이 불러오라 분부 지엄하니 아니 가던 못하리라.'라고 으름장을 놓는다. 그리고 또 네 만일 가면 우리 도련님이 신 궁둥이라, 네가 향기로운 말로 초친 무럼을 만든 후에 '네 항라 속곳 가래를 슬쩍궁 빼다가 돌돌 말아 제 왼편 볼기짝에 붙였으면 남원(南原) 것이 다 네 것이 될 것이니 그 아니 좋을쏘냐?'라고 기녀(妓女)로서 달래기도 한다. 그리하여 춘향은 '하릴없이' 광한루에 당도하게 된다. 이러한 상황은 다른 판본에도 보인다. 고대본(高大本) 춘향전에서는 협박의 정도가 더하여 그의 어머니까지 잡아들여 '자식 교훈 못한 죄로, 두 다리 새에 널다리 놓게 되면 잔뼈는 부서지고, 굵은 뼈 살살 추려 질머질라. 바삐 건너가자.'고 한다. 그러니 안 가고 배길 수 있는가? 그리하여 여기서도 '춘향(春香)이 하릴없이' 현신하게 된다. 이는 흔히 이르듯 춘향이 계급적 대립이나, 반항을 한 것이 아니라, 굴종을 한 것이다. 이러한 상황은 '열녀춘향수절가'에서 처음 부름을 거절하고, 다시 기생이 아니라, 글 잘하는 여염 처자로 부른다 하니, 어미의 허락을 받고 광한루로 나서는 것과 대조를 이룬다.

'춘향이 집 가는 길 같다'는 속담은 급한 마음에 허둥댄다거나, 길이 달아 반들거린다는 것과 같은 뜻의 말이 아니다. 이는 엉뚱하게도 집 찾아가기가 복잡하고 어려움을 뜻한다. 이는 춘향이네 집 찾기가 정말 어려워 이런 속담이 생긴 것이 아니다. 광한루에서 도령이 '네 집이 어데냐'고 묻자, 춘향이 뒤숭숭하게 집을 가리킨 데서 생겨난 속담이다. 동양문고본(東洋文庫本) '춘향전'에서 이 장면을 보면 다음과 같다.

> 저 건너 석교상(石橋上)의 한 골목, 두 골목 조방청(助坊廳) 앞으로, 홍전문(紅箭門) 드리다라 대로(大路) 천변(川邊) 나가서 향교를 바라보고 동단(東壇) 길로 도라들며, 모퉁이 집, 다음 집, 옆댕이 집, 구석집, 건너편 군청(郡廳)골, 서편골 남편 쪽 둘째 집, 저 배추밭 앞으로서 갈려 간 김 이방(吏房)네 집 바라보고, 최 급창(及唱)이 누이 집 사이골 들어서, 사거리 지나서 북쪽골 막다른 집이오

이는 도령에게 찾으라고 이른 것이 아니다. 공연한 말장난으로 수다를 떤 것이다. 그러기에 도령이 '하 뒤숭숭하니 나는 새로이 너도 찾아가기 어려워 집 잃기 쉽겠다'고 하는가 하면, 이에 춘

향은 자기도 가끔 물어 집을 찾는다고 한다. 그리고 다시 춘향은 알기 쉽게 집을 가리킨다.

저 건너 반송죽림 깊은 곳에 문전에 양류 서서 오륙 주 벌어 있고, 대문 안에 오동 심어 잎 피어 난만하고, 담 뒤에 도화 피고, 앞뜰에 석가산 뒤뜰에 연못 파고, 전나무 그늘 속에 은은히 뵈는 그 집이오니 한 번 다녀가옵소서.

이렇게 춘향의 첫 번째 집 가리키기는 희롱의 수작이었다.

우리의 삶은 때로는 역경에 처하기도 할 것이다. 그러나 '억지 춘향이'와 같이 타율적(他律的)이거나, '춘향이 집 가는 길'같이 어지럽고 뒤숭숭해서는 곤란하다. 따라서 이러한 역경에 빠지지 않기 위해서는 언제나 유비무환(有備無患)의 대책을 강구해 두어야 하겠다.

(女性中央, 1982년 6월호)

## 언제는 외조할미 콩죽으로 살았나?

우리 속담에 '언제 외조할미 콩죽으로 살았나?'라는 것이 있다. 남에게 의지하지 아니하고 스스로 살아가는 것을 나타내는 속담이다. 저자와 연대를 알 수 없는 한 속담집 '동언해(東言解)'는 이 속담을 다음과 같이 소개하고 있다.

옛날 어찌 외조모의 콩죽을 먹고 살았나?
(남의 은혜에 의지하지 아니하고 내 것으로 내가 사는 것을 뜻한다.)

따라서 '언제 외조할미 콩죽으로 살았나?'라는 속담은 다른 사람의 은덕으로 살아온 것이 아니다, 또한 이제 새삼스럽게 호의를 바라지도 않는다고 거절할 때 쓰는 말이다. 자립정신(自立精神)이 강한 생활태도다. '외갓집 콩죽에 잔뼈가 굵었겠나?'도 같은 뜻을 나타내는 속담이다.

흥부전에는 '언제 외조할미 콩죽으로 살았나?'라는 뜻의 속담이 쓰이고 있다. 삯을 후히 받기로 하고 놀부네 박을 켜면서 톱을 먹일 때 곱사등이는 째보가 발음을 제대로 하지 못하는 것을 나무라며 뺨을 때린다. 이때의 장면을 '흥부전'은 이렇게 그리고 있다.

언청이 화를 내어, 네가 내 뺨에 개방하였느냐? 여차하면 뺨을 치게. 언제라 외조할미 콩죽 먹고 살았으랴? 이놈, 네 꼬부라진 허리를 펴 놓으리라.

여기 '언제라 외조할미 콩죽 먹고 살았으랴?'라고 하는 째보의 말은 곱사등이에게 신세진 것이 없고, 앞으로도 그의 호의를 바라지 않는다는 뜻으로 한 말이다. 그리하여 그는 곱사등이의 굽은 허리를 펴 놓겠다고 발끈 화를 내며 으름장을 놓은 것이다.

이 속담처럼 남의 은덕, 그것도 외가의 은덕을 입고 살고 싶지 않다는 설화가 더러 있다. 그 가운데 대표적인 예의 하나가 우암 송시열(宋時烈)의 어렸을 때의 설화다.

송 씨 댁에 곽 씨 며느리가 들어왔다. 하루는 며느리가 압록강 물이 쭉 내려오는 꿈을 꾸었다. 시아버지는 큰 자손을 낳을 꿈이라 하였다. 과연 태기가 있어 옥동자를 낳았다. 세 살이 되던 해부터 글방엘 다녔다. 그러나 워낙 가난해 발가벗고 다녔고, 굶기를 예사로 하였다. 외갓집은 강 건너 부잣집이었다. 어느 날 외가에서 회식이 있어 동지섣달인데도 우암은 발가벗고 외가엘 갔다. 외할아버지와 손님이 사랑에서 이야기하는데 외가에 들어섰다. 손님이 '저 애는 누구요?' 하고 물었다. 그랬더니 외할아버지가 '얻어먹는 아이요'라 했다. 이 말을 들은 다섯 살배기 우암은 대문을 박차고 나왔다. 밖에는 눈보라가 치는데 어린 것이 그냥 돌아가는 것이 안 되어서 외할아버지가 '저놈이 내가 얻어먹는 놈이라 했다고 그냥 갔으니 네 가서 불러오너라.' 하고 외삼촌에게 불러오라 하였다. 그러나 우암은 그냥 강을 건너는데, 하늘에서 '송대감 가신다. 물 멈추어라.' 하는 소리가 들리더니 물이 멈추었다. 우암이 건너고 난 뒤에 물은 다시 흐르기 시작했다. 우암이 이런 일이 있은 뒤 곽 씨네 집에 앙심을 품고, 곽 씨네 산소를 둘러보았다. 앞에 못이 있었다. 이 못 때문에 부자가 된 것이었다. 그래서 못 옆에 써 붙이기를 '이 못에 돌을 던지지 않으면 가지 못한다.'라 했다. 그랬더니 모두들 돌을 던져 못은 메워지고, 이때부터 곽 씨네는 가세가 기울고 못살게 되었다.

이는 충북 옥천군 청산 지방에서 채집된 구전설화(口傳說話)로 그 사실 여부는 알 수 없으나, 우암이 천대를 받으며 외가의 덕을 입고자 하지 않았음을 알려 주는 이야기다.

'언제 외조할미 콩죽 먹고 살았느냐?'는 독립, 자존(自尊)을 강조하는 것으로, 우리가 취할 삶의 자세를 일깨워 주는 좋은 속담이다. 남의 콩죽을 얻어먹고, 기가 죽어서 살 것이 아니라 자부심을 가지고 살아야 하겠기 때문이다. 다섯 살배기 우암은 이런 면에서 이미 현철(賢哲)임에 틀림없다.

오늘날 우리는 방자한 일본의 교과서 왜곡사건을 목도하고 있다. 개인이나 나라나 스스로를 가다듬어 '언제 외조할미 콩죽 먹고 살았느냐?'고 큰소리치며 살 수 있는 날이 하루 속히 다가오도록 해야 하겠다.

(女性中央, 1982년 10월호)

# 얼레빗 참빗 품에 품고 가도 제복 있으면 잘 산다

봄이다. 봄은 부활과 소생의 계절이다. 또한 사랑의 계절이기도
하다. 그러기에 '고본춘향전' 계통의 한 활판본 '춘향전'에는 봄을
이렇게 묘사하고 있다.

시절을 돌아보니 때마침 춘삼월이라. 초목군생들이 모도 다 즐
거워라. 떡갈나무에 속잎 나고 노고지리 높이 떴다. 건너 산에 아
지랑이 끼고, 잔디 잔디 속잎 나고, 달마지는 짱짱 울고 삼년 묵
은 말가죽이 외용지용 소리하고 선동아(先童兒) 군복하고 거동참
여하려 가고 청개구리 신상투하고 동리 어른 찾아보고 고양이 성
적(成赤)하고 시집을 가려하고 너구리 넛손자 보고, 두꺼비 외증
손 보고 사람의 마음이 흥글항글할 제 이 도령 마음이 싱숭생숭
하여 춘흥을 못 이길 제 불승탄식이라.

요사이 우리나라에서는 혼가(婚家)의 혼수가 꽤 문제가 되고 있

269

다. 호화 혼수(婚需)가 문제되는가 하면, 혼수에 대한 양가의 생각이 엇갈려 결혼을 파탄으로 몰고 가는 경우도 적지 않은 모양이다. 그리하여 신문에서는 간소한 결혼식을 올리자는 캠페인까지 벌이고 있다. 혼수는 옛날부터 꽤나 부담이 되었던 것 같다. 그러기에 "딸이 셋이면 문 열어 놓고 잔다."거나, "딸 삼형제 시집보내면 고무도둑(좀도둑)도 안 든다.", "딸 셋을 여의면 기둥뿌리가 팬다."는 속담까지 있을 정도다.

그러나 예장(禮裝)이 신혼 가정의 행·불행을 결정하는 것은 아니다. 우리 속담에는 오히려 "이고지고 가도 제 복 없으면 못 산다."거나, "삼현 육각(三絃六角) 잡히고 시집 간 사람 잘 산 데 없다."고 오히려 호화로운 혼사(婚事)를 하고 불행하게 사는 경우가 많음을 경계하고 있다. 그리고 "얼레빗 참빗 품에 품고 가도 제 복 있으면 잘 산다."고 변변치 않은 혼수를 해 가지고 출가를 해도 잘 살려면 얼마든지 잘 살 수 있다고 본다. 이는 조금은 운명론적 발상이다. 다음 충북 단양(丹陽) 지방에서 채집된 야담은 이런 내용의 이야기다.

한 대감이 딸 여럿을 두었는데, 딸들에게 '너는 누구 복에 먹느냐?'고 물었다. 딸들은 모두 '아버지 복'에 먹는다고 했다. 그런데 막내딸만은 "내 복에 내 먹지, 누구 복에 먹어요?"라고 대답한다. 아버지는 괘씸하게 생각하여 하루는 삼각산(三角山)에서 왔다

는 숯장수를 불러서 딸을 줄 테니 데려가라 하였다. 막내딸은 숯
장수를 따라가 그날부터 가난한 집에서 숯장수를 남편이라 부르
고, 그의 노모(老母)를 시어머니라 부르며, 지붕에 별이 들쑥날쑥
하는 집에 살았다. 하루는 남편의 점심을 싸 가지고 숯을 굽는
산판에 가 보니 숯 굽는 아궁이의 이맛돌이 몽땅 금덩이였다. 재
상의 딸인 그녀는 전에 금은보화를 본 일이 있어 그것을 보자 그
것이 금임을 바로 알 수 있었다. 그녀는 그것을 빼라고 하였다.
사내는 이것을 빼면 집이 망한다고 안 된다 했다. 그래도 그것을
빼라고 하여 한 귀퉁이를 깨어 장안에 가서 제값대로 팔아 오라
하였다.

장안에 들어가 이를 벌려 놓고 앉아 있었더니 석양에 한 사람
이 와 그것 팔 것이냐고 물었다. 그렇다고 하니 '천 냥에 팔게'
하였다. 사내는 숯으로 엽전 서푼, 너 푼 벌던 사람이라 "왜 그런
말씀을 농담이라도 하십니까? 제 값대로 주시오" 하였다. 그랬더
니 그 사람은 많은 돈을 내고 금을 가져갔다. 그래 숯장수네는
궁궐(宮闕) 못지않은 큰 집을 지었다. 그리고 특별히 그녀는 대문
을 "내 복에 먹지"라는 소리가 나도록 만들었다.

그때 여인의 친정에서는 십 년이 넘도록 딸의 소식을 알 수 없
어 방(榜)을 붙여 찾게 되었다. 딸의 소식을 들은 대감은 곧바로
딸네 집을 찾았다. 딸네 집은 으리으리하였다. 그런데 방에서 들
자니 "내 복에 먹지, 내 복에 먹지"라는 소리가 밖에서 자꾸 들렸
다. 딸에게 그 연유를 물으니 아버지가 괘씸해서 대문을 그렇게
만들었다고 했다. 그때 마침 숯장사를 하던 사내가 들어오는데 보

니 옷도 잘 입고, 잘 먹어 사위 중에 제일 나아 보였다. 그래 딸이 "내 복에 먹지" 하던 말이 들어맞았음을 알았다. 사위의 아들들은 복을 많이 받고 태어나 후에 과거에 급제하고 잘 살았다.

이는 "얼레빗 참빗" 하나 제대로 품에 품지 못하고 쫓겨났으나, 시집 잘 가 잘 산 경우이다. 운명론자는 아니지만 인생에서 천부적(天賦的) 운명을 분명히 부정할 수만은 없는 것 같다. 인생은 너무도 우연이 많이 작용한다. 우리 주변을 보면 인생사에는 논리와 인과(因果)와는 너무도 다른 현상이 많이 벌어진다.

## 업어 온 중

우리 속담에는 중이 많이 등장한다. 그러나 이들은 별로 달가운 대접을 받고 있지 못하다. '사돈 잔치에 중이 참여한다.'와 같이 제3자에 비유되는 것은 그래도 나은 편이고, 그렇지 않으면 '중 쳐 죽이고 살인한다.'고 상인(常人)으로조차 인정하지 않았다. '업어 온 중'이란 속담의 경우도 중이 인간 대접을 받지 못하는 경우라 하겠다.

'업어온 중'이란 다시 업어다 줄 수도 없고, 그렇다고 그냥 놓아 둘 수도 없는 것이니, '진퇴양난의 일'이나, '싫으나 괄시하기 어려운 사람'을 가리키는 데 쓰는 말이다. 성여학(成汝學)의 '속어면순(續禦眠楯)'에 의하면 이는 다음과 같은 상스럽지 못한 음담패설에서 비롯된 것으로 되어 있다.

마을의 한 처녀가 이웃의 사내와 사통(私通)을 하고 있었다. 그녀는 짚단을 외진 곳에 쌓아 두고 그 사내로 하여금 그곳에 숨어 있게 하였다. 그리고 밤마다 집에 업고 와서 사통하였다. 한 중이 이를 알고, 어느 날 밤에 먼저 짚단 무더기 속에 들어가 홀로 앉아 있었더니 그녀가 와서 업어다가 방에 놓았다. 그리고 불을 밝혀 보니 중이었다. 그녀는 크게 놀라 소리쳤다.

"에그머니, 중이네."

중은 큰소리로, "중은 사내가 아닌가?" 하였다.

그녀는 남이 들을까 저어하여 낮은 소리로 말하였다.

"스님, 빨리 나가시오"

중은 말하였다.

"업혀 온 중이 어찌 가랴?(負來僧何往耶)"

그리고 나가지 않았다. 그녀는 부득이 그 중과 교접하였다. 소위 '업어온 중이 어찌 가랴?(負來僧何往耶)' 하는 것은 이에서 비롯되었다.


이는 '부승언왕(負僧焉往)', 곧 '업혀 온 중이 어찌 가랴?'란 글의 전문이다. '업혀 온 중'이니 내 스스로 나갈 수 없다고, 고자세로 뻗대는 것이다.

'업어 온 중'이란 '업혀 온 중'을 시각을 달리해 표현한 것이다. '업어 온 중'은 여자의 입장에서, '업혀 온 중'이란 중의 시각에서 한 말이다. 따라서 '업어 온 중'이란 속담은 외형과는 달리 상스럽지 못한 배경 설화를 지닌 속담이라 하겠다.

'동언해(東言解)'에는 '부래승언왕(負來僧焉往)'이란 속담풀이를 '자아치지(自我致之) 종언아루(終焉我累)'라 하고 있다. '내가 한 것이 마침내 내게 누가 됨'이란 뜻이다. 따라서 '업어 온 중'이란 본래 '자작지얼(自作之孽)', 곧 제 스스로 만든 재앙이란 말이다. 이는 '진퇴양난의 일'이다. '싫은 데도 괄시하기 어려운 사람'에 비유되는 것은 그 의미가 확대된 것이다.

세상을 살다 보면 '동언해'의 풀이와 같은 '업어 온 중'을 많이 접하게 된다. 이해를 따져 약삭빠르게 어떤 사람을 사귄 것이 오히려 해를 보게 됐다든가, 이권을 노려 산 물건이 도리어 손해를 끼치게 되었다는 것이 그것이다. 한동안 복부인의 이야기가 장안을 떠들썩하게 하였거니와 막차를 탄 복부인의 아파트는 바로 이 '업어 온 중'이라 하겠다.

'업어 온 중'이 자기가 한 것이 마침내 자기에게 누가 된다는 뜻에서는 이 속담은 '자업자득(自業自得)'과 비슷한 뜻의 말이다. 자업자득은 자기가 저지른 일의 과보를 자기 자신이 받는 것을 의미하기 때문이다. '자업자박(自業自縛)'도 같은 뜻의 말이다. 이들은 불교의 인과응보와 밀접한 관련이 있는 말이다.

'불 안 땐 굴뚝에 연기 날까?'는 인과응보를 단적으로 나타내는 말이다. '콩 심은 데 콩 나고, 팥 심은 데 팥 난다.'도 인과의 법칙을 밝힌 속담이다. 이런 속담으로는 '가시나무에 가시 난다.', '콩에서 콩 나고, 팥에서 팥 난다.', '왕대밭에 왕대 난다.', '외 심은 데 콩 나랴?' 같은 것들이 있다.

'업어 온 중'은 자기가 뿌린 씨앗이다. 그 씨앗은 자기가 거둘 수밖에 없다. 더구나 그 중이 '어찌 가랴?'라고 호통까지 친다. 세상을 원만히 살아가노라면 좋은 씨를 골라 심어 '업혀 온 중'에 협박 받는 일이 없도록 해야 할 것이다.

(女性中央, 1985년 11월호)

# 여자 범띠는 팔자가 세다

해가 바뀌어 병인년(丙寅年) 호랑이해가 돌아왔다. 호랑이는 흔히 산중군자(山中君子)라 일러진다. 그러기에 박지원(朴趾源)의 '호질(虎叱)'에도 다음과 같이 그려져 있다.

범은 착하고 성스럽고, 문채롭고 싸움 잘하고, 인자하고 효성스럽고, 슬기롭고 어질고, 엉큼스럽고도 날래고, 세차고 사납기가 그야말로 천하에 대적할 자 없다.

호랑이, 또는 범에 대한 우리의 속담은 참으로 많아 100여 개나 된다. 이는 일본 속담에 40개, 영국 속담이 한두 개에 그치는 것과는 대조되는 현상이다. 이는 아마도 지리적으로 일본이나 영국과는 달리 우리나라가 본래 호랑이의 분포지역이기 때문에 속담에 많이 반영된 것이 아닌가 한다. 이러한 사실은 우리 속담에는 사자(獅子)를 소재로 한 속담이 한두 개뿐인데, 영국 속담에는 60여 개나 된다는 것이 그 반증이 된다 하겠다.

우리 속담에 반영된 호랑이는 첫째 산중군자라는 것이다. '범 없는 골에는 토끼가 스승이라.'가 그것이다. '범에게 날개', '범 같은 장수', '범탄 장수 같다.'와 같은 속담도 이런 산군(山君)의 위세를 나태는 속담이다.

둘째는 무서움의 대상이라는 것이다. '하룻강아지 범 무서운 줄 모른다.', '범 무서워 산에 못 가랴?', '바닷가 개는 호랑이 무서운 줄 모른다.', '오뉴월 손님은 호랑이보다 무섭다.'와 같은 것이 그 예다.

셋째, 육식동물이란 것이다. '호랑이더러 날고기 봐 달란다.', '호랑이에게 개 꾸어 준 셈', '호랑이에게 고기 달란다.', '범 아가리에 날고기 넣은 셈'과 같은 것이 그 예다. 이들은 모두 호랑이가 육식동물이니, 그 호랑이에게 고기를 맡기는 것은 사리에 어긋난다는 것을 나타내고자 한 것이다.

넷째, 호랑이가 맹수이기는 하나, 자식을 사랑하는 자애로운 동물이란 것이다. '자식 둔 골에는 호랑이도 두남을 둔다.', '호랑이도 자식 난 골에는 두남을 둔다.', '호랑이 제 새끼 안 잡아 먹는다.', '범도 새끼 둔 골을 두남둔다.', '자식 둔 골은 범도 돌아본다.'와 같은 것이 그 예다.

이 밖의 많은 속담들은 '호랑이', 또는 '범'이 비유적으로 쓰인 것이다. '호랑이 굴에 가야 호랑이 새끼를 잡는다.', '호랑이에게 물려 가도 정신만 차려라.', '범에게 물려 가도 정신을 차려라.', '범에게 열두 번 물려가도 정신을 놓지 말라.', '산에 가야 범을 잡지'와 같은 것이 그것이다.

이러한 경향은 일본의 속담에도 대체로 나타나고 있다. '범의 새끼는 땅에 떨어지면 소를 삼킬 기개가 있다.', '범의 입보다 사람의 입이 두렵다.', '범은 자식을 생각하여 천리를 돌아온다.', '범도 제 자식은 먹지 않는다.'와 같은 것이 범의 속성을 드러내는 속담이다.

그런데 일본 속담에는 범이 육식동물이란 것을 나타내는 속담은 보이지 않는다. 그 대신 범이 빠르다는 것을 나타내는 속담을 보여 준다. '범은 하루에 천리를 간다.', '범은 천리를 가서 천리를 돌아온다.'라는 속담이 그것이다. 그리고 '범은 주려도 죽은 고기는 먹지 않는다.'는 속담도 보여 준다. 이는 산군으로서의 기상을 보여 주는 것이다. 이 속담은 의(義)를 지키는 사람은 기갈(飢渴)에 불의의 재물이나, 녹을 받지 않음을 의미한다. 이는 우리 속담과는 대조되는 것이다.

우리 속담에는 급하고 아쉬울 때는 호랑이도 좋고 나쁜 것을 가리지 않는다는 속담이 많다. '배고픈 호랑이가 원님을 알아보나?', '새벽 호랑이는 중이나 개를 헤아리지 않는다.', '새벽 호랑이 쥐나 개나 모기나 하루살이나 하는 판', '호랑이가 굶으면 환관(宦官)

도 먹는다.', '사흘 굶은 범이 원님을 안다더냐?' 같은 것이 그것이다. 이는 우리 사회가 기갈(飢渴)에 허덕였음을 반증하는 것이라 하겠다.

영국 속담엔 '범을 탄 사람은 내리는 것이 걱정이다(He who rides a tiger is afraid to dismount).'라는 것이 있다. 이는 호랑이 등에서 내리면 호랑이에게 당하니까 그것을 두려워하는 것으로, 겁쟁이가 의지할 데 없음을 빗대어 나나내는 말이다.

해[年]와 관계되는 속담으로는 우리 속담에 '여자 범띠는 팔자가 세다.'가 있고, 일본 속담에 '범의 해에는 홍수'라는 것이 있다. 우리의 속담은 속설에 따른 것이라 하나, 범의 억센 성격과 여자를 동일시한 때문일 것으로 추정된다. 일본의 경우는 통계적인 면이 작용한 것이겠으나 '운종룡(雲從龍) 풍종호(風從虎)'란 말도 있어 비와 연결시켰을 것으로 보인다.

병인년 새해에는 모든 분들의 인생이 산군(山君)과 같이 거리낄 것이 없는 한 해가 되길 빌어 마지않는다.

(女性中央, 1986년 1월호)

# 열 놈이 백말을 해도 들을이 짐작

이 해(1982년)도 저물어 간다. 돌이켜 보면 이 해도 참으로 다사
다난한 한 해였다. 그리고 말도 많은 한해이기도 했다. 원래 '말
은 할수록 늘고, 되질은 할수록 준다.'는 속담도 있고 보면, 그
숱한 사건 위에 이런 저런 후문(後聞)이 없으란 법이 없을 것이다.

그러나 그 후문에 사실과 거리가 먼 유언비어는 없었는지, 그
리고 그것 때문에 눈물 흘리는 사람은 없는지……?

언어는 마력(魔力)을 지닌다. 더구나 중구난방(衆口難防)이라고, 여
러 사람이 입을 모아 몰아붙이게 되면 변명조차 할 수 없게 되는
법이다. 우리 속언에 '여러 사람이 한 사람 병신 만들기는 쉽다.'
고 하는 것은 바로 이런 구체적인 예다.

옛날부터 뭇사람이 찧고 까불어 한 사람을 역경에 빠뜨리는 일
은 많았던 것 같다. 그러기에 시가(詩歌)에는 참소하는 말을 믿지
말고, 진실을 믿어달라는 안타까운 노래가 있다. 그중 대표적인

것이 고려 의종(毅宗)때 정서(鄭敍)가 지은 '정과정곡(鄭瓜亭曲)이라는 노래다. 이 노래는 다시 부르마 하신 임금의 말씀을 믿고 고향에 내려가 있던 작자가 몇 해가 지나도 부르시지 않으매 님을 그려 읊은 것이다.

> 잘못도 허물도 천번만번 없습니다.
> 참소의 말입니다.
> 슬프옵니다, 아아.
> 님이 저를 하마 잊으셨습니까?
> 아스세요, 님이시여. 이 사정을 들으시고
> 사랑해주시어요
>
> (현대역, 필자)

이렇게 결백을 호소하며 임금을 그리는 작자 정서의 충절은 비통한 느낌마저 든다.

고려 충렬왕(忠烈王)때의 '사룡곡(蛇龍曲)'도 뭇사람의 말(衆言)을 믿지 말고, 진실을 믿어달라는 애원(哀願)의 노래이다. 이 노래의 원 가사는 전하지 않고 한역(漢譯)된 가사만이 '고려사(高麗史)' 악지(樂志)에 전하는데 이를 우리말로 번역하면 다음과 같다.

> 뱀 한 마리 있어 용의 꼬릴 물고, 태산 멧부리를 지나간다는 말을 들으셨습니까? 만 사람이 각각 한 마디씩 하여도 사룡(蛇龍)

두 마음을 친히 짐작하소서.

이러한 주제의 노래는 상당히 많다. 조선조 선조(宣祖)때 송강 정철(鄭澈)의 시조도 같은 것이다. 여기에는 속담과 대동소이한 표현까지 보인다.

심의산(深誼山) 세네 바회 감돌아 휘돌아
오뉴월 낫계즉만 살얼음지핀 우희 즌서리 섯거티고 자최눈 디엇거늘 보앗는다.
님아 님아, 온 놈이 온 말을 하여도 님이 짐작하쇼셔

'사룡곡'이나 정철의 '심의산' 시조는 사실을 목격하지 않고, 함부로 떠드는 뭇사람의 말을 믿지 말고, 자기의 진정을 믿어달라고 애소(哀訴)한 노래다. 같은 주제의 노래에 다음과 같은 작자 연대 미상의 사설시조들도 있다.

* 개야미(개미) 불개야미(불개미) 잔등 똑 부러진 불개야미
  강릉(江陵) 새옴재 너머드러 갈헴(표범)의 허리를 가로 물어 추혀(추켜)들고 북해(北海)를 뛰어 건너단 말 잇서이다(있습니다).
  임아 임아, 열 놈이 백말을 할지라도 임이 짐작하소서.

* 대천(大川) 바다 한가온데 중침(中針) 세침(細針) 풍덩 빠젓는데

여남은 사공들이 길남은 사아때로 일시(一時)에 소래 치며
귀 꿰어 내단 말이 잇돗던가.
저 임아, 열 놈이 백말을 할지라도 임이 짐작(斟酌)하시소

이렇듯 중언(衆言), 그것도 근거 없는 뭇사람의 말은 엉뚱한 피
해를 입힌다. 그러니 새해에도 근거 없는 뜬소문이 횡행하는 일
이 없기 바란다. 그리고 '열 놈이 백말을 해도 들을이 짐작'이란
속담처럼 헤아려 실상을 바로 판단하도록 해야 한다. 이렇게 되면
이 사회에 미만해 있는 불신 사조도 조금은 사그라들 것이다.

(女性中央, 1982년 12월호)

## 열 소경에 외 막대

　무덥던 여름이 가고 가을이 왔다. 가을은 수확의 계절이다. 농군들은 여름내 땀을 흘려가꾼 곡식들을 거두어들인다. 그리고 이때 아들딸의 인륜대사(人倫大事)를 치르기도 한다.

　혼사(婚事)는 문자 그대로 대사(大事)임에 틀림없다. '딸 셋을 여의면 기둥뿌리가 팬다.'는 속담은 이 혼사가 얼마나 큰일인가를 단적으로 대변해 준다. 그러기에 지난날의 혼사는 흔히 춘궁기(春窮期)를 피하고 풍요한 이 가을을 택했다. 그러나 그 이유는 경제적인 것만이 전부는 아니었을 것이다. 그것은 '일기가 좋아서 대사는 잘 지냈소'란 속담이 이를 잘 말해 준다. 혼인하는 날 날씨가 맑으면 좋고, 궂으면 좋지 않으므로, 혼사를 잘 치렀다는 인사를 이렇게 한 것이다.

　'순산이나 하였으니 다행하지요'는 딸을 낳아 섭섭하나, 산모가 무고하니 다행이란 말이다. 이는 고래의 남아선호(男兒選好) 경향을 드러내 주는 속담이다.

아들딸을 낳았을 때 '농장지희(弄璋之喜)'니, '농와지희(弄瓦之喜)'란 말도 한다. 이는 사서삼경의 하나인 시경(詩經)에 연유하는 말이다.

'농장지희'란 구슬을 희롱하는 기쁨으로, 아들 낳은 기쁨을 이르는 말이다. '농와지희'란 벽돌, 곧 오지실패를 희롱하는 기쁨으로 딸을 낳은 기쁨을 이른다. 시경 소아(小雅) 사간(斯干)편에는 다음과 같이 노래 불린 것을 볼 수 있다.

이에 아들을 낳아(乃生男子)/ 침상에다 뉘어 놓고(載寢之牀)/ 좋은 옷을 입혀 주고(載衣之裳)/ 구슬을 가지고 놀게 하니(載弄之璋)/ 붉은 슬갑 찬연히 입고(朱芾斯皇)/ 집안의 군왕이 되리라(室家君主)/ 이에 딸을 낳아(乃生女子)/ 땅에다 뉘어 놓고(載寢之地)/ 포대기로 싸고(載衣之裼)/ 오지실패 갖고 놀게 하니(載弄之瓦)/ 잘못이나 나쁜 짓 아니하고(無非無儀)/ 오직 술과 밥짓기를 익히니(唯酒食足議)/ 부모 걱정됨이 없네.(無父母詒懼)

요사이는 딸이 더 좋다는 유행어가 돌고 있다. 김포공항에 내리는 사람 가운데 어깨가 축 쳐진 노인은 로스엔젤리스 아들을 찾아갔다오는 사람이요, 가슴을 펴고 당당하게 들어오는 노인은 뉴욕의 딸을 찾아갔다 오는 사람이란 말도 있다.

그러나 이것이 어찌 아들딸만의 문제이랴? 그것은 오히려 사람의 됨됨이가 더 문제일 것 같다. 이에 '딸 삼형제'란 민담 하나를 소개하기로 한다.

딸들이 과년해지자 아버지는 어디로 시집을 가겠느냐고 물었다. 첫째와 둘째는 돈 많은 집으로 가겠다고 했다. 그러나 셋째는 우리가 이렇게 가난한 생활을 하는데 무슨 복에 부잣집에 시집을 가겠느냐고 했다. 셋째는 매사를 야무지게 해내어 어딜 가나 먹고 살 것이라 생각되었다.

소원대로 첫째, 둘째는 부잣집으로 시집을 보내고, 셋째는 일부러 산속 숯 굽는 집으로 출가를 시켰다.

셋째는 친정에 계신 늙으신 아버님이 고생하는 모습이 언제나 눈에 선해 보고 싶었다. 그러나 찢어지게 가난하여 갈 수가 없었다. 첫째, 둘째는 저희 사는 재미에 친정에 가 볼 생각을 하지 않았다. 셋째가 하루는 친정 생각을 골똘히 하고 있는데, 떨어져 있는 조그만 옹달샘에서 빛이 찬란히 비치었다. 가서 보니 물속에는 금덩이들이 가득 쌓여 있었다. 셋째는 허둥대지 아니하고 한 덩이씩 떼어 장에 가 팔았다. 그리고 큰 부자가 되어 친정 부모님을 모셔다 잘 봉양하였다. 그래서 언니들은 샘이 나서 숯 장사에게 시집 못 간 것을 후회하였다.

'병신자식 효도한다.'는 속담도 있다. 똑똑한 사람은 너무 이기적이고, 정이 없다. 좀 어리숙한 사람이 천성이 착하고, 인정이 있다. '딸 삼형제'의 민담에서 셋째 딸이 이런 유형의 사람이다.

그러기에 하늘은 그녀에게 효도의 기회를 준 것이다.

'열 소경에 한 막대', 또는 '열 소경에 외 막대'란 속담도 있다. 소경 열 명에 의지할 막대가 하나라는 말이니, 매우 긴요하게 쓰이는 알뜰하고 소중한 물건을 비유한다. 한자어로는 '십맹일장(十盲一杖)'이라 한다. 춘향 어미에게 춘향이가, 심 봉사에게 청이가 이런 막대라 할 것이다. '딸 삼형제'란 민담(民譚)에서는 셋째 딸이 친정 부모에게 이런 '외막대'였다. 세상을 살아가며 남이 의지하는 막대가 된다는 것은 인생을 사는가 싶게 사는 사람이라 할 것이다.

(女性中央, 1983년 10월호)

# 열없는 색시 달밤에 삿갓 쓴다

．．．．

노출의 계절이다. 거리에는 아직 그리 더운 것도 아니건만 훌떡 벗은 여인들이 활보를 하고 있다. 윗도리는 가슴의 골이 드러나다 못해 허연 젖통까지 드러나고, 등은 온통 다 파버렸다. 치마는 가릴 데를 가리지 못하게 치올라 붙어 보는 이로 하여금 민망하게 한다. 그렇건만 본인들은 오히려 나를 봐 달라는 듯 태연하고, 당당하다. 거리의 풍경이 이렇고 보니 바닷가 풍경은 어떨지 궁금하다.

우리 속담에 "열없는 색시 달밤에 삿갓 쓴다"는 말이 있다. 이는 사람이 소심해서 달밤에 그냥 출타하지 못하고 얼굴을 가리느라 삿갓을 쓴다는 말이다.

속담에 쓰인 "열없다"는 말은 숫기 없고 부끄러워한다는 뜻을 나타낸다. "정든 님이 오셨는데 인사를 못해 // 행주치마 입에 물고 입만 방끗"이란 민요에 보이는 전통적 여인에서 볼 수 있는 속성이다. 노출을 과시하는 것이 아니라 부주의에 의한 노출도 부끄러워 얼굴을 들지 못하는 모습이다.

"열없다"는 "열이 없다(無)"는 말로, "열"은 고유어로, "담(膽)", 곧 "쓸개"를 가리킨다. "재수 없는 포수는 곰을 잡아도 웅담이 없다"는 속담의 "웅담"을 "곰열"이라고 하는 것이 그것이다. 따라서 "열없다"는 말은 "담이 없다", "쓸개가 없다"는 말이며, 이는 나아가 "담력이 없다", "소심하다"를 뜻하는 말이다. 오장육부의 육부 가운데 하나인 열은 "대담(大膽), 담대(膽大), 담기(膽氣), 담력(膽力), 낙담(落膽), 담략(膽略), 담보(膽-)"와 같이 한자문화권에서도 쓰여 우리와 같이 "겁이 없고 용감한 기운"을 나타낼 때 쓰인다. 담에서 나오는 담즙과 용기·기개·담력이 관련이 있는 모양이다.

우리말에는 "열없다"와 같은 뜻을 나타내는 말에 "열적다"라는 말이 하나 더 있다. 이는 문학작품에도 많이 쓰이나 표준어 아닌 방언으로 보는 말이다. 이 말은 열이 "없는" 것이 아니고 "작다(小)"는 말이다. 말 그대로 "담이 작다", 담대(膽大)하지 못하고 담소(膽小)하다는 말이다. 그러니 수줍어하고 부끄러워할 수밖에 없을 것이다. '열적다'의 용례를 시에서 하나 보면 노천명의 '고궁'에 다음과 같은 것이 보인다.

꺼―멓게 기는 흰 낮
「上下人皆下馬」의 碑石은 서있기 열적어하오

"열없다"의 "열"을 북쪽에서는 문화어로 보나 남쪽에서는 방언으로 본다. 그러나 역사적으로 볼 때 이 말은 '담(膽)'을 이르는 고유어일 것으로 보인다. 이는 강원, 황해, 평안, 함남, 경기, 충북, 경북 등 거의 한반도 전역에서 쓰이는 말이다. 담의 속성을 드러내는, 남쪽의 표준어 "쓸개"는 이 말보다 뒤에 새로 생긴 말로 보인다.

우리말에는 "열없는 색시" 속담과는 달리 열이 큰 여인과 관련된 속담도 있다. "넉살 좋은 강화년"이라는 속담이 그것이다. 이는 체면이나 염치도 모르는 문자 그대로 "후안무치(厚顔無恥)"의 사람을 가리키는 말이다. 이 속담에는 배경 설화도 있다.

집에서 무명이나 모시를 짜던 시대가 지나 공장에서 인조견을 짜는 시대가 되었다. 초기에는 이 인조견을 사람들이 직접 가지고 다니며 팔았다. 이때에 생산되는 인조견 가운데는 강화에서 생산되는 것이 좋았는데, 이것을 강화의 여인들이 들고 다니며 팔았다. 이 여인들은 수줍어하거나 부끄러워하지 않고 넉살이 좋아서 잘 팔았다. 이들은 남의 집에 들어가서 물건을 풀어 놓고 너스레를 떨거나, 때로는 끼니도 얻어먹었다. 그래서 강화 인조견 장수를 속되게 일러 "넉살 좋은 강화년"이라 하게 되었다.

요사이는 방문판매를 많이 하는 시대다. 따라서 쉽게 이해되는 상황이다. 그리 탓할 것도 없는 생활전선의 여인상이다. 다만 "열

없는 색시"를 이상으로 생각하던 당시에는 "넉살 좋은" 강화 여
인이 꽤나 해괴해 보였을 것이다.

　남편의 사망 보상금을 받은 강화의 두 여인이 피살되었다고 한
다. 간덩이가 부은 사람들이 횡행하는 세상이고 보니, "열없는"
여인이 부끄러워 얼굴 붉히는 표정이 향수처럼 그리워진다.

# 영소보전 북극 천문에 턱 걸었다

소망이 크고 높거나, 언행의 정도가 높은 것을 나타낼 때 '영소보전(靈霄寶殿) 북극천문(北極天門)에 턱 걸었다'고 한다.

'영소보전'이란 옥황상제(玉皇上帝)가 계신 궁전이다. 우리의 고소설 '삼선기(三仙記)'에 보면 주인공 이춘풍(李春風)은 '영소보전에 인감(印鑑) 맡은 선관(仙官)'으로 되어 있고, '천상법(天上法)에 매월 삭망에 모든 선관 선녀가 영소보전에 와 조회' 하는 것으로 되어 있다. '북극 천문'이란 '북극에 있다는 옥황상제가 계신 하늘에 들어가는 문'이다. 따라서 이러한 하늘의 보전이나, 천문에 턱을 걸었다는 것은 그 어떤 것이 정도가 높다는 것을 의미한다. 우리의 고전을 보면 춘향(春香)이 이런 '영소보전 북극 천문'에 턱을 건 것으로 그려져 있다. 이 대목을 '고본 춘향전'에서 보면 다음과 같다.

방자 놈 또 한 참 보다가 진솔로 하는 말이,

"진정 알려 하시오? 바른대로 허오리다. 저 아해는 본관 기생
월매(月梅) 소생 춘향이라 하는 아해, 연광(年光)은 이팔(二八)이오,
인물은 일색이오, 행실은 백옥(白玉)이오, 풍월은 황진이오, 재질
(才質)은 부용(芙蓉)이요, 가곡은 섬월(纖月)이라. 아직 서방 정치
않고, 이물하고 사재고 교만하고 도뜨기가 영소보전 북극천문에
턱 건 줄 아시오"

방자의 말에 의하면 춘향은 '이물하고 사재고 도뜨기가 영소보
전 북극천문에 턱 건' 것으로 되어 있다. '이물하다'는 '이물(異物)
스럽다'는 것으로, '성질이 음험하여 속을 헤아리기에 어려움이
있다'는 말이요, '사재다'는 '성질이 독살스럽고 당돌하다'는 말이
요, '도뜨다'는 '말씨나 하는 짓이 정도가 높다'는 뜻이다. 따라서
방자의 말은 춘향이 성질이 고약하고, 교만하고, 그의 언행이 도
고(道高)하기가 하늘의 보전이나 천문에 턱을 건 것 같다는 말이다.
   이러한 춘향의 심지(心地)와 언행은 방자의 말에서만이 아니라,
춘향 자신의 말로도 표현된 것을 볼 수 있다. 춘향이 광한루에서
백년가약을 맺자는 이 도령의 청을 거절할 때 '남원고사'에서 춘
향은 이렇게 말하고 있다.

"소첩이 비록 창가(娼家) 천기(賤妓)오, 향곡(鄕曲)의 무딘 소견
   이나, 마음인즉 북극천문에 턱을 걸어 결단코 남의 별실(別室) 가

소(可笑)하고, 장화호접(墻花胡蝶) 불원이오니 말씀 간절하오시나
분부 시행 못 하겠소"

춘향의 말인즉 자기는 비록 천기이나, 뜻을 높이 두어 남의 소
실이나, 창부(娼婦)가 되길 원치 않는다는 것이다. 이런 춘향이기에
변 사또의 모진 형벌에도 굽히지 않고, 꿋꿋이 이겨낼 수 있었다.
'영소보전'이나 '북극 천문에 턱을 건 마음'은 떳떳한 인생을 살
게 하고, 의로운 내일을 약속할 것이다. 더구나 오늘날과 같이 줏
대 없는 해바라기 인생이 판을 치는 세상에서는 이러한 도고한
마음이 사회의 방부제 역할을 할 것이다.

그러나 이러한 도고한 언행이 공연한 허세여서는 곤란하다.
'아망위에 턱 걸었다'라는 속담은 이런 것이다. 이는 하잘 것 없
는 것이 등 뒤의 세력을 믿고 교만하게 구는 것을 의미한다. 이
러한 뜻의 속담으로 잘 알려진 것에 '호가호위(狐假虎威)'가 있다.
여우가 범의 힘을 빌려 위세를 부린다는 말이다. 이러한 뜻을 나
태나는 속담으로는 '달성위(達成尉) 궁마직(宮馬直)이 명위를 걸었나?',
'대신 댁 송아지 백정 무서운 줄 모른다.'와 같은 것이 있다. 왕
년에 경무대(景武臺 : '청와대'의 그전 이름)의 변소를 푸는 사람이 큰소리
치는 만화가 있었거니와, 이것도 바로 이러한 남의 권세를 빙자
하여 위세를 부림을 풍자한 것이다. '귀하신 몸'이란 유행어도 이
러한 '호가호위'의 산물이었다.

우리는 위세만이 아니고, 모든 면에서 남에게 의지하려는 경향이 짙은 것 같다. 어찌하여 자립하려 하지 아니하고, 남에게 의지하려 하는 것일까? 그러고도 또 부끄러움을 느끼지 않는 것일까?

우리는 좀 자부심을 가져야 하겠다. 그리고 자부심을 가질 만한 여건을 마련해야 하겠다. '아망위(雨具)'에 턱을 걸 것이 아니라, '영소보전'이나, '북극 천문'에 '턱을 걸' 수 있도록 하여야 한다.

(女性中央, 1983년 9월호)

# 예 황제 부럽지 않다

우리 속담에 '예 황제 부럽지 않다.'는 것이 있다. 이는 아무것도 부족함이 없고, 그 이상 바랄 것 없이 흡족하다는 뜻을 나타낸다. 그런데 이와 비슷한 속담이 하나 더 있다. '예 황제 팔자'가 그것이다. 이 속담도 아무것도 부러울 것이 없는 처지를 나타낸다. 그렇다면 이들 두 속담은 동의(同意)의 속담일까? 아니면 형태와 의미에서 차이가 나는 것일까?

먼저 '예 황제(皇帝) 팔자'라는 속담부터 보자. 이는 '옛날 황제의 팔자'라는 말이 본래의 의미일 것이다. '황제의 팔자'인데, 옛날 태평성세일 때의 팔자라는 뜻이겠다. 그래서 이희승의 '수필(隨筆)'에서는 이 속담을 다음과 같이 인용하고 있다.

승객(乘客)은 왜 그리 많은지, 중앙 통로편(通路便)으로 걸상 한 귀퉁이를 얻어서 끼어 앉은 나는 오히려 예 황제 팔자. 팔 거리

에 꽁무니를 대고 서서 가다시피 하는 승객(乘客)도 수십 명이나
되었다.

지난날 기차 여행을 할 때 혼잡했던 차 안의 모습이다. 여기서
필자는 의자 한 귀퉁이를 얻어 앉았으니, 팔 거리에 꽁무니를 대
고 서 있는 승객에 비하면, 더 할 것 없이 흡족하다는 말이다.

'예 황제 부럽지 않다.'도 같은 '옛날 황제'로 보아, '옛날 황제
가 부럽지 않다.'의 형태로 '예 황제 팔자'와 같은 뜻의 속담이라
볼 수 있다. 그러나 이와 다른 의미의 속담이란 해석도 가능하다.
그것은 '왜(倭) 황제 부럽지 않다.'의 의미로 해석하는 것이다. 이
러한 근거는 성현(成俔)의 '용재총화(傭齋叢話)'의 한 예화에서 볼 수
있다. '용재총화'에는 다음과 같은 내용의 이야기가 실려 전한다.

일본에는 황제가 있고, 국왕이 있었다. 황제는 궁중 깊숙이 파
묻혀 있고, 하는 일이란 아침저녁으로 하늘에 절하고, 해에 절하
는 것뿐이었다. 그래서 세상의 권력은 없으나, 존귀한 사람을 왜
(倭) 황제(皇帝)라 한다. 국왕이 나라의 정치를 주관하고, 쟁송(爭
訟)을 처리하였다. 그러나 대신이 있어 각기 병사를 가지고 지방
(地方)을 나누어 웅거하며, 때로는 반란을 꾀하고, 명령을 어기어
도 왕이 이를 제지하지 못하였다. …황제와 왕의 자녀는 다만 장
자가 부인을 맞아 대를 이었고, 나머지 자녀는 모두 중이 되었는
데, 그 존귀함으로 말미암아 하인과는 결혼할 수 없었다.

이렇게 일본에는 황제와 국왕이 따로 있었고, 황제는 실권은 없으나 귀한 대접을 받아 존귀한 사람을 황제라 했다는 것이다. 따라서 더 할 수 없이 흡족한 상태를 '왜 황제'에 비유한 것이다. 여기서 문제가 되는 것이 '예 황제'의 '예'다. 이는 물론 '예(舊·昔)'를 가리키는 것으로 볼 수 있다. 다만 이는 '녜> 예'로 변했다는 것을 전제하게 된다. 이와 다른 해석은 '예'가 '왜(倭)', '왜인(倭人)'을 가리키는 것으로 보는 것이다. '예'는 고어(古語)에서 '왜, 일본, 왜인, 일본인'을 의미하는 말이었다. 이는 15세기의 문헌에서부터 근대의 문헌에 이르기까지 그 용례를 보여 준다.

- 請(청)으로 온 예와 싸호시(見請之倭與之戰鬪)<용비어천가>
- 예 왜(倭)<훈몽자회>
- 즛싀(姿色)이 잇더니 예도적기(倭賊이) 욕호려커늘 언터긔 뼈러뎌 주그니라<동국신속삼강행실도>
- 그 아촌 똘(次女) 농금이를 드리고 예도적을(倭賊을) 히변에 가 피호엿더니<상동>

이렇게 '예'는 '왜, 왜인'을 뜻한다. 따라서 '예 황제'는 '왜 황제'를 나타낼 수 있다. 그렇게 해석하면 '예 황제 부럽지 않다'는 속담은 흡족하기가 일본 황제 부럽지 않다는 의미로 해석된다. 이러한 해석은 '용재총화'의 '그래서 세상의 권력은 없으나, 존귀한 사람을 왜(倭) 황제(皇帝)라 한다.'라는 해석이 일본 아닌 우리의 현실을 말한 것이라면 이는 분명한 이 속담의 근원설화라 할 것이다. 그것이 일본의 해석이라면 우리에게 전파된 것이라 볼 수 있다. 문화란 전파되는 것이고, 경우에 따라서 어떤 문화는 본국에는 남아 있지 않고, 오히려 주변국에 남아 있는 경우도 있다. 이렇게 볼 때 '예 황제'는 '왜 황제'일 가능성이 크다. 여하간 모두에게 '예 황제 부럽지 않다.'는 처지가 자주 찾아와 주면 좋겠다.

# 올공금 팔자

'어우야담(於于野談)'은 우리 속담에 '올공금 팔자'라는 말이 있다며, 이 속담의 내력을 소개하고 있다. 여기서 '올공금'이란 장구(杖鼓)의 용두쇠, 곧 장구의 양쪽 마구리 가죽 테에 돌려서 달아 장구 줄을 연결하는 고리다. 그리고 '올공금 팔자'란 뜻밖에 행운으로, 큰 부자가 되는 것을 이른다. 이 속담의 배경설화는 다음과 같다.

전주의 장사꾼이 생강을 배에 하나 가득 싣고 평양으로 갔다. 생강은 남쪽 특산물로 관서 지방에는 나지 않아 그 값이 매우 비쌌다.

장사꾼은 평양의 명기를 사귀어 몇 년 사이에 천석 재화를 다 탕진했다. 그는 고향에 돌아가고 싶었으나 빈손으로 갈 수 없어 기생집에서 머슴살이를 하였다.

하루는 장사꾼이 고향에 가겠다고 하니 기생은 먼지 속에 버려진 장구의 줄 고리, 올공금 16매를 주며, "길 가다 바꾸면 한 말한 되의 양식 값은 될 것이오."라 했다.

장사꾼은 그것을 받아들고 그 집을 나왔다. 길에서 모래흙으로 이를 문질러보니 얼굴이 비칠 정도로 빛났다. 마음속으로 기이하게 여기며 시장에 가 자랑하니, 식자(識者)가 이는 진짜 오금(烏金)으로, 금값보다 열 배나 더 비싼 것이라 했다.

장사꾼은 전주성(全州城)에 가 이를 백만금에 팔아 옛날 장사를 다시 일으켰다. 그는 갑자기 동방의 갑부가 되었다. 그래서 사람들은 그를 '오금장자(烏金長者)'라 불렀다.

속담에 이르는 바 '올공금 팔자'라는 것이 바로 이것이다.


전주 상인은 평양에 갔다가 기생에게 거금을 다 털리고, 돌아올 때 인색하기 이를 데 없는 기생이 내어 준 '올공금'으로 뜻밖에 큰 부자가 되었다. '올공금 팔자'란 이렇게 의외의 재물로 큰 부자가 된 팔자를 비유적으로 나타낸다.

'어우야담'에 소개되고 있는 '올공금 팔자'의 배경설화는 이렇게 우연히 '오금장자'가 된 이야기다. 그런데 이와 비슷하면서 다른 설화도 있다. 부묵자(副墨子)의 '파수록(破睡錄)'에 전하는 것으로 '호정남아(豪情男兒)', 곧 호탕한 인정을 지닌 남자 이야기다.

양주(楊州)에 살던 가난한 염(廉)씨는 살 도리를 강구하라는 아내의 말에 10년을 작정하고 경향 각지를 떠돌다가 개성(開城)으로 갔다. 거기서 장사꾼 박(朴)씨를 사귀게 되었고, 그의 장사와 집안 일을 성실히 도와주어 그의 신임을 샀다.

하루는 박 씨가 천금을 주며, "가게도 자리를 잡아 별 일이 없 고, 장사도 어느 정도 배웠으니 한번 나가 장사를 해 보라."라고 진심으로 권했다.

그는 서경(西京)으로 가, 명기 춘색(春色)에게 홀딱 빠져 천금을 다 탕진하였다. 그리고 개성에 돌아와 사죄하니 다시 천금을 주었 다. 두 번째도 춘색에게 가 탕진했다. 박 씨는 매사는 삼 세 번이 라며 한 번 더 해보라 하였다. 염 씨는 다시 천금을 받아가지고 또 춘색에게 다 빨렸다. 염 씨가 돌아가려 하니, 춘색이 가엾었던 지 정표로 줄 것이니 자기네 살림 가운데 무엇이나 하나 가져가 라 하였다. 이에 염 씨는 호의라면 따르겠다며, 앞에 보이는 가마 솥을 가리켰다. 그랬더니 기생은 배꼽을 잡는다. 송도 박물장수답 게 보는 눈이 없다는 것이다. 그러나 본인이 원하는 것이니 가져 가라 하였다.

가마솥을 가져와 박 씨를 보이니 박물군자다움에 감동했다며, 이 솥은 임진왜란 때 소실된 오금부(烏金釜)로, 그 가치를 알고 가 져 왔으니 장사 수완이 대단하다고 칭찬을 마지않았다. 솥은 왜관 (倭館)으로 보내졌고, 이를 둘러본 왜인들은 크게 놀라며, 값을 묻 지 않고 수만금을 치르고 가져갔다. 박 씨가 절반 돈을 떼어 주니, 염 씨가 굳이 사양하였다. 박 씨는 이는 당신 물건이라며 억지로 그의 손에 쥐어 주고, 그를 집으로 돌아가게 하였다. 그리하여 염 씨는 7년 만에 집에 돌아와 부인과 노후를 안락하게 보냈다.

‘오금부(烏金釜)’ 설화는 ‘올공금’ 설화와는 달리 박물장수로서 안목을 키운 것이다. 이는 우연 아닌 적공의 결과 얻어진 행운이다. ‘여편네 팔자는 뒤웅박 팔자라’는 속담이 있다. 여자의 팔자는 남자에게 달렸다는 말이다. 그러나 어찌 여자의 팔자만이 뒤웅박 팔자이랴? 인생 자체가 이리 흔들 저리 흔들 흔들리는 뒤웅박 팔자다. 인생은 ‘올공금 팔자’와 같은 요행을 바랄 것이 아니라, ‘오금부 팔자’가 되도록 해야 한다. 눈이 있다고 다 보이는 것이 아니다. 아는 만큼 보이는 법이다.

# 외모는 거울로 보고, 마음은 술로 본다

일본 속담에 "칼은 무사(武士)의 혼, 거울은 여자의 혼"이란 말이 있다. 생물학에서 남녀, 또는 암수를 구별하는 기호도 사실은 손거울과 방패라 한다. 이러한 것을 보면 남자는 싸움과 여자는 아름다움(美)과 불가분의 관계를 지니는 것 같다.

거울은 화장을 하고, 미를 가꾸는 도구다. 여인들은 거울을 앞에 놓고, 유두분면(油頭粉面)이라고, 머리에 기름을 바르고, 얼굴에 분을 바르며 스스로 아름다움을 꾸민다.

춘향전을 보면 몇 개의 익살스러운 여인의 화장 이야기가 보인다. '열녀춘향수절가(烈女春香守節歌)' 중의 기생 낙춘(落春)이의 화장은 이런 보기의 하나다.

시면(視面)한단 말은 듣고 이마빡에서 시작하여 귀 뒤까지 파
제치고, 분성적(粉成赤)한단 말은 들었던가 개분 석 냥(三兩) 일곱

돈어치를 무지금하고 사다가 성(城) 겉에 회칠하듯 반죽하여 온
낯에다 맥질하고…

이마 앞치레한다고 꼭뒤까지 머리카락을 다 뽑고, 분단장한다
고 성벽에 회칠하듯 분 매대기를 하였다는 것이다. '고본 춘향전'
의 똥덕이의 분성적은 이 장면을 좀 더 실감나게 묘사하고 있다.

　똥덕이의 얽은 얼굴 맵시를 내랴하고 분 닷 되, 물 두 동이 칠
홉에 반죽하여 얼굴에 맥질하고, 도배하고, 횟발을 안고 앉았으니
엉거름이 벌어져서 조각조각 떨어지니 '저년 바삐 내몰아라. 상방
에 빈대 터지겠다.'

가뭄에 논바닥 갈라지듯 갈라져 떨어지는 분 조각에 빈대가 터
지겠다는 것은 익살의 걸작이다. 그러나 이 둘보다 더 걸작인 것
은 또 하나의 춘향전의 이본인 '남원고사(南原古詞)' 가운데 기생
영애(永愛)의 화장이다.

　이마 앞 짓는다고 뒤꼭지까지 뒤벗어지게 머리를 생으로 다 뽑
고, 밀기름 바른다고 청어 굽는데 된장 칠하듯 하고, 연지를 벌겋
게 온 뺨에다 칠하고, 분칠을 효시(梟示)하는 놈의 회칠하듯 하고,
눈썹 지었다고 양편에 똑 셋씩만 남기고…

여기에 이르면 화장(化粧)이 화장이 아니라, 송장이요, 도깨비를 만든다. 사실 '효시'란 죄인의 목을 베어 높은 곳에 매달아 뭇사람에게 보이는 것이니, 송장과 관련이 있기도 하다. 이러한 화장은 통일·균제·조화가 깨진 데서 오는 골계적(滑稽的) 웃음을 자아내게 한다. 화장하는 마음은 아름다움을 가꾸는 것이라고 하나, 그 저의는 여러 가지로 다를 수 있다. 춘향은 도령이 떠난 뒤 분단장을 전폐하였고, 변 사또는 남의 쇠푼을 탐내 영애가 치장한 것이라 단정하였다.

우리 속담에 '외모는 거울로 보고, 마음은 술로 본다.'고 한다. 술은 사람의 속마음을 털어놓게 한다. '수풀엣 꿩은 개가 내 몰고, 오장(五臟)엣 말은 술이 내몬다.', '취중에 진담 나온다.'는 이러한 진실을 알려 주는 속담이다. '거울로 모습을 보고, 술로 마음을 본다.', '술 속에 진실이 있다.'고 하는 영국(英國) 속담이나, '술은 본심을 나타낸다.'는 일본(日本) 속담도 같은 진리를 나타낸 것이다.

외모는 거울에 비치고, 마음은 술로 드러난다. 거울에 비치는 나, 술로 드러나는 내가 추하지 않고, 아름다운 모습으로 형상화되어야 하겠다. 일본 속담에 '거울이 흐려지면 마음이 흐려진다.'고 한다. '거울과 정조는 여자가 지니는 것'이라고도 한다. 거울 앞에 앉은 여인은 이를 통해 외모만이 아니라, 내면의 아름다움도 가꾸어야 한다.

호심(湖心)에 돌이 던져질 때는 당연히 수면에 물결이 일게 마련이다. 내면의 아름다움 없이 외모의 아름다움은 더욱 추구될 수 없다. "거울아, 거울아. 이 세상에서 누가 제일 예쁘니?"라고 묻는 심사 사나운 백설공주(白雪公主)의 계모가 되어서는 곤란하다.

(女性中央, 1981년 6월호)

### 외보살(外菩薩) 내야차(內夜叉)

예뻐야 한다. 취직을 하재도 예뻐야 한단다. 그래서 노소를 가릴 것 없이 성형을 한다. 이는 우리만의 현상이 아닌 것 같다. 그래서 성형관광이 인기란다. 그러나 과연 외형만 성형하면 이로써 만사는 족하다는 말인가?

우리 속담에 "외보살 내야차"란 것이 있다. 외모는 보살(菩薩)이고, 속은 야차(夜叉)란 말이다. "보살"은 대승불교(大乘佛敎)에서 위로 보리(菩提)를 구하며, 아래로는 중생을 교화하고자 하는 사홍서원(四弘誓願)을 발하며, 육도(六度)를 수행하는, 부처 다음 가는 성인이다. 이에 대해 "야차"란 모습이 추악하고 괴상하며, 하늘을 날아다니며 사람을 잡아먹고 해를 입힌다는 잔인하고 혹독한 귀신이다.

'외보살 내야차'란 속담은 따라서 겉으로 보기에는 온화한 모습에 아주 착한 것 같으나, 내심이 음흉한 사람을 빗대어 이른다. '겉 볼 안'이란 속담이 있듯, 사물은 원칙적으로 안팎이 같아야 하는데, 이는 정반대다. 이는 사람의 탈을 쓴 인면수심(人面獸心)의 인두겁이다. 오늘날 만연하고 있는 불신풍조란 바로 이런 "외보살 내야차"의 인간이 도처에 횡행하고 있기 때문이다. 청문회에서 까면 깔수록 추악상을 드러낸 인물도 이런 사람이다.

채만식(蔡萬植)의 "탁류(濁流)"에는 다음과 같은 구절이 보인다.

"외보살 내야차라고 하거니와 곡절은 어떠했든 저렇듯 애련한 계집이 왈 남편이라는 인간 하나를 굳히려 사약을 사서 들고 만인에 섞여 장안 한복판을 어엿이 걸을 줄이야 당자 저도 실상은 잊었거든 하물며 남이 어찌 짐작인들 할 것인고"

이 글에서는 계집의 애련한 모습이 '외보살'이요, 남편을 독살하려는 여심(女心)이 '내야차'다. 실로 열길 물속은 알아도, 한 길 사람 속은 알 수 없다.

'외보살 내야차'의 모습은 계모상(繼母像)이나, 처첩의 암투상(暗鬪像)에서 많이 볼 수 있다. 우리의 가정형 계모소설(家庭型繼母小說)에는 계모가 본처의 자식을 학대하고 살해하거나, 살해하려 마침내 탄로가 나 벌을 받거나 쫓겨나는 것이 많다. '장화홍련전'은 그중 대표적인 것의 하나다. 이는 다 아는 바와 같이 계모가 큰딸 장화를 음해해 못에 투신하게 하였고, 이를 안 동생 홍련도 뒤따라 투신하였다. 그 뒤 두 원혼은 철산 부사에게 신원을 해

설원을 하였다. 계모 허 씨는 용모가 추할 뿐 아니라, 심성이 사나운 여인이었다. 그러니 이 여인은 못 생긴 꼴값을 한 것이라 해도 좋다. 그녀의 모습은 다음과 같이 그려져 있다.

허씨를 장가드니 그 용모를 의론할진대 두 볼은 한 자가 넘고, 눈은 퉁방울 같고, 코는 질병 같고, 입은 메기 같고, 머리털은 돼지 털 같고, 키는 장승만하고, 소리는 이리 소리 같고, 허리는 두 아름이나 되는 것이 게다가 곰배팔이요, 수중다리에 쌍언청이를 겸하였고, 그 주둥이를 썰어내면 열 사발은 되겠고, 얽기는 콩멍석 같으니, 그 형용은 차마 보기 어려운 중에 그 심사가 더욱 부량하여 남의 못할 노릇을 골라 가며 행하니 집에 두기 일시가 난감하되, 그래도 그것이 계집이라고 그 달부터 태기 있어…

그러니 이 경우는 다행히 '외보살 내야차'의 경우는 아니고, '내외 야차'의 경우라 할 것이다. 다음에는 '외보살 내야차'인 처첩의 시샘을 하나 보기로 한다. 사실 '시앗을 보면 길가 돌부처도 돌아앉는다.'고 하니 '내야차'가 되지 않을 수 없는지도 모른다. 이는 시앗도 못되는 기생에 대한 엄귀비(嚴貴妃)의 지독한 시샘이다.

어느 진연(進宴)에서 평양 기생 도화(桃花)가 고종(高宗)의 눈에 띄어 사랑을 받게 되었다. 고종의 총애를 받고 있던 귀비는 불같은 질투를 느꼈다. 그녀는 고종의 사랑을 독점하기 위해 도화를 제거하기로 하였다. 귀비는 도화의 얼굴을 바늘로 찔러 마치 종기가 난 것처럼 흉하게 만든 뒤, 그녀에게 악질(惡疾)이 있으니 내쫓아야 한다고 무고(誣告)를 하였다. 이에 지존(至尊)의 사랑을 듬뿍 받을 뻔했던 도화는 애매하게 궁중에서 쫓겨나고 말았다.

시집살이를 한 시어미가 시집살이를 더 시킨다 한다. 고종과 민비(閔妃) 사이에서 고종의 사랑을 가로챈 엄 귀비는 시앗이 시앗을 더 시샘한다고 도화가 두려워 그녀의 얼굴에 흉측하게 상처를 내어 궁중에서 내쫓은 것이다. 그러니 엄 귀비야말로 '외보살 내야차'라 하여 좋을 것이다.

사람 속은 모른다. '외보살 내야차'가 있는가 하면 그 반대도 있다. 속세의 생활은 '돌다리도 두들기며 건너라.'라는 속담을 마음속에 새기며 살아야 하는 모양이다.

# 인왕산 모르는 호랑이가 있나?

어느 곳이 안 그랬으랴만 한반도(韓半島)도 그렇고, 이 서울도 꽤나 원시림으로 뒤덮여 있었던 것 같다. 그것은 한반도의 도처에서 공룡(恐龍)의 유적이 발견되는가 하면, 지난날에는 서울에도 호랑이가 자주 출몰하고, 호환(虎患)이 염려되었다니 말이다.

'인왕산 모르는 호랑이 있나?'라는 속담이 있다. 이는 왜 나를 몰라보느냐는 뜻으로 쓰는 속담이다. '인왕산(仁旺山)'은 서울 서쪽에 있는 화강암으로 된 산으로, 이 산의 능선을 따라 서울의 성곽이 축조되어 있다. 경복궁이 지척에 있다. 이 산은 그리 높지 않아 338m밖에 안 되나, 옛날에는 호랑이가 출몰할 정도로 울창했다. 조선의 호랑이는 반드시 인왕산에 한 번은 와 본다는 옛말이 있는데, 이는 이 산이 서울의 상징성을 띠게 때문이라 할 것이다. 이 속담은 이렇게 인왕산이 서울의 상징으로 모르는 호랑이가 없듯, 자기는 출중한 사람이니 당연히 알아 모셔야 할 것이라고 으스대는 말이다. 사람은 확실히 잘 나고 볼 일이다.

그러면 서울의 호랑이 이야기를 하나 하기로 한다. 성현(成俔)의 '용재총화'에 보이는 것이다.

고려의 시중(侍中) 강감찬(姜邯贊)이 한양판관(漢陽判官)으로 임명되었을 때 한양에는 호랑이가 많아 물려 죽는 백성이 많았다. 이에 부윤(府尹)이 큰 걱정을 하자 강감찬은 "그것은 아주 쉬운 일입니다. 한 삼사 일 뒤엔 호랑이를 모두 없애 놓겠습니다." 했다. 그리고는 종이에 무엇인가를 써서 아전에게 주며 말하였다.

"내일 새벽에 북쪽 동굴 쪽으로 가면 노승(老僧)이 바위 위에 웅숭그리고 앉아 있을 것이니 데리고 오라."

아전은 다음날 시키는 대로 북쪽 동굴 쪽으로 갔다. 과연 노승이 남루한 옷에 두건을 쓰고, 새벽 서리가 하얗게 내린 바위 위에 앉아 있었다. 아전이 관청 문서(府貼)를 전하자 중이 이를 보고 아전을 따라와 판관(判官)에게 절하고 머리를 조아렸다.

강감찬이 느닷없이 중을 호되게 꾸짖었다.

"네 비록 짐승이나 연혼이 있을진대 어찌 이토록 사람을 해치느냐? 네게 닷새의 기간을 줄 것이니 너희 무리를 끌고 이곳을 떠나 딴 곳으로 가라. 그렇지 않으면 활로 쏘아 모두 없애 버리겠다."

중은 머리를 조아려 사죄할 뿐이다. 부윤은 보다가 어이가 없어 한바탕 웃으며 말하였다.

"판관께서 어인 일이십니까? 중을 호랑이라 하시니……."

이에 강감찬이 중에게 명령하였다.

"네 모습을 드러내라."

말이 떨어지자 중이 한번 소리를 지르더니 큰 호랑이로 변하여 난간 위로 뛰어올랐다. 그 소리는 몇 리 밖까지 진동하였고, 부윤은 그 자리에서 기절하였다. 강감찬은 다시 "이제 그만 됐다." 하였다.

그러자 호랑이는 다시 중으로 변하여 머리를 조아리고 물러갔다.

이튿날 부윤은 아전에게 동쪽 교외에 나가 동정을 살피게 하였는데, 그가 돌아와 이르기를 늙은 호랑이가 앞을 서고 작은 호랑이 수십 마리가 뒤를 이어 강을 건너가더라고 했다. 그런 뒤로 한양성(漢陽城) 경내는 호랑이 걱정이 없어졌다.

이렇게 인왕산에 출몰하던 호랑이는 강감찬의 명령 한마디로 모두 서울을 떠나 부중(府中)에서는 호환(虎患) 걱정을 안 하게 되었다.

여기서 속담 하나를 더 보기로 한다. 그것은 '악박골 호랑이 선불 맞는 소리다.'라 하는 것이다. 이는 호랑이가 총알을 빗맞아 한층 화가 나 큰 소리로 으르렁거리는 것이니, 무섭게 사나운 소리로 덤비는 것을 비유적으로 이르는 말이다. 여기서 '불'은 탄환으로 화살과 시대적 간격을 느끼게 한다. '악박골'은 지금의 서대문구 현저동(峴底洞) 서북쪽의 골짜기 이름이다. '인왕산 모르는 호랑이가 있나?'라는 속담의 '인왕산' 기슭에 해당한다. 따라서 '인왕산' 호랑이나, '악박골' 호랑이는 같은 지경의 호랑이라 하겠다.

지금은 호환(虎患)을 걱정할 시대가 아니다. 오히려 자기 못난 것을 탓해야 할 시대다. '인왕산 모르는 호랑이가 있나?'라고 자신만만하다면 얼마나 좋을까? '선불' 맞고 으르렁거리지 말고, 오히려 배포 있게 껄껄거리며 살 수 있도록 할 일이다. 강감찬 장군처럼 자신을 가지고 처신할 수 있도록 부지런히 자신을 연마하면서 말이다.

## 일진회(一進會) 맥고모자 같다

청결 문제를 이야기할 때때로 동양 삼국이 거론되는 경우를 볼 수 있다. 한국 사람과 중국 사람은 더럽고, 일본 사람은 깨끗하다는 것이다.

우스개로 중국 사람은 일생 두 번 목욕을 한다고 한다. 태어나서 한 번, 죽어서 한 번 목욕한다는 것이다. 이는 그만큼 목욕을 안 하고 더럽다고 해서 비유적으로 하는 말이다. 한국 사람이 더럽다는 것은 '더러운 조선인(きたない朝鮮人)'이라 하고 있는 일본사람들의 말에서 비롯된 것으로 알려진다. 왜정시대 근로자로 일본에 간 '조선사람'들이 열악한 합숙 시설에서 생활을 하며 빨래도 제대로 못하고, 목욕도 제대로 하지 못해 이런 말을 듣게 되었다고 한다. 그러니 이는 한국사람 전체를 대상으로 한 말이 아니다. 일본 사람들은 매일 목욕을 한다. '밥 끓일 나무는 없어도, 목욕물 끓일 나무는 있어야 한다.'는 속담이 있을 정도로 목욕을 한

다. 그러나 중요한 것은 일본의 여름 날씨는 습하고 더워 목욕을 하지 않을 수 없고, 겨울은 습기 때문에 음산하게 춥고, 몸을 지질 따뜻한 온돌이 없다는 것이다. 깨끗해지고 싶어서, 목욕을 즐겨서 한다기보다 환경이 그렇게 하지 않을 수 없어 하는 것이다. 한국은 이에 대해 날씨가 건조하기 때문에 목욕을 자주 하지 않아도 좋아 목욕을 자주 하지 않은 것이다. 따라서 한국의 경우는 목욕과 청결 여부는 차원을 달리 하는 것이다.

우리 속담에는 더럽고 지지분한 것을 나타내는 속담이 여럿 있다. '거지발싸개 같다.', '사복개천', '아병(俄兵)의 장화 속 같다.', '일진회 맥고모자 같다.' '지저분하기는 오간수 다리 밑', '평양 병정의 발싸개 같다.'와 같은 것이 그것이다.

'거지발싸개 같다'는 더럽고 지저분하기가 거지의 발싸개 같다는 말이다. 거지는 구걸하는 사람이니 그 몰골이 더럽고 지저분하다. 그러니 상·하의(上下衣)도 아닌, 발을 싸는 물건이야 더 말할 것이 없을 것이다. 더럽고 해져서 너덜거리고 지저분할 것임은 말할 필요도 없을 것이다. 이에 '거지발싸개 같다.'는 더럽고 지저분한 것을 비유적으로 이르게 된 것이다.

'사복개천'은 본래 사복시(司僕寺)의 개천을 의미한다. 사복시는 궁중의 가마나 말에 관한 일을 맡아보던 관청이다. 여기서는 임금이 타는 수레와 말, 그리고 소나 말을 먹여 기르는 일을 관장하고 있었다. 따라서 그 앞 개천은 말똥이 둥둥 떠다니는 등 지저분하고 더러웠다. 그래서 '사복개천'이 더럽고 지저분한 것을 가리키게 되었다. 이는 '입이 걸기가 사복개천 같다.'와 같은 속담으로도 쓰인다. 이때는 말을 조금도 삼가지 않고 함부로 하는 것을 비유적으로 나타낸다.

'아병(俄兵)의 장화 속 같다.'는 속담은 아라사 병정, 곧 러시아 병정의 장화 속 같다는 말로, 그 속이 매우 더러웠으므로 더럽고 지저분하다는 뜻을 나타낸다. 러일전쟁 때 러시아 병정의 차림이 더럽고, 그 장화 속이 더러움을 본 것이다.

'일진회 맥고모자 같다.'도 매우 더럽고 지저분한 것을 비유적으로 나타낸다. 일진회(一進會)는 구한말의 친일(親日) 정당이다. 1904년 송병준(宋秉畯)이 독립협회의 잔당 등과 조직하였고, 국정의 개혁을 요구하였다. 이들 회원은 모두 단발(斷髮)을 하고, 양복 차림을 하는 등 문명의 개화를 급격히 서둘렀다. 이들은 또한 주로 맥고모자(麥藁帽子)를 쓰고 다녔다. 맥고모자란 보릿짚을 엮어 만든 여름 모자다. 일진회는 뒤에 동학당의 잔여 세력인 진보회를 통합, 일본군으로부터 막대한 자금을 받아 적극적 친일활동을 전개하였다. 이들은 일제의 한국 침략의 앞잡이 노릇을 하였으며, 을사보호조약을 지지하였고, 한일합방안(韓日合邦案)을 거듭 상주하였다. 1910년 마침내 한일합방이 체결됨으로 이 정당은 이 해 9월 해체되었다. 일진회 맥고모자는 이러한 일본의 앞잡이 노릇을 한 친일분자 일진회원을 상징해, 그들의 더럽고 치사한 행위를 비유적으로 나타낸 것이다.

'지저분하기는 오간수 다리 밑'이란 속담의 오간수(五間水) 다리'
는 서울의 동대문과 수구문(水口門) 사이에 놓였던 청계천의 다리
다. 이 다리 아래로는 서울 시내의 더럽고 지저분한 것이 모두
흘러 내려온다. 이 다리에는 쇠창살이 박힌 다섯 개의 구멍이 있
어 여기를 흘러내리는 물을 오간수라 하였다. 따라서 이 속담은
더러운 것을 의미하게 되었고, 나아가 사람의 하는 짓이 비루하
고 난잡하다는 것을 나타낸다.

'평양 병정의 발싸개 같다'는 무엇이 매우 지저분하고 더럽다
는 것과, 말이 흉측하고 난잡하다는 의미를 나타낸다. '평양 병정'
은 아라사 병정과 관계가 있을 것이다.

속담은 이렇게 문화적 배경을 지닌다. 그 배경을 알지 않으면
속담의 참 뜻을 알지 못하고, 참맛을 느낄 수 없다. 무엇을 알려
면 제대로 알고 이해하도록 해야 한다.

# 임도 보고 뽕도 딴다

개화(開化)의 바람이 불기 전, 옛 가족제도 아래에서는 남녀관계가 엄격하여 서로 접촉할 기회가 드물었다. 더구나 여인은 외출할 기회가 없어 더욱 그러했다. 그래서 지난날에는 외출이 허용되던 뽕나무 밭이나 우물가가 저들의 밀회 장소가 되었다.

'임도 보고 뽕도 딴다.'는 이러한 배경을 바탕으로 이루어진 속담이다. 농경(農耕)사회에서 여인들은 뽕을 따다가 누에를 치고 명주를 낳았다. 그러기에 뽕을 따러 가는 것은 보장된 외출 기회였다. 이때 저들은 뽕도 따고, 임도 만날 수 있었다. 따라서 '임도 보고 뽕도 딴다.'는 한꺼번에 두 가지 일을 겸해서 하는 것을 의미한다.

뽕나무를 매개로 한 사랑은 많다. 중국 시경(詩經)의 '상중(桑中)'이란 사랑의 노래도 이러한 것이다. 그 첫 연(聯)을 보면 다음과 같다.

새삼(爰) 덩굴 뜯으러/ 매(沬) 마을로 갔었네./
누구를 생각하고 갔던고?/ 예쁜 강 씨(姜氏)네 큰아기지.
나를 뽕나무밭(桑田)에서 기다리며/ 상궁(上宮)으로 맞아들이고,
기수(淇水)의 물가에까지 전송하였네.

이 시에서는 뽕나무밭에서 임을 만나 사랑을 나눈 것을 노래하고 있다.

한(漢)나라 때의 민요 '맥상상(陌上桑 : 언덕 위의 뽕나무)'은 이와는 달리 뽕으로 인해 잘못했으면 실절(失節)을 할 뻔한 위기를 구해 준 시(詩)다.

옛날 조(趙) 나라 때 왕인(王人)의 아내 나부(羅敷)가 뽕을 따고 있는데, 초(楚) 나라 임금이 지나다가 여인의 아름다운 자태를 보고 탐이 나 그녀를 유혹하였다. 이에 나부는 '맥상상'이란 시를 지어 그의 탐심을 물리쳤다. 이는 '염가나부행(艶歌羅敷行)'이라고도 한다.

호리호리 언덕 위의 뽕나무 가지/ 언덕에서 연못으로 휘늘어졌네.
햇빛에 번쩍번쩍 싱싱한 잎에/ 꾀꼬리 오락가락 아름답구나.
누에를 생각하니 임 생각도 뿌리쳐/ 눈물을 닦으며 광주리 드네.
그대여, 이 내 심정 알아주려나?/ 이별의 서러움에 가슴 태우네.

나부(羅敷)는 뽕을 따다 뜻밖에 당할 뻔한 봉변을 회유적인 시를 지어 위기를 면했다. 하기는 초나라 임금도 시를 알고 인품이 무

던한 사람이라 그냥 넘어갔을 것이다.

이에 대해 나도향(羅稻香)의 단편소설 '뽕'은 본래 행실이 부정한 안협집이 뽕을 훔치다 들켜 뽕지기에게 정조를 팔아 그녀의 죄를 면하는 이야기를 그린 것이다. 뽕나무밭은 이렇게 좋건 궂건 밀애(密愛)의 장소가 되었다.

우물가도 마찬가지다. 우리는 많은 민담이나 전설에서 버들잎을 띄운 한 바가지 물이 인연이 되어 사랑이 맺어지는 이야기를 알고 있다. 문과 교리 이장곤(李長坤)의 일화도 그중 하나다. 그는 연산군의 미움을 사 함흥으로 도망하는 도중 우물가에서 바가지에 버들잎을 띄워 건넨 처녀의 물을 받아 마시고, 그것이 인연이 되어 부부가 되었다. 그녀는 백정의 딸이나 뒤에 임금으로부터 제2부인으로 인정받기까지 하였다.

그러나 이러한 우연한 인연이 아니라, 우물가에서 눈을 맞추어 불륜의 관계를 맺는 것도 볼 수 있다. 다음 시조는 이러한 것이다.

이르랴 보냐, 이르랴 보냐, 내 아니 이르랴 보냐, 네 남진(男便)
더러
　거짓 것으로 물 긷는 체하고 통을랑 내리워 우물 전에 놓고,
따리 벗어 손잡이에 걸고, 건넛집 작은 김 서방 눈짓하여 불러
내여 두 손목 마주 덥석 쥐고 수군수군 말하다가 삼밭으로 들어
가서 무슨 일 하던지 잔 삼은 쓰러지고, 굵은 삼대 끝만 남아 우

줄우줄 하더라고 내 아니 이르랴 네 남진더러.

　저 아이 입이 보드라와 거짓말 마라스라. 우리도 마을 지어미
라 실삼 조금 캐더니라.


　우물가는 이렇게 밀약의 장소이기도 하고, 여인들의 공론(公論)
의 장이기도 하였다.

　남녀가 내외를 했던 폐쇄사회는 사랑도 제대로 할 수 없었다.
기껏해야 우물가가 눈을 맞추고 밀약하는 장소이며, 뽕밭이나 보
리밭이 밀애의 장소였다. 이에 비하면 현대의 청춘 남녀는 사랑
의 천국을 누린다 할 것이다.

(女性中央, 1984년 2월호)

## 절에 간 색시

우리 속담에 '절에 간 색시'란 것이 있다. 이는 낭만적인 소설의 제목같이 느껴지기도 하지만, 기실은 이와는 거리가 멀다. 이는 오히려 기구한 운명과 더 관련된다.

'절에 간 색시'란 오늘날 '남이 시키는 대로만 따라하는 사람', 또는 '싫어도 남이 시키는 대로 따라하지 않을 수 없는 처지에 있는 사람'을 뜻한다. 따라서 이는 피동적 입장에 놓인 사람을 의미한다.

이 속담이 이러한 의미를 지니게 된 데에는 그만한 사회적 배경이 있다. 김동진의 '조선이어해석(朝鮮俚語解釋)'(1928)에는 '절에 간 색시처럼 중이 하라는 대로만 한다.'는 속담을 들고 저간의 사정을 이렇게 적고 있다.

신라시대에 계집 아희의 사주를 보아 과부가 될듯하면 장성한 후 시집가기 전에 절에 보내어 중 서방을 먼저 얻게 한 후 다시 출가시키는 풍습이 있었는데, 색시가 절에 가면 주장 중이 어느 중에게 맡기든지 주장 중의 지휘대로만 하고, 저의 마음대로 하지 못하는 고로 시속에 남에게 매어 지낸다는 말을 절에 간 색시처럼 중이 하라는 대로만 한다 하느니라.

이렇게 '절에 간 색시'란 운명론과 관련이 있는 속담이다. 과부가 될 운명인 여인의 팔자를 바꾸기 위해 성혼(成婚) 전에 중과 관계를 맺게 하여 액땜을 하고자 한 것이다. 과학 문명이 발달된 오늘날도 시(時)를 보아 아기를 낳는다는데, 그 옛날 '과부 팔자'라고 낙인이 찍힌다면 어떠했겠는가? 무엇이든 감수할 수밖에 없었을 것이다. 그러니 좋든 싫든 좋다는 것을 시키는 대로 할 수밖에……. 오늘날 이 속담이 '시키는 대로 하는 사람'을 뜻하게 된 것은 이러한 사회적 배경은 다 제거하고, 그 결과만을 가지고 말하는 것이다.

'절에 간 색시'와 같은 사회적 배경을 가진 속담에 '보쌈 들었다'가 있다. 이는 '남의 꾀에 걸려들었다.'는 뜻을 나타낸다. 이 속담이 이러한 뜻을 지니게 된 것은 '보쌈'이란 말 때문이다. '보쌈'이란 흔히 과부가 개가(改嫁)하게 되는 수단으로 알려져 있다. 보에 싸여 간 여인은 그 남자와 살아야 한다고 한다. 그러나 본래의 '보쌈'은 그것이 아니었다. '보쌈'이란 오히려 귀한 집 딸이

둘 이상의 남편을 섬기게 될 팔자일 때 팔자땜을 시키려고 밤에 넌지시 남의 남자를 보자기에 싸서 잡아다가 상관시키고 죽이던 풍속이었다. '절에 간 색시'처럼 여인의 기구한 팔자를 미리 예방하기 위해 결혼 전에 다른 남자와 관계를 갖게 하고, 이러한 일을 숨기기 위해 그 남자를 죽인 것이다. 김동진의 '조선이어해석'에서는 이러한 상황을 다음과 같이 소개하고 있다.

고려시대에는 백제 풍속과 같이 세력 있는 집에서 계집아희 사주를 보아서 과부가 될듯하면 장성하기를 기다려 신방을 꾸며 놓고 소년 남자를 유인하여 하룻밤을 재운 후에 그 소년을 죽여서 그 신체를 무슨 물건 모양같이 보에 싸서 내어다가 파묻고 계집애를 다시 시집보내었으며, 소년의 신체를 보에 쌌다 하여 그 일을 보쌈이라 함이니라.

이 설명에 의하면 '보쌈'이란 백제시대부터 있었던 풍속이요, 신방(新房)에 들어올 때가 아니라, 죽어나갈 때 신체를 보에 쌌기 때문에 '보쌈'이라 한 것으로 되어 있다. 그러나 이러한 '보쌈'은 상황에 따라 달랐을 것이 예상되나, 일반적으로는 보에 싸여 들어오고, 보에 싸여 나갔던 것으로 보인다. 우리의 고소설 '정수경전'의 주인공 '정수경'은 바로 이러한 사내 '보쌈'의 주인공이다.

여자 보쌈은 과부 재가(再嫁) 금지법이 생긴 이후의 일이라 할 것이다. 과부재가 금지법은 조선조 성종(成宗) 때 이루어졌다. 이로 말미암아 과부가 재가를 할 수 없게 되자, 법보다 인정을 중히 여긴 사람들이 비밀리에 과부를 구휼하는 방법으로 '보쌈'을 하였다. 이는 총각 '보쌈'에 대해 '과부 업어오기', 또는 '과부보쌈'이라 하였다.

옛날의 우리 결혼은 당사자가 좋아서 인연을 맺는 것이 아니었다. 그저 어른이 시키는 대로 '장가(丈家)', 곧 장인집의 일원이 되고, 시가(媤家)의 일원이 되는 것이었다. '장가-들다', '시집-가다'란 말은 이러한 사회제도를 단적으로 반영하는 말이다. '절에 간색시'나, '보쌈'을 치렀던 여인들도 다 아무것도 모르고 시키는 대로 한 것뿐이다. 피동적인 저들의 결혼생활에 과연 애정과 행복이 있었는지 모르겠다. '나는 네가 좋아서……'라고 사랑을 속삭이는 현대인은 그만큼 행복하고 책임지는 애정생활을 하여야 할 것이다.

# 조조(曹操)는 웃다 망한다

삼국지에 나오는 인물을 소재로 한 속담이 여럿 있다. '유비냐 울기도 잘 한다.'고 유비(劉備)는 울기 잘 하는 사람으로, '조조(曹操) 는 웃다 망한다.'고 조조는 잘 웃는 사람으로, 제갈량(諸葛良)은 '제 갈량이 왔다가 울고 가겠다.'고 지략이 뛰어난 사람으로, '장비(張 飛)는 만나면 싸움'이라고 장비는 싸움 잘 하는 사람으로 형상화 되어 있다. 이러한 속담은 다 소설 '삼국지연의(三國志演義)'를 바탕 으로 이루어진 것이다.

'조조는 웃다 망한다.'고 하는 속담은 조조가 잘 웃어 잘 웃는 사람을 핀잔주는 말이다. 자신만만하게 웃다 보면 언제 망신을 당할지 모른다는 뜻을 나타낸다.

조조(154~220)는 삼국시대 위(魏)나라 시조로, 지략가이다. 그는 권모술수에 능해 오늘날은 간신의 전형처럼 간주한다. 그는 속담 에 보이듯, 웃기를 잘 했다(擅笑). 조조의 가세(家世)가 빛나고 순탄

329

했던 것은 그가 '심정이 유쾌하고, 정리(情理)에 따라 자연스럽게 웃기를 사랑한 때문'이라 본다. 그의 웃음은 첫째, 재능과 수준(水平)에서, 둘째, 흉금과 담력에서, 셋째, 용기와 심심에서 나오는 것이라 한다.

소설 '삼국지'에는 조조가 웃는 장면이 곳곳에 보인다. 이를 신재효(申在孝)의 '적벽가(赤壁歌)'에서 두세 장면을 보면 다음과 같다.

적벽대전에서 주유와 제갈량에 대패한 조조는 언덕으로 올라 도망친다. 그런 그가 오림(烏林)에 이르러서 주유, 제갈량의 꾀 없음을 비웃는다. 이때의 장면 묘사다.

> 앞으로 가는 길에 산세가 험준하고, 수목이 총잡하니 조조가 물어 "예가 어디냐?" 좌우 여짜오되, "오림이오." 조조가 말 위에서 손뼉 치며 대소하니 제장(諸將)이 물어 "여보시오 승상님. 장졸을 다 죽이고, 좃만 차고 가는 터에, 무슨 좋은 일이 있어 저다지 웃으시오?" 조조 대답하되, "주유와 제갈량이 꾀 없음을 웃는다. 이러한 좁은 대목에 눈먼 장수 하나라도 매복하였으면 우리들 남은 목숨 독 속의 쥐새끼지." 이 말이 지든 방포(放砲) 소리 쾅, 복병이 내닫는다.

이렇게 조조는 쫓겨 가는 주제에 교만하게 주유와 제갈량이 지략 없다고 비웃었다. 그러나 이때 조자룡의 매복군사가 동서남북에서 추격해 오자 혼비백산하여 우중에 도망쳤다.

이러한 일은 호로곡(葫蘆谷)에서도 반복된다. 춥고 배고픈 가운데 밥을 지어 먹으려 할 때다.

막 불살라 넣느라니 조조가 또 염소 웃음을 하니, 정욱이 여짜오되 "승상의 한번 웃음 조자룡을 청하여서 남은 인마(人馬) 다 죽이고, 어떤 장수 청하자고 또 웃음을 웃으시오?" 조조가 대답하되, "주유와 제갈량이 여간 재조 있다 하되 하룻비둘기라, 암만해도 재 못 넘제. 이러한 험한 곳에 복병을 하였으면 우리 신세 된 모양이 묶어 놓은 돼지라 살 수 있나, 살 수 있나?" 이 말이 지듯 말듯 좌우에서 총소리가 콩 튀듯이 일어나며 벌떼 같은 복병들이 불지르고 냅다 설 제…

이렇게 또 조조가 비소하자, 이번에는 장비(張飛)가 나타나 조조는 '혼이 나서' 벗었던 갑옷도 내버리고 도망쳐야 했다. 화용도(華容道) 가는 길에서도 이런 일은 반복된다.

조조는 한나라의 유황숙을 비롯하여 제갈량, 관운장, 장비, 조자룡이 집안이 다 형편없는 집안이라 폄하하고, 그들의 지략 없음을 비웃는다.

"그러나 저러나 이렇게 좁은 목에 장수 하나 고사하고 군사 열만 두었으면 내 재조와 네(정욱) 재조가 여우 새끼 같더라도 살아갈 수 있겠느냐?" 하하 하고 또 웃더니 웃음소리 못 끊어져 방포

소리 일어나며, 오백 명 도부수(刀斧手)가 철통같이 길을 막고, 일월대장 나오는데 중조면(重棗面) 와잠미(臥蠶眉)에 봉의 눈을 부릅뜨며 삼각수(三角鬚) 거스르고 녹포·은갑·백금투구·청룡도 비껴들고 적토마(赤土馬)에 높이 앉아 벽력같은 호령소리 산악이 무너진다.

이렇게 하여 이번에는 관운장과 충돌하게 되는데, 여기서는 조조가 개개빌어 관운장의 높은 의기로 여기를 벗어나게 된다. 다소의 지략이 있다하여 교만하게 굴 일은 아니다.

이밖에 조조와 관련된 속담이 하나 더 있는데, 그것은 '조조의 살이 조조를 쏜다.'는 것이다. 이는 재주를 피운 사람은 결국 그 재주로 말미암아 자멸하게 됨을 나타낸다. 사람은 여간한 재주가 있다고 교만하게 굴 일이 아니다. 겸손한 면이 있어야 한다.

# 죽은 중 매질하기

우리 속담에는 중이 소재가 된 것이 많아 약 100개 가까이 된다. 이들 속담 속의 중은 대부분 단순한 비유나 비교의 대상으로서의 중이거나, 아니면 천시의 대상으로서의 중이다. 중이 이와 같이 복 밭(福田)으로서 존경받지 못하고, 푸대접을 받게 된 것은 이들 속담이 대부분 배불숭유(排佛崇儒)를 국시(國是)로 하던 조선조의 산물이기 때문이라 할 것이다.

'중 쳐 죽이고 살인한다.'는 그중 대표적인 것이 아닌가 한다. 이는 옛날에 중은 사람 축에 넣지 않는(不齒人類) 폐습이 있어 중을 죽이고 살인범이 되는 것은 억울하다는 말이다. 이와 비슷한 뜻을 나타내는 속담으로는 '송장 때리고 살인났다', '소경 죽이고 살인 빚 갚는다.', '소경 죽이고 살인 춘다.'가 있다. 오늘날 이들 속담은 적은 죄를 짓고 큰 벌을 받게 될 때 비유적으로 쓰이는 말이다.

살아 있는 중이 아니라, 죽은 중을 매질하는 속담도 두어 개 있다. '죽은 중 매질하기', '죽은 중에 곤장 익히기'가 그것이다.

'죽은 중에 매질하기'는 공연히 심한 짓을 한다는 뜻을 나타내는 속담이다. 이는 '고본 춘향전'에 그 용례가 보인다. '이제 우리네가 저를 어찌 알아 혐의하는 것이 죽은 중 매질이요, 모기 보고 환도(還刀) 빼기라'가 그것이다. 이는 이 패두(牌頭)의 말로, 춘향이 자기를 괄시한 데 대해 앙심을 품고 설욕하려다, 마음을 누그리는 장면이다. 이 패두는 춘향이가 분길 같은 고운 손으로 저를 잡으러 온 자기의 북두(北斗) 갈고리 같은 손을 잡자 모진 마음이 누그러진 것이다.

'죽은 중에 곤장 익히기'는 죽은 중을 만나 곤장(棍杖) 쓰는 법을 익힌다는 말이니, 세력 없고 외로운 사람을 공연이 괴롭힌다는 뜻의 속담이다. 이 속담은 '사승습장(死僧習杖)', 또는 '우사승습장(遇死僧習杖)'이라고 한자 속담으로서도 익은 것이다. 김동진(金東縉)의 '사천년간 조선이어해석(朝鮮俚語解釋)'(1928)에는 이 속담에 대한 재미있는 근원 설화가 소개되고 있다.

어떤 중 하나가 남의 집 대문간에서 밤을 새고 있었다. 집안을 엿보니 남자는 없는 모양이요, 젊은 여자 혼자 마루에서 잠을 자고 있다. 중은 욕심이 동했다. 여름이라 위아래 옷을 벗어 바랑에 넣어 대문 옆 말뚝에 걸어 놓고 들어가기로 하였다. 여차하면 바랑을 들고 달아나다가 옷을 입을 심산이었다. 중이 여인 가까이 가자 여인은 놀라 '도적이야!'하고 소리쳤다. 중은 급히 뛰어나와 바랑을 집어 든다는 것이 닭의 둥우리를 집어 들고 도망을 쳤다. 동리 사람들이 뒤를 쫓았다. 중은 논밭을 가릴 사이 없이 도망치다가 깊은 물에 빠져 물을 켜고 거의 죽게 되었다. 간신히 기어나와 길가에 정신없이 쓰러져 있었다.

날이 밝자 고을 원님이 환자(還上)를 주려고 쌀 창(米倉)에 나가다, 벌거벗고 죽은 중을 보고 거적이나 덮어주고 동리 임장(任掌)에게 치우도록 하라 지시하였다. 원님을 모시고 창(倉)에 가던 사람은 집장(執杖)사령이었다. 그는 매질을 잘 못한다고 여러 번 책망을 받았다. 그리하여 죽은 중에게 매질을 익히려고 곤장을 한 아름 안고 가 중을 쳤다. 숨이 겨우 붙어 있던 중은 곤장을 몇 대 맞자 아주 숨이 끊어졌다.

상좌중이 스승 중을 찾아 나섰더니 스승은 이미 죽어 있었다. 곡절을 알아보니 사령이 곤장으로 때려 죽였다 한다. 상좌중은 연유를 알 수 없어 원님에게 소를 올렸다. 원님은 이미 죽은 중을 보았던지라 살인죄도 성립되지 않고, 송장에게 매질을 익힌 죄로 사령에게 곤장 석 대를 때려 방송하였다. '송장 쳐 죽이고 살인 당하였다.'는 말이 이 말이요, '사승습장'이라 중에게 매질 사습(私習)한다는 문자도 이로 생긴 것이다.


이러한 근원설화라 할 이야기는 많이 있다. 조선조 성종(成宗)때 성현(成俔)의 수필집인 '용재총화(傭齋叢話)'에도 죽은 중에 곤장 익히

는 이야기가 보인다. 이 이야기는 과부에게 장가들려던 중이 첫
날밤에 활개똥을 싸 쫓겨남으로 욕을 당하는 사건이다.

　속담은 이렇게 시대성과 사회성을 반영한다. 중을 조롱하고 천
대하던 것도 한 시대였다. 오늘날 우리는 종교와 신앙의 자유를
누리며 자기 나름의 종교를 믿고 살아간다. 앞으로는 지난날과
달리 이러한 시대와 사회를 반영하는 새로운 속담이 많이 생겨날
것이다.

(女性中央, 1982년 11월호)

## 중학생이 화간하고 활인서 별제가 파직 당한다

　친구들과 이야기를 하던 중 사람의 일이란 알 수 없다는 말이 나왔다. 자기는 잘 하고 사고를 당하기도 하고, 남의 죄로 난데없이 횡액을 당하기도 한다.

　횡액 가운데 남이 지은 죄로 뜻밖의 화를 입는 경우에 '중학생이 화간하고 활인서 별제가 파직 당한다.'는 속담이 있다. 이는 '순오지(旬五志)'에 다음과 같은 배경설화가 전한다.

　　의정부(議政府)의 한 사인(舍人)이 응향각(凝香閣)에서 연회를 베풀었는데 밤이 깊어서야 잔치가 파하였다. 기생 하나가 집으로 돌아가는데, 중학(中學)의 한 유생(儒生)이 길을 막고 희롱하다가 반항하는 기생의 옷을 찢게 되었다. 흥분한 기생은 이 사실을 사인에게 제소하였다. 이에 화가 난 사인은 이를 이조(吏曹) 낭관에게 알려 중학의 당직을 파직시키라고 하였다. 이때 이조에서는 무슨 큰일이라도 생길까 하여 낭관이 활인서(活人署)에 적간(摘奸)하

러 갔다가 날이 저물어 사대문이 닫혀 아직 돌아오지 않았다고
둘러댔다. 이튿날 낭관이 활인서에 나가 조사해 보니 전날 밤에
마침 별제(別提)가 숙직을 하지 않았다 하므로 그를 파직시켰다.
그래서 당시 사람들이 중학생이 화간하고 활인서 별제가 파직 당
했다고 했다. 이는 엉뚱한 일로 화를 당했다는 말이다. 적간이란
부정이 있는 관리를 적발해 내는 것이다.

중학의 유생이 기생을 희롱하고, 엉뚱하게 숙직을 하지 않은
활인서 별제가 파직을 당하게 된 것이 이 속담의 배경이라 한다.
우연히 활인서 적간 말이 나와, 활인서를 뜻밖에 적간하게 되었
고, 숙직을 하지 않은 별제는 의외의 화를 입은 것이다.

이러한 엉뚱한 횡액을 당하게 된 이야기는 설화에 많이 보인
다. 배경설화가 남녀의 희롱 이야기이니, 이번에는 화간과 관련된
것을 하나 보기로 한다. '중놈은 뭣하고 상제가 경친다.'는 속담
의 배경 설화라 할 수 있는 것이다. 이는 육담(肉談)이라 할 소화
(笑話)다.

도학이 높은 선비가 친상을 당하여 직령(直領)을 입고, 방갓을
쓴 차림으로 출입을 하였다. 저녁상식 전에 돌아오려 하였으나,
비에 막혀 주막에서 유하게 되었다.

그때 마침 여사당패들이 들어왔다. 아랫목에는 상주가 누웠고,
윗목에는 중이 자고 있었다. 사당들은 방에 들어와 되는 대로 쓰

러져 갔다. 자는데, 밤중에 한 사당에게 누군가가 접근해 왔다. 손을 들어 더듬으니 건을 썼다. 아랫목의 상주라 생각하고 사당은 몸을 허락했는데, 상주가 새벽녘에 말도 없이 조반도 들지 않고 떠난다 한다.

"여보셔요! 남의 여자를 데리고 잤으면 해웃값은 주고 가셔야지요!"

막된 사당패라 말이 고울 리 없다. 상제는 망신을 하게 되었는데, 자기는 아니라 해도 사당은 상제를 상대했다고 했다. 능갈친 주막쟁이가 상제의 체면을 세워 주려고 행하(行下)는 대체하였다. 그리고 이렇게 말했다.

"그 돈은 열 냥인데, 나중에 천천히 보내셔도 좋습니다."

상주는 그 길로 집에 돌아와 머리를 싸매고 누웠다. 말도 하지 않고, 물 한 모금도 마시려 하지 않았다.

"상중의 몸이라 집에서도 그런 일이 없는데, 이런 망신을 당하고 어찌 낯을 들고 살겠느냐?"

이렇게 한탄만 했다. 큰아들의 간청에 못 이겨 상주는 마침내 유언처럼 전후사를 이야기했다. 이에 아들은 관가에 제소하였다. 원은 처리하기가 난감했다. 여인은 건 쓴 사람이 확실하다고 하고, 상제 부자는 아니라 하니…….

원은 기상천외의 재판을 하기로 하였다. 원은 "나는 그런 짓을 한 놈의 물건을 보면 다 안다."며, 장막을 치고 거기 뚫린 구멍으로 그 물건을 내어 놓으면 내가 가려 왈가왈부 할 것 없이 칼로 내려칠 것이니 그리 알라고 엄포를 놓았다. 그리고 살피는 기색을 보이더니, 마침내 "그놈을 내려 쳐라."하고 추상같은 호령을 하였다. 그러자 하나가 안으로 쏙 빠져 들어갔다. 물론 중이 제 발이 저려 본능적으로 뺀 것이다. 여인이 중의 말은 듣지 않을 테니까 상주의 건을 쓰고 여인에게 접근한 것이다. 그리하여 원은 중을 징치(懲治)하고, 상주는 도덕군자의 면목을 회복하였다.

앞에서 사람의 일이란 알 수 없다고 하였다. 활인서 별제는 날 벼락을 맞았고, 상제는 불행 중 신원을 하였다. 그리고 보면 무엇보다 사람은 처신도 잘 해야 하겠지만 '까마귀 싸우는 골'엘 가지 말아야 할 것 같다.

## 쥐구멍에도 눈이 든다

겨울의 서정시는 눈이다. 잿빛 하늘에 분방하게 휘날리는 눈은 더 할 수 없이 낭만적이고, 온 세상을 하얗게 뒤덮은 눈은 가슴을 설레게 한다.

그러나 속담 속에 반영된 눈은 이런 정서적인 면은 별로 보여 주지 않는다. 오히려 사실세계(事實世界)의 눈으로써 우리에게 교훈을 주고 있다.

'눈 온 뒷날은 거지가 빨래를 한다.'는 속담이 있다. 눈이 내린 뒷날은 날씨가 맑고, 푹해 거지가 옷을 빨아 입는다는 말이다. 일본 속담에는 '눈은 해의 근원'이라고 하여 눈 온 다음에 날씨가 맑음을 일러 주는 속담도 있다. 그리고 우리와 같이 '눈 온 다음 날은 거지도 빨래한다.'는 속담 외에 '눈 오고 갠 때에는 샛서방 옷을 빨아라.'라는 속담도 보여 준다. 날씨가 푹한 것은 눈 온 다음날만이 아니다. 눈 오는 날도 날씨는 푹한 법이다. 그러기에

'눈 오는 날에는 문둥이도 빨래를 한다.'는 속담이 있다. 일본 속담에도 '눈이 내릴 때에는 고아의 옷을 빤다.'라 한다.

'눈은 보리의 이불'이요, '눈이 많이 내리면 그 해 풍년이 든다.'고 한다. 눈과 풍작(豊作)의 관계는 각국의 속담에 두루 보인다. 일본에서는 '눈은 풍년의 조짐', '눈은 풍년의 공물(貢物)'이라 하고, 영국에서는 '눈이 많이 내린 해는 풍년', '장마의 해는 기근, 호설(豪雪)의 해는 풍작'이라 한다.

'쥐구멍에 볕 들 날이 있다.'는 속담이 있다. 불행하고 어려운 사람이라도 행운이 찾아올 날이 있다는 말이다. 그런데 이와는 달리 '쥐구멍에도 눈이 든다.'는 속담도 있다. 이는 어떠한 사람이라도 불행은 면할 수 없다는 것을 나타낸다. 여기서는 '눈'이 '불행'을 나타낸다. 이는 눈이 주는 '한고(寒苦)'에 말미암은 것이라 하겠다. '눈 위에 서리 친다.'나, '설상가상(雪上加霜)'의 눈도 마찬가지로 불행이나, 고난을 의미한다. 사육신의 한 사람인 유응부(兪應孚)의 시조에 보이는 '눈서리'도 이러한 뜻으로 쓰인 것임은 물론이다.

> 간밤에 부던 바람에 눈서리 치단말가
> 낙낙장송이 다 기울어 가노매라.
> 하물며 못 다 핀 꽃이야 일러 므슴 하리오

여기 쓰인 '눈서리'는 세조(世祖)의 학정을 비유한 것이다.

눈을 빌어 인생의 교훈을 주는 것으로는 일본 속담에 두어 가지 참고할 것이 있다. '눈과 욕심은 쌓일수록 길[道]을 잃는다'는 그중 하나다. 눈이 많이 내리면 길을 분간할 수 없듯이, 욕심이 지나치면 도리뿐이랴, 사망을 낳는 법이다. 또 하나는 '눈길과 생선 알 국은 뒤질수록 좋다.'는 것이다. 눈길은 남이 밟은 곳을 따라가는 것이 좋고, 알 국은 알이 부서져 가라앉으므로 냄비 바닥에 가까울수록 그 맛이 좋다는 말이다. 이는 생활경험을 통해 얻은 소중한 생활철학(生活哲學)이다.

우리 속담에는 '눈'을 빌어 표현한 것으로 재미있는 것이 하나 있다. '기암절벽 천층석(千層石)이 눈비 맞아 썩어지거든'이란 것이다. 층암절벽(層巖絶壁)이 눈비를 맞아 썩을 리가 없다. 이는 실현 가능성이 없는 것을 나타낸다. 이러한 실현 가능성이 없는 것을 나타내는 속담은 많다. '남원고사'에는 춘향이 이러한 속담을 열거하여, 도령이 돌아오기 어려움을 나타내고 있는 구절이 보인다.

도련님 이제 가면 언제 오랴시오? 태산중악 만장봉이 모진 광풍에 쓸어지거든 오랴시오? 기암절벽 천층석이 눈비 맞아 썩어지거든 오랴시오? 용마 갈기 두 사이에 뿔 나거든 오랴시오? 십리 사장 세모래가 정 맞거든 오랴시오? 금강산 상상봉이 물 밀어 배를 둥둥 띄여 평지 되거든 오랴시오? 병풍에 그린 황계 두 나래

343

를 둥덩 치고 사오경 늦은 후에 날 새라고 꼬꾜 울거든 오랴시
오? 층암절벽에 진주 심어 싹 나거든 오랴시오?

　이밖에 눈에 관한 우리 속담은 '눈을 져다 우물을 판다.', '눈
집어먹은 토끼 다르고, 얼음 집어먹은 토끼 다르다.', '봄눈 녹듯
한다.', '어느 구름에 눈이 들며, 어느 구름에 비가 들었나?' 같은
것이 있다. 이들은 각각 속셈이 둔한 것, 경험의 차이, 잘 녹는
것, 미래의 일은 알 수 없다는 것을 나타낸다.

　눈은 겨울이 우리에게 주는 서정시(敍情詩)다. '쥐구멍에도 눈이
든다.'는 불행이 아니라, '눈이 많이 내리면 그 해 풍년이 든다.'
고 하는 눈, 어지러울 정도로 현란한 눈의 낭만이 우리 앞에 전
개되어야 한다.

(女性中央, 1982년 2월호)

# 지어미 손 큰 것

'잎이 하나 떨어지는 것을 보고 천하에 가을이 온 것을 알고, 꽃 한 송이 피는 것을 보고 천하에 봄이 온 것을 안다.'고 경전은 이르고 있다.

이제 3월, 움츠렸던 겨울이 가고, 꽃이 피고 새가 노래하는 봄이 우리 앞에 다가왔나 보다. 사람들은 봄을 사랑한다. '남비추(男悲秋) 여희춘(女喜春)'이라고, 여성들이 더욱 봄을 사랑한다.

그런데 우리 속담을 보면 봄은 그렇게 사랑 받는 계절은 아니었던 것 같다. 봄은 무엇보다 '춘궁(春窮)'이란 낱말이 나타내듯, 양식이 떨어져 궁하게 지내는 계절이었다. '봄에 의붓아비 제(祭) 지낼까?'는 이런 상황을 단적으로 나타내 준다. 양식이 떨어져 먹고 살기도 어려운 봄철에 체면을 세우려고 어찌 의붓아비 제사를 지내겠느냐는 말이다. '가을에 내 아비 제도 못 지내거든, 봄에 의붓아비 제 지낼까?'는 비교를 통해 그 상황을 좀 더 구체적으로 표현하고 있다.

묵은 곡식은 떨어지고, 보리는 아직 여물지 않아 농촌살림이 매우 어려운 음력 4, 5월을 '보릿고개(麥嶺)'라 한다. '보릿고개가 태산보다 높다'나, '보릿고개에 죽는다.'는 이 춘궁기를 견뎌내기 어려움을 나타낸 속담이다. 그런데 우리 속담의 '봄'은 이 '보릿고개'와 같은 뜻의 말이었다. '강철(強鐵)이 간 데는 가을도 봄이다'나, '황충(蝗蟲)이 간 데는 가을도 봄'이 그 예다. '강철'은 초목을 말려 죽이는 독룡(毒龍)이며, '황충'은 풀무치로, 농작물에 피해를 입히는 해충이다. 따라서 이들이 지나간 곳은 가을이 돼도 추수할 것이 없어 곤궁한 계절, 봄이 된다는 말이다. '봄 사돈은 꿈에도 보기 무섭다.'는 이때 손님 접대하기가 어려움을 일러 주는 말이다. 봄이 이렇게 가난이나, 곤궁에 비유되는 속담은 다른 나라에서는 그 유례를 쉽게 찾아볼 수 없다. 이런 것을 보면 우리 조상들의 삶이 꽤나 각박했었을 것임을 추측케 한다. 실로 우리는 1920년대의 소설 '감자', '화수분', '빈처'와 같은 빈궁문학(貧窮文學)의 작품에서 찢어지게 가난한 삶을 쉽게 접할 수 있다. 그러나 이제는 '보릿고개'라는 말도 사라지고, 봄은 아름다운 심상(心象)으로 받아들이게 되었으니 참으로 다행스러운 일이다.

일본 속담의 경우 봄은 날씨와 관련된 것이 많다. '봄 북풍에 가을 남풍', '봄에 사흘 갠 날이 없다', '봄 추위와 가을 배고픔은 견디기 어렵다', '봄날 탄 것에 망나니도 반하지 않는다'와 같은 것이 그 대표적인 예다. 이들은 봄날 북풍이 불고, 비가 자주 오며, 날씨가 춥고, 봄볕이 따가움을 일러준다. 영국 속담은 봄을 소재로 한 것이 별로 보이지 않는다. '따뜻한 일월, 추운 봄'은 몇 개 안 되는 봄 속담 가운데 날씨를 일러 주는 것이다. 일월이 따뜻하면 봄 날씨가 춥다는 생활 경험을 표현한 것이다.

우리 속담도 일본 속담처럼 날씨에 관한 것을 꽤 보여 준다. '봄바람에 죽은 노인', '봄볕에 그을리면 보던 님도 몰라본다.'가 그중 대표적인 것이다. 이들은 봄바람이 차고, 봄볕이 세어 피부가 잘 탐을 나타내는 것으로, 일본 속담의 내용과 일치한다. 그러나 우리에게는 비가 자주 온다는 속담은 보이지 않는다. 그만큼 일본에 비해 봄비가 덜 내린다는 사실을 확인해 주는 것이라 하겠다. 우리에게는 오히려 '봄비 잦은 것'이라 하여 쓸데없고 해로운 것이 '봄비'라는 것을 인식하게 한다. 패관잡기(稗官雜記)에는 이런 기사가 보인다.

봄비 잦은 것, 돌담 배부른 것, 사발 이 빠진 것, 노인 부랑(浮浪)한 것, 어린애 입 잰 것, 중 술취한 것, 진흙부처 강 건너는 것, 지어미 손 큰 것, 밥상에서 소리 내는 것은 쓸데없는 일이다.

여기 인용된 쓸데없는 일(無用之事)은 그대로 다 속담으로 굳어진 것들이다. '봄비 잦은 것'은 농사에 이롭지 않음을 말한다. 이 속담은 '봄비가 잦으면 마을집 지어미 손이 크다.'거나, '봄비 잦은 것은 가을 지어미 손 큰 것 같다.'와 같이 변형된 것도 보여 준다. 봄비가 잦으면 아낙네의 씀씀이가 상대적으로 헤퍼진다는 뜻이며, 봄비가 잦은 것은 여인이 활수(滑手)한 것같이 쓸데없다는 말이다. 요사이같이 근검절약해야 하는 시대이고 보면 '지어미 손 큰 것'은 생활을 반성하게 하는 좋은 경구(警句)가 된다.

우리 속담의 '봄'은 고난의 '봄'이었다. 그러나 그 '봄'도 이제는 변하였다. 오늘날 우리는 단군 이래 가장 풍요를 누리며 산다고 한다. 일본 속담에 '새봄엔 죽은 말의 목도 움직인다.'고 한다. 새봄을 맞아 삼라만상과 더불어 좀 더 약동하는 자세를 갖추어야 하겠다.

(女性中央, 1982년 3월호)

## 참새는 작아도 알만 잘 낳는다

'겉 볼 안'이란 속담이 있다. 겉을 보면 그 속을 짐작할 수 있다는 말이다.

'참새는 작아도 알만 잘 낳는다.'는 이 속담에 정면으로 반기를 드는 속담이다. 이는 외형은 비록 작고 보잘 것 없으나, 제 할 일을 다 함을 나타낸다. 이 속담은 구전(口傳)되는 '사위 삼소'란 민요에도 보인다.

저기 가는 저 할머니/ 반달 같은 딸 있으면/
왼 달 같은 사위 삼소
반달 같은 딸은 있네마는/ 나이 어려 못 삼겠네.
어리단 말 말으시오
제비는 작아도/ 강남서 예까지 와서
알을 낳고,
참새는 작아도 새끼를 친다오

작다니 웬 말이오?
거미는 작아도 줄만 친다오.
작다니 웬 말이오?

이는 전주(全州)지방에서 채집된 민요다. 이 노래에는 제비와 함께 참새, 거미가 작으나 제 구실을 하는 것으로 그려져 있는데, 이들도 다 속담으로 굳어져 있다. '제비는 작아도 강남 간다.', '거미는 작아도 줄만 친다.'가 그것이다. 속담의 '작다'란 말은 '어리다'는 말로 바뀌어 쓰이기도 한다. 강원도 양양(襄陽) 지방의 '사위 삼소' 노래의 표현이 그러하다.

저기 가는 저 할머니/ 딸이나 있거든 사위 보소
딸은 있지만 나이가 어려서/
아이구, 할머니 그 말씀 마오
참새는 어려도 알만 낳소/ 제비는 어려도 강남만 가요

향토적 서정미가 짙은 소설가 김유정(金裕貞)의 '봄봄'에는 "빙모님은 참새만한 것이 그럼 어떻게 앨 낳지유?"라는 주인공의 말이 보인다. 이는 '참새는 작아도 알만 잘 낳는다.'는 속담의 의미를 그 속에 함축하고 있는 것이다.

소설 '봄봄'은 봄이 되어 싱숭생숭해진 여인의 마음을 그린 것이다. 주인공은 일을 해 주면 딸과 성례(成禮)시켜 주마하여, 봉필

씨의 데릴사위로 들어갔다. 그러나 삼 년이 지나도록 성례는커녕, 새경도 주지 않는다. 그래서 떼를 쓰고 심통을 부리면 장인은 딸이 커야지 혼인을 시키지 않겠느냐고 한다. 이럴 때면 주인공도 난처해진다. 장차 아내가 될 점순이는 밤낮 겨드랑 밑을 넘을락 말락 그 모양이기 때문이다. 어느 날 구장(區長)한테 가 시비를 가리니 구장도 성례시켜 줄 것을 권한다. 이때의 장면이 소설에서는 이렇게 그려지고 있다.

그러나 이 말에 장인님이 삿대질로 눈을 부라리고, "아, 성례구 뭐구 계집애년이 미쳐 자라야 할 게 아닌가?" 하니까, 그만 멀쑤룩 해서 입맛만 쩍쩍 다실 뿐이 아닌가—

"그것두 그래!"

"그래 거진 사년 동안에도 안 자랐다니, 그 킨 은제 자라지유? 다 그만 두구 사경 내슈—"

"글쎄, 이 자식아! 내가 크질 말라구 그랬니, 왜 날 보구 떼냐?"

"빙모님은 참새만한 것이 그럼 어떻게 앨 났지유?"

장모도 작지만 아이를 낳고 여자 구실을 하였으니 점순이도 결혼할 수 있지 않겠느냐고 닦아세운 것이다.

확실히 이 세상의 모든 사물이 '겉 볼 안'은 아니다. 겉 다르고 속 다른 경우도 얼마든지 있다. '참새는 작아도 알만 잘 낳는다.' 는 왜소(矮小)한 사람을 위로해 주는 속담이다. 그러나 그런 것만은 아니다. '키 크고 싱겁지 않은 사람 없다.'는 속담이 이의 반증이다. 나폴레옹, 칭기즈칸 같은 영웅들이 다 키가 작은 사람이었다는 것은 이러한 사실을 실증한다.

우리 주변에는 '속 다르고 겉 다른 사람'이 아닌, '겉 볼 안'인 사람이거나, '참새는 작아도 알만 잘 낳는다.'는 속담에 어울리는 사람이 많아야 하겠다.

(女性中央, 1984년 3월호)

# 춘향이 집 가는 길 같다

'주어도 미운 사람, 안 주어도 예쁜 사람'

이는 어느 소설에서 거지가 동량을 청하다 거절을 당하고 나오며 중얼거리는 말이다.

사람의 언행(言行)은 그것이 외형상 비슷하다 해도 태도 여하에 따라 상대방에게 미치는 영향은 사뭇 다르다. '제 것 주고 뺨 맞는다.'는 속담은 이러한 상황을 단적으로 나타내 주는 말이다.

우리 속담에 '춘향이 집 가는 길 같다.'는 것이 있다. 집 찾아 가는 것이 매우 복잡함을 풍자적으로 나타내는 말이다. 이 속담이 이러한 비유의 뜻을 가지게 된 것은 춘향이가 도령에게 뒤숭숭하게 자기 집을 일러준 데 연유한다. 이때의 장면이 '남원고사(南原古詞)'에는 다음과 같이 그려져 있다(p.261 '동양문고본'의 사설 참고).

저 건너 석교상(石橋上)의 한 골목 두 골목 지나 홍전문(紅箭門)

드리다라 조방청 앞으로, 대로 천변(川邊)을 나가서 향교(鄕校)를 바라보고 종단(終端)길 돌아들어 모퉁이 집 다음 집, 옆댕이 집 구석 집, 건너편 군청(郡廳)골, 서천골 남편 쪽 둘째 집 배추밭 앞으로 가라산, 김 이방(吏房) 집 앞으로, 정 좌수(座首) 집 지나 박 호장(戶長) 집 바라보고, 최 급창(及唱)이 누이집, 사이골 들어 사거리 지나서 복작골 막다른 집이올시다.

광한루에서 불망기(不忘記)를 써 받고 얼러졌다 하여 초대면의 도령에게 넉살 좋게 기롱으로 집을 이르는 행실은 그리 아름다운 것은 못 된다. 이는 재담이 아니요, 수다로 그의 인품과 신분을 의심케 할 뿐이다.

그러나 '봉산 참배 먹는 소리'로 표현되는 춘향의 등 긁는 태도는 요조숙녀의 행실이다. 최남선(崔南善)의 '고본 춘향전'에는 다음과 같은 도령의 찬사가 보인다.

요사이 노는 계집년들은 서방의 등을 긁어 달라 하면 모진 손으로 밭고랑이 되도록, 간 줄기가 떨어지도록, 남소문(南小門)골 갖바치 모진 창에 무두질하듯 득득 긁는데, 우리 춘짜는 그렇지 아니하여 내가 어깨만 으쓱하면 어느 사이에 알아보고, 찬 손을 급히 넣으면 산뜻 감기 들까 염려하여 제 손을 제 가슴에 먼저 넣어 찬 기운을 녹인 후에 내 등에 손을 넣어 어찌 신통이 아는지, 똑 가려운 데만 살근살근 긁을 적에 이 좋은 어린 아이 봉산 참배를 먹는 소리같이 사각사각할 제 눈이 절로 감기이고, 살이 절로 오르는 듯, 두 손길을 펼쳐 긁은 데를 쓰라릴까 하여 살살 쓰다듬어 어루만져 이 물어 부르튼 데 손톱으로 자근자근 누른 후에…

시원하게 긁어 주는 것만도 사랑스럽거늘, 긁기 전후의 세심한 춘향의 태도에 도령은 얼마나 감동하였으랴? 이때 춘향이는 겨우 이팔(二八), 16세의 어린 소녀이다. 그 어린 나이에 어쩌면 그러한 소견까지 났다는 말인가? 이러한 춘향의 심지(心志)는 현대의 여인들도 갖추면 좋을 것 같다. 사랑과 감동은 거창한 것에서만 피어나는 것이 아니다. 조그만 배려에서 싹이 트고 감동을 주는 법이다.

춘향의 이러한 심지와는 달리 놀부의 심술은 고약한 심사의 대표적 예가 된다. 이의 자세한 용례와 경판 25장본의 용례는 앞에서 살펴본 바 있다. 여기서는 20장본의 상대적으로 간략한 용례를 보기로 한다.

놀부 심사를 볼작시면 초상난 데 춤추기, 불붙는 데 부채질하기, 해산한 데 개 닭 잡기, 장에 가면 억매흥정, 우는 아이 볼기치기, 갓난아이 똥 먹이기, 무죄한 놈 뺨치기, 빗 값에 계집 뺏기, 늙은 영감 덜미 잡기, 아이 밴 데 배 차기, 우물 밑에 똥 누기, 오려논에 물 터놓기, 잦힌 밥에 돌 퍼붓기, 패는 곡식 이삭 끊기, 눈두렁에 구멍 뚫기, 호박에 말뚝 박기, 곱사장이 엎어 놓고 발꿈

치로 탕탕 차기, 심사가 모과나무의 아들이라.(현대어 역)

이러한 놀부의 심사는 '초상난 데 춤추기' 이하가 사나운 심술을 풍자하는 속담으로 정착되었다. 천추에 지울 수 없는 놀부의 심사로 각인(刻印)된 것이다.

'같은 값이면 다홍치마'라 한다. 이왕이면 주고도 미운 사람보다는 안 주고도 예쁜 사람이 되는 심지와 언행을 갖추도록 해야 하겠다.

(女性中央, 1981년 10월호)

# 충주 결은 고비

'충주 결은 고비'라는 속담이 있다. 이는 비교적 잘 알려진 속담으로, 매우 인색한 사람을 비유적으로 이를 때 쓰는 속담이다.

'충주(忠州)'는 충청북도 북부에 있는 고을 이름이다. '결은'은 '겯다'를 기본형으로 하는 동사로, 이는 '기름 따위가 흠씬 배다. 또는 그렇게 하다'를 뜻한다. '작업복이 기름에 결었다.', '땀에 결은 세수수건'과 같이 쓰인다. 염상섭의 '삼대'에는 '병화는 막걸리에 결은 사람 같은 거센 목소리로 이런 수작을 하였다.'와 같이 사람이 막걸리에 '결었다'는 용례까지 보여 준다. 이러한 '겯다'는 흔히 '절다'와 혼용된다. 아니 혼용된다기보다 '절다'로 많이 쓰인다. '표준국어대사전'에는 이의 풀이가 다음과 같이 되어 있다.

① 푸성귀나 생선 따위에 소금기나 식초, 설탕 따위가 배어들다.
② 땀이나 기름 따위의 더러운 물질이 묻거나 끼어 찌들다.

③ 사람이 술이나 독한 기운에 의하여 영향을 받게 되다.

　속담의 경우는 이들 풀이 가운데 특히 ②, ③의 풀이와 관련된다. 이 '절다'는 '쩔다'라고 하여 좀 더 강한 뜻을 나타내기도 한다. '땀에 쩐 군복', '술 담배에 쩐 노동자'와 같이 쓰이는 것이 그것이다. 그러나 이 '쩔다'는 잘못 쓰는 것으로 본다. 북한에서는 우리와 달리 '쩔다'를 '절다'를 강조하여 이르는 말로 인정하고 있다.

　'고비'는 한자어 '고비(考妣)'로 돌아가신 부모를 뜻한다. 특히 속담에서는 지방(紙榜)을 쓸 때 아버지는 '현고학생부군 신위(顯考學生府君 神位)', 어머니는 '현비유인풍양조씨 신위(顯妣孺人豊壤趙氏 神位)'와 같이 써 '고비(考妣)'가 지방을 나타낸다.

　이렇게 되어 '충주 결은 고비'는 '충주의 기름에 전 지방'이란 뜻이 된다. 여기에는 배경설화가 있다. 곧, 충주에 이 모(李某)라는 부자가 살고 있었다. 그는 제사를 지낸 다음 지방을 태우고(燒紙), 매년 새로 쓰는 것을 아깝게 생각했다. 그래서 지방을 기름으로 결어서 매해 다시 사용했다고 한다. 다른 것도 아닌, 조상을 위하는 제사에 종이 한 장이 아까워 기름에 결어서 썼다니 참으로 인색한 사람이다. 이로 말미암아 인색한 사람을 '충주 결은 고비'라 하게 되었다는 것이다. 이 속담은 '자린고비', '자린고비 영감'이라고도 한다. 여기 쓰인 '자린'은 '결은', 혹은 '절인'이 와전된 것이라 하겠다. '충주 결은 고비'와 같이 인색한 사람을 이르는 속담에는 또 "최 생원의 신주 마르듯"이란 것이 있다. 이는 인색한 최(崔) 생원이 제사를 지내지 않아, 신주(神主)가 얻어먹지 못해 말랐다는 말이다. '초상(初喪) 안에 신주 마르듯'도 같은 뜻의 속담이다. 이는 삼년상(三年喪)은 고사하고, 이미 초상 안에 제사를 폐했음 나타낸다.

'충주 결은 고비'와 같은 인색한 사람의 설화는 여러 가지가 있다. 여기서는 그중 한 가지를 소개하기로 한다.

경상도 어느 시골에 인색하기로 유명한 사람이 살고 있었다. 그는 생선장수가 오면 생선을 살 듯이 이놈 저놈을 만지작거리며 손 전체에 비늘과 생선 냄새를 묻혔다. 그리고는 안 사겠다고 장수를 돌려보냈다. 그 뒤 그는 큰 그릇에 비늘과 생선 냄새가 묻은 손을 씻어 국을 끓이도록 하였다. 가끔은 육고간(肉庫間)에 가 고기를 만지작거리다가 돌아와 손을 씻어 고깃국(?)을 끓이게 하였다. 사람들은 그를 노랑이라 불렀다.

이 영감이 하루는 장독에 햇볕이 들게 뚜껑을 열어 놓았다. 그때 쉬파리가 장독으로 들어가 된장을 빨았다. 이를 본 영감은 파리를 잡으려 하였다. 이리 저리 도망치는 파리는 장독에서 마당으로, 그리고 마침내 논밭으로 달아났다. 영감은 얼굴을 벌겋게 붉혀가며 계속 쫓아갔다. 파리는 30리를 날아갔다. 그리고 마침내 지쳤고, 영감에게 잡히고 말았다. 노랑이 영감은 두 손가락으로 쉬파리의 날개를 잡고, 다리와 엉덩이에 묻은 된장을 쪽쪽 빤 다음 집어 던졌다. 그제야 영감의 직성은 풀렸다.

노랑이 영감이 하루는 장에 가 고등어를 한 마리 사 가지고 왔다. 식구들은 영감이 마음이 변했나 하였다. 그러나 그게 아니었다. 영감은 천장에 고등어를 매달고, 이렇게 말했다. '오늘부터 자반고등어를 먹게 되었다. 그러니 밥 한 술 먹고 자반고등어를 한 번씩만 쳐다보아라.' 소금반찬을 하던 터라, 자반고등어만 보아도 밥맛이 나고 밥이 많이 먹혔다. 어린 손자는 한 술에 두 번 쳐다보다 야단을 맞기도 했다. 영감네에는 아직도 간 고등어가 매달려 있는데 그을고 졸아들어 그것이 자반고등어인지, 썩은 나무토막인지 알 수 없이 되었다.

이는 충주 지방의 이 씨 설화를 윤색 증보한 것이라 하겠다. 그래서 속담의 의미를 좀 더 강화하고 있다. 인생에 있어 절약은 좋으나, 지나친 인색은 사람을 추하게 만든다. 중용의 도를 찾아야 한다.

# 칠팔월 가지 씻듯

더운 여름이다. 바다가 그리워지는 계절이다. 바다엘 가지 못할 형편이라면, 시원하게 목욕이라도 하면 좋을 것 같다.

고소설에는 목욕의 장면이 별로 그려져 있지 않다. 그런데 이 드문 목욕 장면이 '춘향전'과 '배비장전'에 보인다.

'춘향전'의 목욕 장면은 경판(京板) '춘향전'과 고대본(高大本) 춘향전에 보인다. 고대본에서는 춘향이가 그네를 뛴 뒤에 냇물에서 목욕을 한다. 도령은 물론 물놀이 하는 춘향을 지켜본다. 그리하여 심사가 산란해진 그는 초풍(招風) 만난 사람처럼 떨게 된다. 춘향이 몸을 씻는 장면은 다음과 같이 그려져 있다.

물에 풍덩 뛰어들어 물 한 줌 듬뿍 집어 양치질도 하여 보며, 물 한 줌 듬뿍 집어 도화(桃花)같은 귀밑을 홀랑홀랑 씻어보며, 물 한 줌 듬뿍 집어 연적(硯滴) 같은 젖통이를 왕십리 마누라 풋나물 주무르듯 주물렁주물렁 씻어보며, 물 한 줌 듬뿍 집어 학(鶴) 같은 모가지를 칠팔월 가지 씻듯 뽀도독 뽀도독…

여기에는 두어 가지 속담이 쓰이고 있다. '왕십리 마누라 풋나 물 주무르듯'과 '칠팔월 가지 씻듯'이 그것이다. '왕십리 마누라 풋나물 주무르듯'은 오늘날 '왕십리 어멈 풋나물 주무르듯'으로 정착된 속담이다. 이는 되는 대로 마구 주무른다는 뜻을 나타낸 다. 이명선본 '춘향전'의 다음 예가 그것이다.

두 손으로 똥 주무르기를 왕십리 어멈 풋나물 주무르듯 똥 묻 은 손을 뿌리다가 돌부리에 부딪치니…

판수가 개천에 빠져 기어 나오다가 똥을 주무르고 뿌리치는 장 면을 익살스럽게 묘사한 것이다.

'칠팔월 가지 씻듯'은 고대본의 예문에도 보이듯 어떤 것을 뽀 도독 뽀도독 잘 씻는 것을 의미한다. 고대본 '춘향전'은 춘향이 모가지를 뽀도독 뽀도독 씻는다고 되어 있다. 속담의 가지는 3· 4월이나, 5·6월의 가지가 아니라, 7·8월의 가지라는 데 악센트 가 놓여 있다. 이는 빈약하지 않고 탐스러우며, 감각적이란 심상 을 안겨 준다. 여기서도 춘향의 목이 희고 탄력성이 있으며, 탐스 럽다는 것을 비유하고 있는 것이라 하겠다. '어머니가 포동포동한 아기의 팔을 칠팔월 가지 씻듯 뽀도독 뽀도독 씻긴다.'라고 할 때에도 그 감각성은 드러난다.

'배비장전'의 목욕 장면은 배비장을 유혹하려는 애랑(愛娘)이 펼친 것이다. 애랑이 몸을 씻는 장면은 '춘향전'의 그것과 비슷하게 묘사되어 있다. 이때의 장면 묘사는 다음과 같다.

맑은 물 한 줌 옥수(玉手)로 담쏙 쥐어 분길 같은 양수(兩手)를 칠팔월 가지 씻듯 보드득 씻어보고, 청계(淸溪) 하엽(荷葉) 만발한 데 푸른 연잎 뚝 떼어서 맑은 물 담쑥 떠서 호치단순(皓齒丹脣) 물었다가 양치질도 솰솰 왁 토하여 뿜어보고, 물 한 줌을 덤벅 쥐어 연적 같은 젖통이도 씻어 보고…

이 목욕 장면에도 '칠팔월 가지 씻듯'이란 속담이 쓰이고 있다. 다만 여기 비유의 대상은 '모가지' 아닌 '양수(兩手)'로 되어 차이를 보인다. 비유하는 대상이 가지이고 보면 '춘향전'의 모가지보다는 '배비장전'의 '양수'가 더 어울린다 할 것이다. 그것은 비유하는 것과 비유되는 것 사이에 보다 유사성이 있기 때문이다.

그러나 배비장전에는 '연적 같은 젖통이도 씻어 보고'라고만 하고, '왕십리 마누라 풋나물 주무르듯'이란 비유적 속담은 생략하고 있다. 따라서 앞가슴을 씻는 동작은 춘향에 비해 애랑이 훨씬 얌전하다. 그러나 목욕하는 데 얌전한 것이 무슨 대수랴? 이리저리 잘 씻는다는 것을 생각하면 춘향전의 묘사가 훨씬 수사적이라 하겠다. 대부분의 춘향전에는 춘향의 개구쟁이 같은 성격이 반영된다. 이런 점을 감안하면 '왕십리 어멈 풋나물 주무르듯'이란 비유적 속담은 표현 가치를 지니는 것이라 하겠다. '칠팔월 가지 씻듯' 뽀도독 뽀도독 씻을 것이 뭐 없을까……

(女性中央, 1985년 8월호)

# 합천 해인사 밥이냐?

'합천 해인사 밥이냐?'라는 속담이 있다. 이는 속담의 배경을 모르는 한 그 의미를 제대로 알 수 없다. 상상의 날개를 펴 절의 밥이니 육류(肉類)가 전혀 없고 산채(山菜)만의 밥상이 아니겠느냐는 해석이 고작일 것이다. 그러나 그런 것이 아니다. 오히려 생뚱맞게 밥이 제때 나오지 않고 늦게 나오는 것을 비유적으로 나타낸다.

경상북도 합천(陝川)에 있는 해인사(海印寺)는 신라 때 순응(順應), 이정(利貞) 두 대사가 세운 대찰(大刹)이다. 여기에는 매우 큰 솥이 있었다는 설화가 있다. 이러한 설화 가운데 하나가 '성수패설(醒睡稗說)'에 전하는 이야기다. 이 패설은 합천 해인사에 있는 가마솥(釜子)은 크기로 유명했고, 안변(安邊) 석왕사(釋王寺)의 뒷간은 높기로 유명했다고 전제하고, 다음과 같은 이야기를 소개하고 있다.

해인사 중은 석왕사의 뒷간을 구경하러, 석왕사 중은 해인사의 가마솥을 구경하러 가다가 중로에서 만났다. 그들은 어느 절에 있으며 어디를 가느냐고 물었다.

해인사의 중은 '안변 석왕사의 뒷간을 구경하러 간다'고 했고, 석왕사 중은 '합천 해인사의 가마솥을 구경하러 길을 떠났다'고 했다. 이렇게 두 절의 중이 우연히 만나게 되니 자연히 화제가 가마솥과 뒷간이 됐다. 석왕사 중이 먼저 물었다.

"귀사(貴寺)의 가마솥이 크기로 유명한데 대체 얼마나 크오?"

"그 큰 규모는 말하기 어렵군요 지난해 동지에 팥죽을 끓이지 않았겠소? 상좌가 배를 타고 죽물에 바람을 일으켜 저어 갔는데 여태까지 돌아오지 않았다오"

이 말을 들은 석왕사 중은 놀라는 듯이 말하였다.

"과시 크도다. 이는 동해보다 더 넓군."

해인사 중은 "아무리 동해보다 넓기야 하겠소"하고, 석왕사 중에게 석왕사 뒷간이 그리 높다고 하는데 그 높이가 얼마나 되느냐고 물었다.

"그 높이 역시 형용할 수 없소 소승이 절을 떠날 때에 사승(師僧)께서 변을 보셨는데, 그 덩어리가 아직도 바닥에 떨어지지 못했을 거외다."

이 말을 들은 해인사 중은 "과연 높군요 구만리장천보다 더 높겠소" 했다. 그러자 석왕사 중은 "아무리 그보다 높기야 하겠소만은 그리 차이가 나지는 않을 거외다."했다.

이리하여 두 중은 이제 잘 들어 실체를 알았으니 굳이 가 볼 필요가 없겠다고 각자의 길을 갔다.

두 중의 이야기는 과장이 심하지만 해인사 솥의 크기가 대단하다는 것을 느끼게 하기에 충분하다. 그러니 이런 솥에 밥을 짓자면 시간이 걸리고, 자연 더뎌져 제 때에 식사가 제공되지 못할 것임은 불문가지다. 그래서 "합천 해인사 밥이냐"는 밥이 늦어져, 제때에 나오지 않는 것을 비유적으로 나타내게 되었다.

해인사 큰솥의 이야기는 '성수패설'의 이야기와는 다소 다른 설화도 있다. 이훈종의 '거시기'(1988)에는 다음과 같은 야담이 소개되고 있다.

옛날부터 양산 통도사는 중이 많기로, 합천 해인사는 가마솥이 크기로, 광주의 봉은사는 뒷간이 깊기로 이름이 났다. 어느 날 세 절의 중이 한 자리에 모여 서로 자랑을 하였다.

"우리 뒷간은 어찌나 깊은지 오늘 대변을 보면 내일 이맘때쯤이나 바닥에 떨어질 게요."

"우리 절은 생긴 지 천년이 되지만 중이 많아 아직 정확한 인원수를 모르고, 드나드는 돌쩌귀에서 부서져 나오는 쇳 가루가 하루 아침에 서 말 가량은 됩니다."

"우리 절의 솥은 얼마나 큰지 작년 동짓달 팥죽을 쑤는데, 솥 가운데 배를 띄우고 팥죽을 젓던 중이 풍파에 어디론지 날아가 아직까지 소식이 없으니 큰 걱정이외다." 했다.

통도사는 중의 수가 많고, 해인사는 솥이 어마어마하게 크며,

봉은사는 뒷간의 깊이가 대단하다는 이야기다. 여기에는 '성수패록'의 석왕사가 봉은사로 바뀌었고, 통도사의 중이 많다는 것이 추가되었다. 해인사 솥의 이야기는 대동소이하다. 이 설화는 '성수패록'의 이야기를 윤색한 것이라 하겠다.

이들 설화의 표현은 심한 과장(誇張)을 한 것이다. 그러기에 '성수패록'에는 스스로도 심하다고 느꼈음인지 겸양의 표현이 보인다. 팥죽을 끓이는데 배를 타고 젓는다는 것만도 대단한 과장인데, 중이 풍파에 날아가 아직 소식을 모른다는 데 이르러서는, '백발삼천장(白髮三千丈)' 운운하는 중국인의 과장을 무색케 한다. 우리도 속어로 '뻥'이 꽤 센 민족인 모양이다.

# 혼인날 신부 방귀는 복 방귀

이번에는 좀 점잖지 못한 이야기부터 하기로 한다.

뱃속에 음식물이 부패하고 발효하여 생긴 가스가 항문으로 나오는 것을 방귀, 또는 방기(放氣)라 한다. 그런데 우리 속담에는 이 방귀를 소재로 한 속담이 여럿 있다. '방귀가 잦으면 똥 싸기 쉽다.'거나, '방귀 뀐 놈이 성낸다.'는 그중 대표적인 것이다. 그런데 이런 속담과는 달리 '혼인날 신부 방귀는 복 방귀'란 흥미로운 속담도 있다.

'혼인날 신부 방귀는 복 방귀'란 속담은 아마도 신부가 긴장한 나머지 방귀를 뀌게 되고, 그래서 부끄러워 할 그녀를 위로하려는 데서 생겨난 것으로 보인다.

전래 민담에는 이런 것이 있다.

옛날 어떤 사람이 며느리를 맞아 첫 인사를 받게 되었다. 며느리는 양전히 절을 한 다음, 뽕 하고 방귀를 뀌었다. 시아버지는 며느리가 미안해할까 보아 위로해 주느라고, "야, 이거 복 방귀로 구나!" 하고 좋아하였다. 옆에 앉았던 친정아버지가 무슨 말이냐고 물었다.

"사돈, 이제 손자 셋은 틀림없습니다."

시아버지는 이렇게 둘러댔다.

친정아버지는 또 그 까닭을 물었다. 그러자 시아버지는 할머니, 어머니, 마누라가 복 방귀를 뀌고 아들 셋씩을 두었으니 손자 셋은 틀림없지 않겠느냐는 것이다. 며느리는 그 말이 끝나기도 전에 '뽕, 뽕, 뽕'하고 또 연거푸 방귀를 뀌었다. 그러자 시아버지는 "애야, 복 방귀도 좋기는 하지만, 이건 너무 심하구나!" 하고 얼굴을 붉혔다.


'복 방귀'란 이렇게 며느리를 위로하기 위한 제3자의 변명이 길조어(吉兆語)로 굳은 것이라 하겠다.

'혼인날 신부 방귀는 복 방귀'란 말은 구체적으로 송세림(宋世淋)의 '어면순(禦眠楯)'에 쓰인 것이 보인다. 이의 배경설화는 다음과 같다.


고부(古阜) 고을 경 진사(景進士)가 사위를 보았다. 신랑 임(林) 서방은 공교롭게 배 밑에 종기가 나 운우(雲雨)의 정을 누릴 수 없었다. 이를 모른 장인은 사흘이 되자 사돈에게 사위가 남자 구실을 못해 대가 끊일까 걱정이란 편지를 했다. 답장은 아들이 애인에게 남매까지 두었으니 그것은 염려 말라 하였다. 사위가 본가에 갔다 돌아왔다. 이때 장인은 큰 사위에게 임 서방의 남성을 점검하게 하였다. 그리고 밤이 되자 딸 방의 동정을 살폈다. 신랑은 종기도 나았고, 집에 가서 꾸지람까지 들은 바 있어 분기가 가득한 채 운우를 즐겼다. 이 광경을 본 장인은 안으로 뛰어 들어가면서 아내에게 소리쳤다.

"등잔에다 술 따르고 약탕관에 불을 켜오 임 서방이 지금 그 일을 하니 시렁의 광주리에 들어 있는 홍시를 빨리 내려 신방에다 넣어 주오"

장모는 여종의 등을 받치고 올라서서 홍시를 내리기로 하였다. 이때 광주리도 무겁고, 힘이 부쳐 장모는 방귀가 나왔다. 장모는 부끄러워 여종을 때리면서 자기의 부끄러움을 숨기려 하였다. 경진사는 매를 빼앗으며 말하였다.

"갑자기 생긴 일인데 종년에게 무슨 허물이 있소? 하물며 속담에 이르기를 '혼인날 신부 방귀는 복 방귀(合卺日 新婦放氣 猶謂徵福)'라 일렀는데 종년의 방귀라고 어찌 복이 되지 않겠소?"

장모는 이 말을 듣자 손뼉을 치며 이렇게 말했다.

"참 그렇소 그려. 그 방귀는 저 애가 뀐 것이 아니라, 실은 내가 뀐 것이라오 아아, 복스럽구나, 나의 딸이여!"


꿈보다 해몽이 좋다는 말이 있다. 선을 악으로 돌리는 거야 옳지 않지만, 이렇게 난처한 입장을 두둔하여 체면을 세워 주는 것은 참으로 가상한 일이다. 불신풍조 속에 허덕이고, 서로 못 잡아 먹어 안달인 이 세상에서 '혼인날 신부 방귀는 복 방귀'라 말할 수 있는, 여유 있는 마음은 확실히 훈훈한 인정을 느끼게 한다.

(女性中央, 1985년 2월호)

# 홍길동이 합천 해인사 털어먹듯

'홍길동(洪吉童)'은 다 아는 바와 같이 허균(許筠)이 지은 소설 '홍길동전'의 주인공이다. '홍길동전'은 우리나라 소설의 효시라 일러지는 작품으로, 사회제도의 개혁과 탐관오리의 소탕을 주제로 한 사회소설이다. 이의 줄거리를 간단히 요약하면 이러하다.

"홍 정승의 서자 길동이 집을 나와 활빈당(活貧黨)의 두령이 되어, 각도 수령의 불의지물(不義之物)을 탈취하였고, 혹 가난하고 의탁할 데 없는 사람을 구제하였다. 그들은 백성을 침범하지 않았고, 나라의 재물은 범하지 않았다. 홍길동이 축지법을 써 팔도에 출몰하니 나라에서도 그를 잡지 못하였다. 그리하여 마침내 병조판서를 제수하며 회유하였고, 길동은 이를 제수 받고 조선을 떠나, 율도국(聿島國)에 가서 왕이 되어 계계승승 태평을 누렸다."

"홍길동이 합천(陜川) 해인사(海印寺) 털어먹듯"이란 이런 홍길동과 관련이 있는 속담이다. 이는 길동이 활빈당(活貧黨)을 무어 처음 약탈을 감행한 사건과 관련된 것이다. 길동이 해인사를 턴 것은 문자 그대로 도둑같이 몰래 와 훔쳐간 것이 아니라, 기지(機智)로서 해인사의 재물을 뭇사람이 보는 앞에서 털어갔다. 이 속담은 아무것도 남기지 않고 송두리째 빼앗아 가는 것을 비유적으로 나타낸다.

'홍길동전'에는 해인사를 터는 과정이 이렇게 되어 있다. 길동은 우선 해인사에 가서 자기가 홍 판서 자제로 글공부를 하러 오겠다며, 사전에 '백미(白米) 20석을 보내 회식을 하겠다.'고 한다. 이때 그는 절 안을 두루 살핀다. 그 뒤 백미를 보내고 해인사에 다시가 대접을 받는다. 이때 길동은 밥에 일부러 모래를 집어넣어 씹고 크게 노한다. 이때의 장면을 '홍길동전'은 다음과 같이 묘사하고 있다.

"너희 등이 음식을 이다지 부정케 하느뇨? 이는 반드시 나를 능멸함이라." 하고 종자(從者)에게 분부하여 제승(諸僧)을 다 한 줄에 결박하여 앉히니, 사중(寺中)이 황겁하여 아무리 할 줄 모르는지라. 이윽고 대적(大賊) 수백여 명이 일시에 달아들어 그 재물을 다 제 것 가져가듯 하니 제승이 보고 다만 입으로 소리만 지를 따름이라…

이렇게 해인사는 밤중에 몰래 턴 것이 아니라, 길동이 기지를 부려 모든 중들이 보는 가운데 힘들이지 않고, '제 것 가져가듯' 다 가져간 것이다.

'홍길동전'은 사회소설로, 탐관오리의 소탕이 그 주제의 하나다. 해인사는 역사적인 거찰이다. 이 절은 활빈당에게 미운 털이 박혀 있었다. 그래서 길동의 발설 아닌, 부하들의 제의에 의해 해인사 탈취 사건이 비롯되었다. 분명히 밝히고 있는 것은 아니나, 이 절이 서민을 구제하는 것이 아니라, 양민의 재물을 약탈하는 것으로 본 것이다. 그리하여 그들은 함경도 감영 털듯 턴 것이다.

홍길동은 의적(義賊)이라 한다. 도둑에는 이런 의적도 있지만 좀도둑도 있다. 그리고 '아는 도둑'도 있다. 속언에 우리는 딸을 아는 도둑이라 한다. '아는 도둑'에 관한 속담은 여러 개 있다. 그 가운데 대표적인 것이 '딸자식은 도둑년이다.'다. 딸은 출가할 때 많은 것을 해 가지고 가고, 출가한 뒤에도 친가에 오면 이것저것 챙겨 가지고 가려고만 한다. 그리하여 딸을 '도둑'이라 낙인찍었다. '딸자식은 도둑년이다.'는 그중 대표적인 것이다.

이 밖의 속담은 주로 딸의 혼수(婚需) 및 혼비(婚費)와 관련하여 딸을 도둑이라 생각하는 것이다.

'딸 삼형제 시집보내면 고무도둑도 안 든다.'

'딸 셋을 여의면 기둥뿌리가 팬다.'

'딸이 셋이면 문 열어 놓고 잔다.'

이런 속담이 그것이다. 지난날에는 혼비가 많이도 든 모양이다.

이밖에 '딸은 산적 도둑이라네.'나, '딸의 차반 재 넘어가고, 며느리 차반 농 위에 둔다.'고 딸은 출가외인으로 친정의 것을 자꾸만 시집으로 날라 가는 사람으로 본 것이다.

딸이 이렇게 '아는 도둑'이라는 것은 세계적으로 공통되는 현상인 것 같다. 이러한 것을 영국과 일본 속담에서 보면 다음과 같은 것이 있다.

  * 두 딸과 뒷문은 세 도둑이다
    (Two daughters and back door are three arrant(stark) thieves.)
  * 딸은 강도 팔인/ 딸 출세에 강도 팔인/ 딸 하나에 일곱 장롱
    열었다.

홍길동이나 딸의 도둑질은 사회적인 산물이다. 둘 다 욕을 할 수는 없는 일이다. 그러나 그것이 사회적으로 용납이 안 되는 것이면 곤란하다. 용납이 되는 한도 안에서 행해져야 한다. 그래야 밉지 않다.

### 화수분을 얻었나?

우리의 전래동화에는 도깨비방망이 이야기가 있다. '금 나와라 뚝딱'하면 금이 나오고, '은 나와라 뚝딱' 하면 은이 나와 부자가 되는 이야기다.

'도깨비방망이'와 비슷한 것에 '화수분'이란 것이 있다. 이는 본래 보배 그릇으로, 그 안에 어떤 물건을 넣어 두면 그것이 새끼를 쳐서 끝없이 나오는 그릇을 이른다. 화수분이 오늘날 '재물이 자꾸 생겨서 아무리 써도 줄지 아니함.'을 이르는 것은 이러한 보물 '화수분'에서 그 뜻이 바뀐 것이다.

화수분에 대한 우리나라의 설화로는 다음과 같은 것이 있다.

옛날 경기도 안산(安山)에 마음씨 착한 유 씨가 살고 있었다. 가난하게 살던 그는 어느 해에 흉년까지 들어 온 식구가 굶주려 죽게 되었다. 형편이 이 지경에 이르자 부인은 머리를 잘라 다래를 만들어 남편에게 주며 곡식과 바꾸어 오도록 하였다. 유 씨는 장에 가 다래로 곡식을 바꾸었다. 그러나 돌아오는 길에 형편이 더 어려운 사람이 사정을 해 그는 그 곡식을 주고 빈 바가지를 하나 얻어 가지고 집으로 돌아왔다.

그런데 이상한 일이 생겼다. 그 빈 바가지를 바라보면 바가지에 쌀이 가득 차는 것이다. 그래서 쌀을 퍼내고 나면 또 차고, 퍼내면 또 가득 찼다. 그 쌀로 유 씨 가족은 말할 것도 없고, 온 동리가 배불리 먹게 되었다. 이 바가지를 동네 사람들은 화수바가지라 불렀다. 그 뒤 세월이 지나 몇 번 난리를 치르며 이 화수바가지의 행방은 알 수 없게 되었다.

이러한 경기도의 설화와는 달리 김동진(金東縉)의 '조선이어해석(朝鮮俚語解釋)'에는 개구리가 화수분을 가져다주는 이야기가 실려 있다.

한 선비가 길을 가다가 물이 말라 죽게 된 수천 마리의 올챙이를 불쌍히 여겨 물이 많은 논에 옮겨 주었다. 그 뒤 하루는 이 선비가 사랑에서 책을 보는데, 개구리 수천 마리가 조그마한 분(盆)같이 생긴 것을 밀고 차고하며 가지고 와 뜰 가운데 놓고 뛰어놀다가는 그 물건을 그대로 놓고 모두 가버렸다. 선비는 이 이상한 물건을 집어다가 벼룻물 그릇을 삼았다. 그런데 이 그릇은 물을 조금 담아 놓으면 한참 뒤에 물이 가득 찼다. 이상히 여겨 물 대신 쌀을 조금 담았더니 조금 뒤에 쌀이 또 가득 찼다. 금이

나 은이나 무엇이든지 조금만 담아 두면 모두 가득 찼다. 그 집
은 이 작은 그릇으로 평생 유족하게 지낼 수 있었다. 다만 그 그
릇이 작은 것이 불만이었다.

그래서 김동진 씨는 '이 그릇이 어찌하여 적은 분이냐?'라는
뜻으로 이 그릇을 '하소분(何小盆)'이라 한 것이 와전되어 '화수분'
이란 이름이 생겼다고 그 어원을 풀이하고 있다. 그러나 이는 지
나치게 한자에 이끌린 어원속해(語源俗解)로 보인다.

이와는 달리 이 말의 어원을 '하수분(河水盆)'에서 찾고자 하기도
한다.

중국의 진시황(秦始皇)이 만리장성을 쌓을 때 큰 구리로 만든 동
이에 황하수를 길어다 채우게 했는데 '하수분'이란 이 '황하수동
이'를 뜻한다는 것이다. 이것도 어느 정도 믿어야 할지 알 수 없
다. 현재로서는 '화수분'의 어원은 분명치 않다고 할 수밖에 없다.

'화수분을 얻었나?'란 우리의 속담은 이러한 보물 화수분을 얻
었느냐고 묻는 것이다. 그러나 이는 진부(眞否)를 가리자는 것이
아니요, 얻지 못하지 않았느냐는 반어적 표현을 한 것이다. 따라
서 이 속담은 재물을 물 쓰듯 헤프게 쓰는 사람을 경계하는 말이
다. 요사이 호화 혼수가 문제가 되고 있거니와, 혹 그런 집이 화
수분을 얻은 것이나 아닌지 모르겠다.

사람은 누구나 부귀영화를 누리며 살려 한다. 전영택(田榮澤)의

소설에 '화수분'이란 것이 있다. 이는 그 이름과는 달리 빈궁한 생활상을 묘사한 것이다. 굶주리다 못해 딸 하나를 남에게 주고도 입에 풀칠을 못해 마침내 '화수분'은 아내와 함께 고갯마루에서 죽는다는 이야기다.

허화(虛華)를 탐낼 일이 아니다. 우리는 외국에 비해 실속도 없이 너무 겉치레만 한다는 말을 자주 듣는다. 우리 사회에 미만해 있는 한탕주의도 이러한 풍조의 소산이다. '화수분을 얻었나?'라고 아낄 줄 모르는 소비벽(所費癖)을 지탄 받기 전에, '난 거지 든 부자'라고, 밖으로 거지꼴이 되, 속은 탱탱한 부자라는 소리를 듣도록 해야 하겠다.

(女性中央, 1983년 12월호)

## 흰 술은 사람의 얼굴을 누르게 하고, 황금은 사람의 마음을 검게 한다

괴테의 '파우스트'는 인간의 욕망의 변화를 단적으로 보여 준다. 지식욕(知識慾)에서 시작하여 애욕(愛慾)으로 발전하고, 사업욕(事業慾)으로 인생을 마친다는 것이다.

그런데 근자의 우리의 욕망의 물결은 황금에 쏠리고 있다. 황금만능주의(黃金萬能主義)가 판을 치는 것이다. 이런 사조가 만연하고 있는 한 그 사회는 결코 건전할 수 없다. '흰 술은 사람의 얼굴을 누르게 하고, 황금은 사람의 마음을 검게 한다.'는 속담은 이러한 황금주의를 경계한 것이다. 세상의 악한 일은 언제나 황금, 곧 돈 때문에 생긴다. '기문(奇聞)'의 '분함을 참고 음덕을 쌓는 이야기(忍忿積陰)'에도 이 속담이 쓰이고 있다.

한 부잣집 아들이 방탕한 생활 끝에 별감이 되었다. 그는 우연히 저동(苧洞)을 지나다가 밖을 내다보는 여인과 눈이 마주쳤다.

별감은 미인에 대한 탕정을 억제할 수 없었다. 그는 이튿날 미명 저동을 배회하다 한 계교를 생각해 냈다.

그는 미인의 이웃집인 콩죽을 파는 집으로 들어가 콩죽을 시켜 먹고는 후히 돈을 치렀다. 노파는 놀라며 이를 받았고, 별감은 추위를 녹인 것을 생각하면 그것도 작다 하였다. 노파는 감격하였다. 이튿날도 별감은 콩죽집에 들렀다. 그리고 은덩이를 노파에게 주며, 이런 생활을 걷어치우고 편히 살라 하였다. 이때의 장면을 기문은 이렇게 쓰고 있다.

> 옛날부터 이르되, '황금은 선비의 마음을 검게 하고, 흰 술은 사람의 얼굴을 붉게 한다.' 하였거늘 노파가 왼쪽으로 사양하며, 오른쪽으로 받으며 가로되,
> "노첩이 나이 늙고 집은 가난한 고로 아들딸을 성취시키지 못하였더니, 나리의 덕의가 산해(山海)같이 높고 넓음에 무엇으로 보답하리오?" 하였다.

이렇게 별감은 황금으로 노파의 환심을 샀다. 그리고 노파의 기계(奇計)에 따라 미인은 쉽게 손에 들어왔다. 미인은 중인(中人)의 아내로, 남편이 부잣집에 몸을 의지해 어렵게 살고 있었다. 노파는 맛좋은 탁주를 가지고 그 집에 가 미인에게 권하였다. 미인은 사양하다가 빈속에 마셔 놓으니 크게 취하였다. 이때 별감이 들어와 운우의 정을 나누었다. 미인은 별감의 무례를 나무랐으나,

별감이 사랑하고 공경하므로 둘의 사랑은 지속되었다.

하루는 남편이 주인집 제사 음식을 가지고 돌아와 아내를 찾으니 대답이 없다. 담을 넘어 들어가 보니 남녀가 정신없이 잠을 자고 있다. 남편은 자기가 가난하고 집안을 잘 보살피지 못해 그리 된 것이니 어지러이 할 것 없다 하고, 부인을 데리고 가 잘 대우하고 배반하는 일이 없도록 하라고 하였다. 그렇지 않을 경우에는 자기가 칼로 혼비백산하게 하겠다고 으름장도 놓았다. 별감은 시키는 대로 했다.

여인을 집에 데리고 오니 별감의 모친은 여인의 남편 김 씨는 너의 은인이니 너희는 오누이를 맺어 그 은혜에 보답하라고 하며, 후일 반드시 김 씨가 찾아오리라 했다.

남편 김 씨는 울울한 회포를 이기지 못해 금강산을 향하다가 김화(金華)에서 유숙하고 가다가 길을 잃어 방황하게 되었다. 이때 산삼(山蔘) 꽃이 눈에 들어왔다. 그는 큰 산삼을 캐어 주인집에 가지고 가 많은 돈을 받고 팔았다. 큰집을 장만하고 종을 두는 큰 부호가 되었다. 그는 가난하였을 때의 가속(家屬)이 생각나 별감을 찾았다. 별감의 노모는 자초지종을 이야기하고, 여인을 치송하였다. 미인은 그 뒤 아들딸 낳고, 길이 부자로 잘 살았다.

이 기담(奇談)은 결과가 좋게 끝났지만 황금에 마음이 검게 된 콩죽집 노파로 인해 한 집안이 커다란 풍파를 겪게 된 이야기다.

'흰 술은 사람의 얼굴을 누르게 하고, 황금은 사람의 마음을 검게 한다.'는 속담은 '고본 춘향전'에도 쓰인 것을 볼 수 있다. 방자가 춘향을 부르러 가는 장면에서다.

속담에 이른 말이 '흰 술은 사람의 얼굴을 누르게 하고, 황금
은 사람의 마음을 검게 한다.' 한 것처럼 방자놈 마음이 염초청
(焰硝廳) 굴뚝이요, 호두각(虎頭閣) 대청이라…

이렇게 방자의 흑심을 비판하는 데 쓰이고 있다. 지난날 우리 사회에 횡행한 '급행료', '사바사바'나, 오늘날 크게 문제가 되고 있는 '비자금', 대형 커미션 사건도 다 이 황금에 눈이 어두워 빚어지는 일들이다. 황금이 사람의 마음을 검게 만드는 일이 없는, 문자 그대로의 정의사회(正義社會)가 실현되어야 한다.

(女性中央, 1984년 12월호)

# 제2부

# ❀ 한국 속담의 몇 가지 특성

# 한국 속담, 어떤 속담인가?
### - 한국 속담의 특성 -


## 1. 들머리에


　일반 대중이 잘 쓰는 말에 속담(俗談)이란 것이 있다. 이는 사전에 의하면 "예로부터 민간에 전하여 오는 쉬운 격언이나, 잠언"이라 풀이되어 있다. 이를 달리 말하면 '민간에 전승되어 관용적으로 사용되는 교훈이나 경계'라 할 수 있다. '격언'은 교훈이나 경계요, '잠언'은 가르쳐 훈계하는 말이기 때문이다. 속담은 이와 같이 관용적인 말이고, 교훈을 주고 경계하는 말이기 때문에 우리의 일상생활에서 많이 활용된다.

　그러면 이러한 속담은 어떻게 생겨나는가? 이는 몇 가지 사태를 바탕으로 생성된다. 첫째, 특정한 역사적 사례를 바탕으로 하여 형성된다. '고려공사삼일'이나, '아산이 깨어지나 평택이 무너지나'와 같은 것이 그것이다. '고려공사삼일'은 고려 사람이 오래 참지 못한다는(不能耐久) 것이고(p.143 참고), '아산이 깨어지나 평택이 무너지나'는 개화기의 중·일의 역사적 사건에 근거한 것이다 (p.253 참고). 둘째 일상적으로 발생하는 평범한 사례를 바탕으로 이루어진다. '백번 듣는 것이 한번 보는 것만 못하다'나, '세월이 약'과 같은 것이 그것이다. 셋째는 설화나 문학작품을 바탕으로 형성된다. '억지 춘향이(p.261 참고)', '홍길동이 합천 해인사 털어먹 듯(p.373 참고)'과 같은 것이 그 예다. '억지 춘향이'는 춘향전에서 변 사또의 수청 들라는 강요와, '홍길동이 합천 해인사 털어먹듯' 은 홍길동전에서 홍길동의 무리가 해인사를 터는 사건과 관련된 것이다. 이렇게 속담은 구체적이고 개별적, 혹은 개인적 사실에서 비롯되어 언중의 공감을 사 일정한 형태로 고정되게 된다. 이는 누가 처음에 말한(立言) 뒤에 무엇보다 공중의 공감·승인을 거쳐 정착된다. 따라서 속담은 그것이 이루어진 사회나 민족을 반영하 고, 이들의 심지(心志) 성정(性情)을 반영한다. 그래서 이는 특정사회 의 공언(公言)으로서 그 사회와 민족의 구성원에게 교훈을 주거나, 깨우침으로 작용하거나, 지식 정보를 주게 되어 사랑을 받게 된다.

## 2. 한국 속담의 일반적 특성

속담의 특성으로는 흔히 간결성(shortness), 의의(sense), 함미(salt), 통속성(popularity)을 든다. 이 밖의 특성으로는 비유성, 운율성, 민족

문화적 특성 등을 추가할 수 있다. 이 장에서는 속담의 특성을 형식 및 내용과 수사적 특성으로 나누어 한국 속담의 일반적 특성을 간단히 살펴보기로 한다.

## 1) 형식적 특성

속담의 대표적 형식적 특성은 무엇보다 첫째, 간결성에 있다. 속담은 일반적으로 길지 않고, 짧다. 이기문이 편한 '속담사전(민중서관, 1962)'에 수록된, 5,950개 속담의 음절수(音節數)를 조사한 바에 의면 8음절을 정점으로 하여 장단형(長短型)으로 양분된다(김선풍 외, 1993). 8음절까지의 속담이 2,147개(36.1%)다. 10음절 내외를 장단형의 기준으로 보고, 5·7조, 또는 7·5조를 이루는 12음절까지를 단형으로 보게 되면 그 수가 4,220개가 되어 70.1%가 되어 3분의 2를 넘는 것이 단형이 된다. 이렇게 되면 한국 속담은 다른 속담과 마찬가지로 명실공히 그 형식이 간결하다는 것을 확인할 수 있다. 단형의 속담으로는 '개 팔자/ 난 부자/ 이웃사촌/ 눈엣 가시/ 눈 먼 사랑/ 아는 게 병/ 누워 떡 먹기/ 썩어도 준치/ 억지 춘향이' 같은 것을 들 수 있다.

둘째, 운율성을 지닌다. 속담은 운을 맞추는가 하면, 일정한 음수율(音數律)을 지녀 운율적 특성을 지닌다. 압운(押韻)은 두운과 각운, 첩운의 세 가지로 나타난다. '불 난 집에 불무질 한다'는 두운, '물어

도 준치, 썩어도 생치'는 각운, '한 번 가도 화냥, 두 번 가도 화냥'
은 첩운을 활용한 것이다. 이들의 예를 몇 개 보면 다음과 같다.

> 두운 : 신 첨지 신 꼴을 보지 그 꼬꼴은 못 보겠다/ 주걱 파면
>   주걱새가 찍어간다.
> 각운 : 콩팔 칠팔 한다/ 똥인지 호박국인지
> 첩운 : 그놈이 그놈이라/ 이래도 일생 저래도 일생/ 물 쏘듯 총
>   쏘듯

음수율(音數律)은 일정한 음절수를 전후에 대립시켜 일정한 율조
(律調)를 지니게 하는 것이다. 이러한 음수율은 4·4조를 일음보(一
音步)로 한 속담이 가장 많고, 그 다음이 3·4조, 5·5조다. 이들이
최고 빈도를 보이는 유형이라면, 3·3조, 3·5조, 4·3조, 4·5조
가 고빈도를 보이는 유형이다. 한국 속담은 위에 보이듯 3음절,
혹은, 4·5음절이 음수율의 기본을 이룬다. 최고 빈도를 보이는
속담의 예를 몇 개 보면 다음과 같다.

> 4·4조 : 공든 탑이 무너지랴/ 봉이 나매 황이 난다
> 3·4조 : 사랑은 내리 사랑/ 자는 범 코침 주기
> 5·5조 : 국이 끓는지 장이 끓는지?/ 입에 쓴 약이 병에는 좋다.

셋째, 통사적 특성을 지닌다. 이는 문장 구성상의 특성으로, 한

마디로 완전한 문장으로 이루어진 것이 많지 않다는 것이다. 단형 속담의 경우는 대부분 단어 및 어류(word class)와 구나 절로 이루어지고, 장·단형의 문장의 경우는 불완전한 문장이 많다. 서법(문체법)은 평서문, 의문문이 주종을 이루고, 청유문은 용례를 하나밖에 보이지 않는다. 단어 형태를 취하고 있는 속담이 많으며, 이들은 대체로 복합어로 되어 있다. 예를 들어 보면 다음과 같다.

> ‣ 체언 : 가재걸음, 누이바꿈, 두더지혼인, 매팔자, 박쥐구실, 삼
>   청냉돌, 앵두장수, 좁쌀영감, 청기와장수, 풍년거지, 함
>   흥차사

> ‣ 용언 : 개잡듯, 땅내가고소하다, 뚱딴지같다, 부아가나다, 엇구
>   수하다, 줄행랑친다, 쥐뿔같다, 큰코다친다, 태화탕이
>   다, 팔선녀다

구나 절로 된 속담은 참으로 많다. 이들 가운데는 주어, 또는 술어를 생략한 불완전한 문장이 많고, 이밖에 내포문장에 안길 부사절이 많다.

통사적으로 비문(非文)이라 할 것은 주요 성분이 생략된 것이다. 이는 간결성, 운율성을 추구한 나머지 빚어진 결과라 할 것이다. 비문에는 주어 또는 서술어가 생략되었거나, 주·술어가 다 같이 생략된 것이 많다. 이들의 예를 보면 다음과 같다.

‣ 주어 생략의 경우

누이 좋고 매부 좋다/ 다리 뻗고 잔다/ 약에 쓸래도 없다/ 잠을 자야 꿈을 꾸지/ 팔자를 고친다/ 헛물만 켠다


‣ 서술어 생략의 경우

내외간 싸움은 칼로 물 베기/ 부모가 반팔자(다)/ 중 술 취한 것(은 못 쓴다)/ 초록은 한 빛/ 호랑이 개 어르듯


‣ 주·술어 생략의 경우

누워 떡 먹기/ 다시 보니 수원 손님/ 말살에 쇠살에/ 칠년대한에 대우 기다리듯/ 코 묻은 돈/ 하룻밤을 자도 헌 각시


‣ 부사어구 사용의 경우

다식판에 박아내듯/ 마파람에 게 눈 감추듯/ 말 죽은 밭에 까마귀같이/ 무른 메주 밟듯/ 매 앞에 뜬 꿩같이/ 취한 놈 달걀 팔듯/ 피나무 껍질 벗기듯/ 흰 머리에 이 모이듯.


넷째, 다양한 표현형식을 취한다. 다양한 주제를 다양한 표현형식으로 나타내는 외에, 동일한 주제나 사실을 다른 표현 형식으로 나타낸다. 이는 동일한 주제나 사실을 서로 다른 특수한 상황을 바탕으로 입언한 것이거나, 표현성을 노려 다양한 표현형식을 취하고 있는 것이라 하겠다. 이러한 예의 하나로, '격이 맞지 않는 것', 그것도 공연한 사치(奢侈)나 호사(豪奢)를 하는 것을 나타

내는 속담을 보면 무려 15가지나 된다. '가게 기둥에 입춘 : 거적문에 돌쩌귀 : 거적문에 과 돌쩌귀 : 개에게 호패 : 개발에 놋대갈 : 개 발에 주석 편자 : 개 발에 편자 : 돼지우리에 주석 자물쇠 : 방립에 쇄자질 : (사모에 영자) : 삿갓에 쇄자질 : 조리에 옷칠한다 : (재에 호춤) : 짚신에 구슬 감기 : 짚신에 국화 그리기 : 짚신에 정분칠하기 : (초헌에 채찍질) : 홋 중의에 겹말' 따위가 그 예다. 동일 주제나 사실을 달리 표현한 것은 2, 3, 4, 5종의 여러 가지 유형이 있다.

‣ 같은 주제에 2가지 표현
 뱁새가 황새걸음을 걸으면 가랑이가 찢어진다 : 뱁새가 황새를 따라가면 다리가 찢어진다.

‣ 같은 주제의 3가지 표현
 아내가 귀여우면 처갓집 말뚝 보고 절을 한다 : 아내가 귀여우면 처갓집 문설주도 귀엽다 : 아내가 예쁘면 처갓집 울타리까지 예쁘다.

‣ 같은 주제의 4가지 표현
 소더러 한 말은 안 나도, 처더러 한 말은 난다. : 소더러 한 말은 없어도 처더러 한 말은 난다. : 소 앞에서 한 말은 안 나도, 어미 귀에 한 말은 난다 : 어미한테 한 말은 나고, 소한테 한 말은 안 난다.

## 2) 내용적 특성

내용적 특성은 여러 가지 면에서 살펴볼 수 있다. 소재·주제·어휘 등의 면에서 살펴볼 수 있는 것이 그것이다. Howell은 속담의 내용적 특성으로, 의의(sense)와 함미(salt)를 들었다. '의의'란 '어떤 말이나 일, 행위 따위가 현실에 구체적으로 연관되면서 가지는 가치 내용'을 의미한다. 이에 대해 '함미(소금)'는 '사회도덕을 순화·향상시키는 참신한 자의 사명'을 비유적으로 나타낸다. 따라서 Howell의 말은 속담이 앞에서 말한 바와 같이 내용면에서 교훈을 주고, 인생에 경계를 하는 것이라 하겠다. 이에 여기서는 이를 바탕으로 내용을 좀 더 세분해 살펴보기로 한다.

첫째, 교훈을 준다.

속담은 오랜 세월을 두고 사회의 승인을 받아 이루어진 구비적 격언이며, 잠언이다. 이는 우수한 문학이고, 철학이며, 처세훈이다. 따라서 속담은 인생에 많은 교훈을 준다. 그래서 우리는 속담을 통해 많은 교훈을 얻는다. 이러한 예로는 다음과 같은 것이 있다.

가는 말이 고와야 오는 말이 곱다./ 가물에 돌 친다./ 남의 사정 보다가 갈보 난다./ 모난 돌이 정 맞는다./ 밑알을 넣어야 알을 내어 먹는다./ 부처님 공양 말고 배고픈 사람 밥을 먹여라./ 사랑은 내리 사랑/ 암탉이 울면 집안이 망한다./ 오르지도 못할 나무는 쳐다보지도 말아라./ 이기는 것이 지는 것/ 지위가 높을수록, 마음은 낮추어 먹어야/ 집안이 화합하려면 베개 밑 송사는 듣지 않는다./ 코 아래 진상이 제일이라./ 패장은 말이 없다.

둘째, 비평·풍자를 한다.

속담의 대표적인 특성 가운데 또 하나는 세상일이나, 인생 등에 대해 비평하고 풍자하는 것이다. 따라서 이러한 기능을 드러내는 속담도 많다. 몇 개의 예를 보면 다음과 같다.

가까운 남이 먼 일가보다 낫다./ 낮말은 새가 듣고 밤 말은 쥐가 듣는다./ 닭 벼슬이 될망정 소꼬리는 되지 마라./ 돈만 있으면 개도 멍첨지라./ 물과 불과 악처는 삼대 재액/ 바른 말 하는 사람 귀염 못 받는다./ 부모가 반 팔자/ 새우 싸움에 고래 등 터진다./ 열 번 찍어 안 넘어가는 나무 없다./ 중이 얼음 건너갈 때는 나무아미타불 하다가도, 얼음에 빠질 때에는 하느님 한다./ 토끼를 다 잡으면 사냥개를 삶는다./ 함박 시키면 바가지 시키고, 바가지 시키면 쪽박 시킨다.

셋째, 지식·진리를 전달한다.

속담은 세상을 살아가는 지식, 지혜, 진리 등을 전달한다. 이러한 것의 대표적인 것으로 생활철학과 관련된 것, 지식·교양과 관련된 것, 속신·속설과 관련된 것 등이 있다. 속신·속설과 관련된 것은 그 내용이 한국적인 것이 대부분이다. 따라서 이는 다음 장 '한국 속담의 고유한 특성'에서 논의하기로 한다.

▶ 생활철학과 관련된 것

금강산도 식후경/ 닫는 말도 채를 치랬다./ 물은 건너보아야 알고, 사람은 지내보아야 안다./ 복은 쌍으로 안 오고, 화는 홀로 안 온다./ 부부싸움은 칼로 물 베기/ 신정이 구정만 못하다./ 여인은 돌리면 버리고, 기구는 빌리면 깨진다./ 이십 안 자식, 삼십 전 천량/ 조카 생각느니만치 아자비 생각는 법이라./ 취중에 진담 나온다./ 털어서 먼지 안 나는 사람 없다./ 한 편 말만 듣고 송사 못한다.

▶ 지식·교양과 관련된 것

꽃이 좋아야 나비가 모인다./ 돈이 없으면 적막강산, 돈이 있으면 금수강산이라./ 마음처럼 간사한 것은 없다./ 무병이 장자/ 못할 말 하면 제 자손에 앙얼 간다./ 백번 듣는 것이 한번 보는 것만 못하다./ 백성의 입 막기는 내 막기보다 어렵다./ 색시 그루는 다홍치마 적에 앉혀야 한다./ 열흘 붉은 꽃 없다./ 절에 가면 신중단이 제일이라/ 자식은 오복이 아니라도 이는 오복에 든다./ 한 손뼉이 울지 못한다./

넷째, 인생에 대해 경계한다.

인생의 잠언으로서, 경계하는 것이 많다. 앞에서 교훈을 주는
것, 비평·풍자를 하는 것 등도 결과적으로 인생에 대해 무엇인
가 경계를 하자는 것이나, 이와 달리 직접 경계를 하는 속담도
많다. 이러한 것으로는 다음과 같은 것이 있다.

　　관에 들어가도 막말은 말라./ 귀한 자식 매로 키워라./ 돌다리
　도 두들겨 보고 건너라./ 무른 감도 쉬어 가면서 먹어라./ 밥은 열
　곳에 가 먹어도 잠은 한 곳에 자랬다./ 삼정승을 사귀지 말고 내
　한 몸을 조심하여라./ 안 살이 내 살이면 천리라도 찾아가고, 밭
　살이 내 살이라면 십리라도 가지 마라./ 입 찬 소리는 무덤 앞에
　가서 하라./ 죽어도 시집 울타리 밑에서 죽어라./ 하룻밤을 자도
　만리성을 쌓아라./ 호랑이에게 물려가도 정신만 차려라.

속담의 내용상 특성은 이상과 같이 위험을 피해 실패하지 않게
경계하는 것과 화복이 무상하고 세상 일이 뜻과 같이 이루어지지
않는 것이니 주의하라는 것이 주류를 이룬다.
　　그리고 여기에 속담의 소재가 되고 있는 대표적인 어휘를 참고
로 제시하기로 한다. 가장 빈도가 높은 것은 '개(犬)'이고, '물(水),
사람(人), 말(言語), 똥(糞), 밥(食), 소(牛), 집(家)'이 높은 빈도를 보인다.
이는 우리나라 사람이 세상을 살아가며 무엇에 관심을 가지는가
를 보여 주는 것이 된다.

다섯째, 통속성을 지닌다.

속담은 이상과는 달리 '속담'이란 말처럼 그 내용이 '통속적(通俗的)'이란 또 하나의 특성을 지닌다. 따라서 속담은 문자 그대로 속어(俗語)요, 많은 비속어로 이루어졌음을 의미한다. 여기에는 '놈·년'과 함께 성기를 나타내는 비어도 그대로 노출된다. 따라서 지난날에는 점잖은 사람이나 양반은 속담을 입에 올리지 않았다. 이는 주로 서민사회에서 활용되었고, 설화나 판소리, 가면극 및 '춘향전', '흥부전', '심청전' 등 통속적 소설류에서 활용되었다. 이러한 현상은 중국·일본·서양의 경우도 마찬가지다. 통속성을 드러내는 속담의 예로는 다음과 같은 것이 있다.

곁방 년이 코 구른다/ 남의 사정 보다가 갈보 난다/ 누걸 놈 방앗간 다투듯/ 대가리에 물도 안 말랐다/ 복 없는 가시나가 봉놋방에 가 누워도 고자 곁에가 눕는다/ 똥구멍이 찢어지게 가난하다/ 사위 자식 개자식/ 밑구멍으로 호박씨 깐다/ 보지 좋자 과부 된다/ 씹 본 벙어리/ 아가리를 벌린다/ 얼려 좆 먹인다/ 장가 들러 가는 놈이 불알 떼어 놓고 간다/ 중년 간통은 소 타기/ 좆 빠진 강아지 모래밭 싸대듯/ 찬 물에 좆 줄듯/ 처녀 불알/ 하던 지랄도 명석 펴 놓으면 안 한다/ 하룻밤을 자도 헌 각시/ 행사가 개차반 같다/ 헌 바지에 좆 나오듯

## 3) 수사적 특성

속담은 다른 문학과 마찬가지로 그 표현효과를 드러내기 위해 각종 수사적 기법을 활용한다. 이는 다른 나라 속담도 다 마찬가지다. 한국 속담은 우선 명확성과 구체성을 드러내기 위해 각종 비유법을 쓰고 있고, 강조를 하기 위해 각종 형용법(figure of speech)을 구사하고 있다. 이들 수사법 가운데 가장 많이 쓰이고 있는 것이 비유법(比喩法)과 대우법(對偶法)이다.

첫째, 비유법이 많이 쓰인다.

속담은 감정과 상상에 호소하여 감동을 주기 위해 넓은 의미의 비유법을 많이 쓰고 있다. 그래서 속담의 특성의 하나를 비유적 표현(figurative expression)이라 한다. 비유는 '같이, 처럼, 듯이'와 같은 비교어를 사용하는 직유와 특정 사물을 들어 은근히 비유하는 은유가 많이 쓰이고 있고, 제유, 환유, 의인법도 애용되고 있다. 비유법은 외형상 비유의 형식을 취한 것 외에, 운용에 있어 비유적 표현을 하고 있는 것도 많다. 따라서 속담은 온통 비유라 하여도 좋다. 비유법이 쓰인 속담을 약간만 보이면 다음과 같다.

> ▸직유법 : 깎은 밤 같다./ 가보 쪽 같은 양반/ 뚱딴지같다./ 말은 청산유수 같다./ 병든 솔개같이/ 뺑덕어멈 같다./ 손대성의 금

수파 쓰듯/ 입의 혀 같다./ 앓던 이 빠진 것 같다./ 조자룡이 헌 칼 쓰듯/ 쥐 불알 같다./ 쥐뿔같다./ 찬물에 좆 줄듯/ 칠년대한에 대우 기다리듯/ 파리 목숨 같다./ 호랑이 개 어르듯

　▸은유법 : 가르친 사위/ 가재걸음/ 개천에 든 소/ 고려공사삼일/ 눈엣가시/ 다리아랫소리/ 돈이 제갈량/ 떡국이 농간한다./ 말고기 자반/ 모과나무 심사/ 목구멍에 풀칠한다(糊口)/ 바가지를 긁다./ 밥숟가락 놓았다./ 배가 맞는다./ 볼 장 다 봤다./ 비단이 한 끼/ 삼십 넘은 계집/ 설 쇤 무/ 식은 죽 먹기/ 안성맞춤/ 암탉이 운다./ 억지 춘향이/ 열 소경에 한 막대/ 절에 간 색시/ 좌수상사라/ 찬 이슬 맞는 놈/ 청기와 장수/ 파김치가 되었다./ 팔선녀라/ 팔자를 고친다./ 코 큰 소리/ 코 묻은 돈/ 하룻강아지

둘째, 대우법(對偶法)을 많이 쓴다.

대우법은 형식의 면에서 평형(balance)을 취하고, 의미의 면에서 흔히 대조(contrast)를 이루게 한다. 대우법은 사실의 대조만이 아닌, 의미상의 반복, 열거, 비교를 함으로 변화와 강조를 하기도 한다. 또한 이는 일정한 가락을 지녀 운율적 효과도 드러낸다. 형식은 부분적인 대구(對句)를 이루기도 하고, 전체적으로 대구를 이루기도 한다. 이러한 기법은 특히 중국에서 시가에 애용하고, 속담에까지 많이 쓰고 있다. 우리 속담에도 많이 쓰이는 수사법이다. 이들의 예를 대조, 열거, 비교로 나누어 약간씩 보면 다음과 같다.

‣ 두 사실의 대조

귀 장사 하지 말고, 눈 장사 하라./ 날고기 보고 침 안 뱉는 이 없고, 익은 고기 보고 침 안 삼키는 이 없다./ 드는 정은 몰라도 나는 정은 안다./ 말은 보태고 떡은 뗀다./ 반잔 술에 눈물 나고, 한잔 술에 웃음 난다./ 불 없는 화로, 딸 없는 사위/ 사람은 죽으면 이름을 남기고, 범은 죽으면 가죽을 남긴다./ 오는 정이 있어야 가는 정이 있다./ 일색 소박은 있어도, 박색 소박은 없다./ 홀아비는 이가 서 말, 과부는 은이 서 말/ 흰 술은 사람의 얼굴을 누르게 하고, 황금은 사람의 마음을 검게 한다.


‣ 유사한 사실의 열거

귀신은 경문에 막히고, 사람은 인정에 막힌다./ 꽃 본 나비 물 본 기러기/ 남의 옷 얻어 입으면 걸레 감만 남고, 남의 서방 얻어 가면 송장치레만 한다./ 덫에 치인 범이요, 그물에 걸린 고기/ 말은 해야 맛이고, 고기는 씹어야 맛이다./ 서천에 경 가지러 가는 사람은 가고, 장가 드는 사람은 장가 든다./ 열 소경에 한 막대요, 팔대군의 일 옹주라/ 자식을 보기에 아비만한 눈이 없고, 제자를 보기에 스승만한 눈이 없다./ 헤엄 잘 치는 놈 물에 빠져 죽고, 나무에 잘 오르는 놈 나무에서 떨어져 죽는다.


‣ 두 가지 사실의 비교

똥 묻은 돼지가 겨 묻은 돼지를 나무란다./ 뛰면 벼룩이요, 날으면 파리/ 먼저 난 머리보다 나중 난 뿔이 무섭다./ 며느리 시앗은 열도 귀엽고, 자기 시앗은 하나도 밉다./ 세 잎 주고 집 사고, 천 냥 주고 이웃 산다./ 손은 갈수록 좋고, 비는 올수록 좋다./ 영감 밥은 누워 먹고, 아들 밥은 앉아 먹고, 딸의 밥은 서서 먹는다./ 용의 꼬리보다 닭의 머리가 낫다/ 팔백 금으로 집을 사고, 천 금으로 이웃을 산다.


## 3. 한국 속담의 고유한 특성

한국 속담의 일반적 특성을 앞에서 살펴보았다. 이들은 한국 속담의 특성인 동시에 다른 속담에도 보이는 것이다. 이번 장에서는 비교적 한국 속담에만 나타나는 고유한 특성을 살펴보기로 한다.

첫째, 구어(口語)와 한문의 이중구조로 되어 있다.

한국 속담의 대표적 특성의 하나는 많은 속담이 우리의 구어(口語)로 된 것 외에 한문으로 된 것이 있어 이중구조로 되어 있다는 것이다. 우리의 속담은 속담의 본성 그대로 관용적이고 통속적인 구어로 된 것이다. 그런데 이와는 달리 이것을 한문으로 번역한 번역체의 속담이 또 한 가지 있다. 일본에도 한문으로 된 속담이 있으나, 이는 일한혼용(日漢混用)의 것으로 번역한 것이 아니다. 일

본의 경우는 많은 경우 중국의 성어 '운중백학(雲中白鶴)'을 '雲中の白鶴', '한단지보(邯鄲之步)'를 '邯鄲に步を學ぶ', '왕척이직심(枉尺而直尋)'<孟子>을 '尺を枉げて尋を直くす'와 같이 바꾼 것이다. 중국어를 일본어화 하였다. 따라서 일본의 경우는 속담의 이중구조가 아니다. 이중구조는 한국 속담의 특성이다. 예를 몇 개 들어 보면 다음과 같다.

강물이 돌을 굴리지 못한다 : 강류부전석(江流不轉石)
고래싸움에 새우 등 터진다 : 경전하사(鯨戰蝦死)
달면 삼키고 쓰면 배앝는다 : 감탄고토(甘吞苦吐)
도마 위에 오른 고기 : 조상육(俎上肉)
벌린 춤이라 : 기장지무(旣張之舞)
소경 단청 구경하듯 : 맹완단청(盲玩丹靑)
언 발에 오줌 싸기 : 동족방뇨(凍足放尿)
주머니에 든 송곳 : 낭중지추(囊中之錐)
하나를 듣고 열을 안다 : 문일지십(聞一知十)
햇비둘기 재 넘을까? : 구생일년(鳩生一年) 비불유령(飛不踰嶺)

둘째, 한국의 역사·지리·사회·문화를 반영한다.

속담은 구체적 사실을 바탕으로 한다. 따라서 한국 속담에는 한국의 역사, 지리, 사회, 문화적 배경이 반영되어 있다. 그런데 한국 속담에는 굵직굵직한 역사·지리·사회·문화의 배경이나 사건·이념 등은 거의 반영되어 있지 않다. 이는 다른 언어권이 굵직굵직한 사실을 다루는 것과는 달리 주류 아닌 서민적·통속적 사실을 주로 거론하고 있다.

역사적 사실만 하더라도 국사(國事)나 국난(國難)에 관한 것은 거의 보이지 않는다. 지리적 사실은 주로 서민의 생활과 관련된 것이다. 사회적 사실도 윤리·도덕에 관한 것은 거의 반영되어 있지 않다. 이러한 경향은 중·일 속담과 다른 점이다. 따라서 한국 속담은 사회적 사실을 이념적·원리적인 것이 아니라, 주변적 사상(事相)을 다소간 구체적으로 드러내고 있다 하겠다. 영어권과 비교하면 이는 한층 더 차이를 보인다.

▸역사적 사실 : 가정오랑캐 맞듯/ 갑술 병정 흉년인가/ 강화 도령님인가 우두커니 앉았다/ 고려공사삼일/ 뜨겁기는 박태보가 살았을라구/ 문익공이 내려다 본다/ 사명당 사첫방/ 아산이 깨어지나, 평택이 무너지나?/ 이괄의 꽹과리/ 일진회 맥고모자/ 함흥차사

▸지리적 사실 : 강원도 안 가도 삼척/ 강원도 포수/ 내일은 삼수갑산을 가더라도/ 사람의 새끼는 서울로 보내고, 마소의 새끼는 제주로 보내라/ 수원 남양 사람은 발가벗겨도 삼십 리를 간다/ 인왕산 모르는 호랑이가 있나?

‣사회적 사실 : *반상 차별등(아전의 술 한 잔이 환자가 석 섬
이라고/ 푸른 양반/ 양반은 가는 데마다 상이요, 상놈은 가는 데
마다 일이라.)/ *척불·숭유(논밭은 다 팔아먹어도 향로 촛대는 지
닌다./ 죽어서 상여 뒤에 따라와야 자식이라./ 부처 밑을 기우리면
삼거웃이 드러난다/ 중이 고기 맛을 알면 절에 빈대가 안 남는
다.)/ *남녀의 성 차별(남편은 두레박 아내는 항아리/ 치마짜리가
똑똑하면 승전(承傳)막이 갈까?)/ *농경 생활(농사꾼이 죽어도 종
자는 베고 죽는다./ 소는 농가의 조상/ 하지를 지내면 발을 물꼬
에 담그고 산다.) *무속 신앙생활(싸움해 이한 데 없고, 굿해 해한
데 없다./ 안 되면 산소 탓/ 지신에 붙이고 성주에 붙인다.)

셋째, 한국의 설화, 및 문학을 반영한다.

속담의 생성과정의 하나가 설화나 문학을 바탕으로 한다고 하
였다. '가르친 사위' 계통의 설화 '노목궤'나, '업어온 중' 등이 이
러한 것이다. 그뿐 아니라, 서민 문학을 반영한 것은 '춘향전, 흥
부전, 심청전, 홍길동전' 등을 바탕으로 속담이 많이 생성되었다.
'억지 춘향이', '뺑덕어멈 같다'와 같이 소설 내용을 바탕으로 속
담이 형성되기도 하고, 작품에 쓰인 표현이 회자되면서 속담으로
정착되기도 하였다. 이러한 예로는 다음과 같은 것이 있다.

‣설화
가르친 사위/ 내 일 바빠 한댁 방아/ 대학을 가르칠라/ 동상전

에 들어갔나?/ 보릿고개가 태산보다 높다/ 수구문 차례/ 업어 온 중/ 중학생이 화간하고, 활인서 별제가 파직 당한다/ 충주 결은 고비/ 함흥차사/ 합천 해인사 밥이냐?

> ▸문학작품

놀부 심사라/ 뜨겁기는 박태보가 살았을라구?/ 목낭청조/ 박을 탔다./ 변학도 잔치에 이 도령 상/ 뺑덕어멈 같다./ 사명당의 사첫 방/ 소대성이 모양 잠만 자나?/ 억지 춘향이/ 자기 자식에겐 팥죽 주고, 의붓자식에겐 콩죽 먹인다./ 춘향이 집 가는 길 같다./ 홍길 동이 합천 해인사 털어먹듯

이밖에 판소리나, 인형극, 가면극을 반영한 '고수관이 딴전이라/ 끈 떨어진 망석중이/ 왜장녀 같다' 같은 것도 있다.

넷째, 한국적 속신, 속설이 많이 반영되어 있다.

속담은 통속성을 지닌다 하였다. 따라서 속담에는 속신·속설 이 많이 반영되어 있다. 이는 일반적 특성이다. 그런데 한국 속담 에는 한민족의 특성이 반영된다는 면에서 고유한 특성이다. 한국 속담에는 이러한 한국의 속신·속설이 많이 반영되어 있다.

> 개미가 거동하면 비가 온다./ 다리를 뻗고 밥 먹으면 가난하게 산다./ 다듬잇돌 베고 누우면 입이 비뚤어진다./ 달무리 한 지 사

흘이면 비가 온다./ 돼지가 깃을 물어들이면 비가 온다./ 밤에 손톱을 깎으면 도둑이 온다./ 봄 첫 갑자일에 비가 오면 백리중이 가물다./ 비 오는 날 머리를 감으면 대사 때 비가 온다./ 빈 다듬잇돌을 두들기면 어머니가 젖을 잃는다./ 사내가 바가지로 물을 마시면 수염이 안 난다./ 소나기 삼형제/ 숟가락을 멀리 잡으면 시집을 멀리 간다./ 아침 놀 저녁 비요, 저녁 놀 아침 비라./ 아침에 까치가 울면 좋은 일이 있고, 밤에 까마귀가 울면 대변이 있다./ 어려서 고생하면 부귀다남 한다./ 이야기를 좋아 하면 가난하게 산다./ 자면서 이를 갈면 가난해진다./ 제비가 사람을 얼르면 비가 온다./ 제비가 새끼를 많이 낳는 해는 풍년/ 첫봄에 흰 나비를 먼저 보면 초상난다./ 추운 소한은 있어도 추운 대한은 없다./

다섯째, 중국과 관련된 내용이 많다.

우리는 역사적으로 중국과 밀접한 교류관계를 가져 중국과 관련된 사실이 한국 속담에 많이 반영되고 있는 것을 볼 수 있다. 이들은 대부분 역사·지리·문화적인 것이다. 예를 들어보면 다음과 같다.

• 인물 : 강태공의 낚시질/ 곽분양의 팔자/ 말은 낳거든 시골로 보내고, 아이를 낳거든 공자의 문(門)으로 보내라/ 돈이 제갈량/ 동방삭이는 백지장도 높다고 하였단다/ 말 잘하기는 소진 장의로군/ 맹상군의 호백구 믿듯/ 유비가 한중 믿듯/ 손대성의 금수파 쓰듯/ 이태백도 술병 날 때가 있다/ 인물 좋으면 천하일색 양귀비/

장비는 만나면 싸움/ 조자룡이 헌창 쓰듯/ 조조는 웃다 망한다/

▸ 지명 : 갈수록 태산이라/ 낙양에 지가를 높인다/ 대국 고추는 작아도 맵다/ 동정 칠백리에 헌화 사설한다/ 만리장성을 써 보낸다/ 백년하청을 기다린다/ 보릿고개가 태산보다 높다/ 악양루도 식후경/ 제비는 작아도 강남 간다/ 여산풍경엔 헌 쪽박이라/

▸ 기타 : 대학을 가르칠라/ 배장수(수호전)/ 영소보전 북극천문에 턱 걸었다.

중국과의 관련 내용은 일본 속담에도 많이 보인다. 그러나 차이가 난다. 일본 속담에는 경서(經書) 등 고전의 글귀를 속담으로 녹인 것이 많다. 한국 속담에도 '의식이 풍족한 다음에야 예절을 안다.'와 같은 것이 있다. 그러나 이러한 예는 많지 않다. 중국과 관련된 사실은 고전 활용 여부도 일본과 차이가 있으나, 변형이 가해지는가 하면, 통속적인 것의 경우는 서로 다른 면을 보이기도 한다. 이러한 경향은 민족적 특성에 따라 차이를 드러내는 속담의 특수성이라 할 것이다. 이에 중국과 관련되는 한국 속담 내용은 한국적 특성을 지니는 것이라 하겠다. 한국 속담에 보이지 않는 일본 속담의 중국 관련 내용의 것을 몇 개 보면 다음과 같다.

愛は屋上の烏に及ぶ<陔餘叢考>/ 鸚鵡能く言ふとも飛鳥を離れ

ず<禮記>/　秋高く馬肥ひ<漢書>/　朝起は七つの徳あり<傳家寶>/
麻の中の蓬<孟子>/　恩を以て怨に報ず<老子>/　羹に懲りて賄を吹
く<離騷>/　晏子の御者/　一丁字を識らず<通俗編>/　一點紅<王齋詩
話>

## 4. 맺는 말

속담은 민족의 심지 성정과 역사·지리·사회·문화적 특성을 반
영한다. 이런 의미에서 한국 속담은 한민족의 심지 성정과 역사·지
리·사회·문화적 특성이 반영된다. 따라서 우리 속담에는 속담
일반의 특성과 함께 한민족 나름의 고유한 특성을 드러낸다.

이 글에서는 한국 속담의 일반적 특성과 함께 고유한 특성을
살펴보았다. 한국 속담에는 형식이나 내용면에서 속담 일반의 특
성이 나타나 있고, 고유한 특성이 아울러 보인다. 일반적 특성으
로는 형식면에서 간결성·운율성·통사적 특성·다양한 표현 형
식을 갖추고 있으며, 내용면에서 비평 풍자·교훈·지식 진리 전
달·인생 경계를 한다는 것이다. 그리고 수사적으로는 비유법·
대우법(對偶法)을 많이 쓴다는 것이다. 그리고 고유한 특성은 형식
상의 이중구조·한국의 역사 지리 사회 문화반영·한국의 설화
및 문학 반영·한국의 속신·속설 반영·중국 관련 내용이 많다

는 특성을 보인다.

한국 속담의 이러한 특성은 중국이나 일본과 비교할 때 차이를 드러낸다. 藤井(1978)는 일본 속담은 '경쾌(輕快) 낙이(樂易)의 기질이 있어, 심각 첨예의 뜻이 적'은 데 대하여, 중국의 속담은 '질실(質實) 침중(沈重)의 기질이 풍부하고', '용왕매진의 의기가 결여되고, 건곤일척의 장어(壯語)가 없고, 개구갹소(開口噱笑)의 쾌미(快味)가 없다.'고 하였다. 그리고 이들은 모두 그들의 생활과 성정과 관계가 있는 것이라 보았다. 이에 한국 속담을 견주어 보면 한국 속담은 일본 속담보다 좀 더 중국 속담의 특성에 기울어진다고 하겠다. 일본과 같은 '경쾌 낙이'가 부족하고, 중국과 같이 '질실 침중'한 기질에 좀 더 기울어지는 것으로 볼 수 있다. 따라서 한국 속담은 '용왕매진하는 의기'가 부족하고 쾌미가 적으며, 질실·침중하며 중용을 지향하는 특성을 지닌다고 할 수 있다.

참고문헌

박갑수(2015), 한국 속담의 일반성과 특수성(미발표).

(2015. 6. 24.)

# 한국 속담에 반영된 언어생활관

## 1. 서언

속담이란 민간에 널리 분포된 구비적 잠언(箴言)으로, 사회적 환경이 거기에 각인된 것이다. 이는 오랜 세월을 두고 인간이 대중의 지혜와 경험을 통해서 이루어 놓은 정신적 소산이다. 속담은 한 민족의 우수한 문학이며, 철학이며, 처세훈이라 할 수 있다. 여기에는 민족이나 국민의 성정(性情)과 기질이 반영되어 있으며, 도덕과 신앙이 드러나 있다.

우리의 '말'에 관한 속담은 오랜 세월에 걸쳐 사회적 승인을 받아 이루어진 우리 겨레의 언어에 대한 인식과 태도의 총화(總和)다. 우리 속담의 대부분은 '웅변은 은이고, 침묵은 금'이라는 금언이 지배적 권위를 누리던 봉건사회에서 이루어진 것이다. 속담은 개별적 사실이 사회적 승인을 받아 이루어지거나, 사회적 특정 국면을 바탕으로 이루어진 것이어 일반화할 수 없는 특수성을 지니기도 한다. 그리하여 속담은 그 내용이 한결같지 아니하고 정반대의 사실을 나타내기도 한다. 이는 우리 언어에 관한 속담도 마찬가지다.

언어에 관한 속담은 여러 가지가 있다. 그 대표적인 것에 '말', 또는 '언어'라는 말이 속담의 표면에 드러나 있는 것이 있는가 하면, '에 해 다르고 애 해 다르다'고 언어에 관한 내용을 간접적으로 표현한 것이 있다. 여기서는 '말'이란 말이 속담의 표면에 구체적으로 드러나 있는 속담을 중심으로 '말'에 관한 속담의 특성을 살펴보기로 한다. 이러한 속담은 이기문 편 '속담사전'(민중서관, 1962)에서 약 140개 추출된다. 여기서는 이 가운데 적극적으로 언어생활을 인도하는, 약 70개의 '지령적 표현'의 속담을 중심으로 우리 민족의 언어에 대한 태도, 나아가 언어관 및 언어생활관에 대해 살펴보기로 한다.


## 2. 속담에 반영된 언어 및 언어생활관

국어학자 이희승(李熙昇)은 이기문의 '속담사전'의 '서(序)'에서 이렇게 쓰고 있다.

속담은 말 중의 보옥이요, 말 속의 별이다. 그리하여 속담은 그 민족의 독특한 예지와 정서와 심리도 함께 포함하고 있다. 이러한

점에서는 그 민족을 알려며는 그 속담을 모르고는 그 민족을 말
할 수도 없고, 이해할 수도 없는 것이다.

우리의 말에 관한 속담에도 우리 민족의 심지(心志) 성정(性情)이
반영되어 있을 것임은 말할 것도 없다. 그러면 과연 어떤 언어심
리가 반영되어 있는 것일까?

우리 속담은 단순히 보고(報告)에 의해 어떤 내용을 전달함에 그
치지 아니하고, 대부분 지령적(指令的) 표현을 하고 있어 미래의 활
동을 조정하고, 지도하고, 영향을 주려 한다. 따라서 우리 겨레의
언어에 대한 반응은 보고적 언어의 표현보다 적극적 반응을 보이
는 지령적 표현의 속담을 살펴보는 것이 효과적일 것이다.

지령적 언어 용법(directive uses of language)이란 S.I. Hayakawa에 의
하면 '말로 인류의 미래 활동을 조정하고, 지도하고, 영향을 주는
노력'을 의미한다. 여기에는 명령이나 탄원, 요구, 지령을 포함할
수 있다. 이와 같이 말로 인간에 영향을 미치고, 또 미래의 일을
크게 조정하는 지령적 용법은 우리 속담에서 크게 두 가지 유형
으로 나타난다. 그 하나가 명령형이요, 다른 하나가 간접적인 은
근한 지령형이다. 전자는 '관 속에 들어가도 막말은 말라.'와 같
은 것이며. 후자는 '가는 말이 고와야 오는 말이 곱다.'와 같은
표현형이다. 우리 속담에는 후자의 유형이 많아 거의 배 이상이
나 된다. 이러한 속담은 또 그 내용면에서 볼 때 소극적인 언어

생활을 권장하는 것과 적극적인 언어생활을 권장하는 것의 두 가지 유형으로 나뉜다.

## (1) 소극적 언어생활의 추구

우리의 조선(祖先)들은 봉건적 사회의 규제 속에 생활하였다. 그들의 언행은 유교사상에 젖어 신중하고 착실한 것을 지향하였다. 그러니 자연 속담에 반영된 언어생활관은 경계(警戒)하고 삼가는 것이 주류를 이룬다. 실로 지난날의 봉건사회에서는 서민의 생사여탈권은 양반이 쥐고 있었고, 양반은 잦은 정란에 안전이 보장되지 않았다. 말 한마디가 조심스러웠다. 따라서 언중은 말을 삼가고 상대방에게 종순하는 소극적이고 부정적인 언어생활이 권장되었다. 특히 서민층이 그러하였다. 저들은 말을 많이 하지 아니하고, 삼가며, 과묵(寡默)하는 것을 미덕으로 여겼다.

- 말이 많으면 실언이 많다.
- 말이 많으면 쓸 말이 적다.
- 가루는 칠수록 고와지고, 말은 칠수록 거칠어진다.

말을 많이 하면 무엇보다 실언을 하게 되고, 또 말이 거칠어진다. 그래서 요설(饒舌)을 피하고, 되도록 말을 적게 하고자 하였다.

'말을 삼가라.'라는 속담은 위에 든 것 이외에 10여 개가 더 보인다.

> ‣ 낮말은 새가 듣고, 밤 말은 쥐가 듣는다.
> ‣ 밤 말은 쥐가 듣고, 낮말은 새가 듣는다.
> ‣ 발 없는 말이 천리 간다.
> ‣ 살은 쏘고 주워도, 말은 하고 못 줍는다.
> ‣ 쌀은 쏟고 주워도, 말은 하고 못 줍는다.
> ‣ 제게서 나온 말이 다시 제게로 돌아온다.
> ‣ 좁은 입으로 말하고, 넓은 치맛자락으로 못 막는다.
> ‣ 한번 한 말은 어디든지 날아간다.

말은 전파성(傳播性)이 넓고 큰가 하면, 한번 한 말은 돌이킬 수 없기 때문에 신중히 해야 한다고 여겼다.

> ‣ 숨은 내 쉬고, 말은 내 하지 마라.
> ‣ 관 속에 들어가도 막말은 말라.
> ‣ 바른말 하는 사람 귀여움 못 받는다.
> ‣ 못 할 말 하면 제 자손에 앙얼 간다.
> ‣ 혀 밑에 죽을 말 있다.

이들은 말이란 그 속성상 절대로 함부로 할 것이 아니라 보고, 신언(愼言)을 당부한 것이다. 이들 속담은 구설과 재앙을 두려워하고, 자기의 처세나 가족의 안전을 위하여 언어생활을 제대로 하지 못하고 벌벌 떨면서 살아야 했던 복종적 성격(submissive personality)의 서민생활상을 반영한 것이다. 저들의 삶은 언제나 '말을 삼가라, 그렇지 않으면 후환이 있으리라.'라는 것이었다.

그러나 언어생활의 제약은 말을 삼가는 정도로 족한 것이 아니었다. 이는 말을 하지 않아야 한다는 물언(勿言), 금언으로 확장되었다.

- 정들었다고 정 말 마라.
- 어미한테 한 말은 나고, 소한테 한 말은 안 난다.
- 소 앞에서 한 말은 안 나도 어미 귀에 한 말은 난다.
- 소더러 한 말은 안 나도, 처더러 한 말은 난다.
- 옥니박이 곱슬머리와는 말도 말아라.
- 들은 말 들은 데 버리고, 본 말 본 데 버려라.
- 이 떡 먹고 말 말아라.

사회적으로 사화(士禍)도 많고, 전란도 많았다. 세정(世情)이나 인심은 믿을 게 못 되었다. 그러니 어찌 경솔히 진정을 남에게 털어 놓겠는가? 더구나 여자는 말이 많기 때문에 그들에게는 말을 삼가다 못해 하지 말아야 할 사람으로 보았다. 그리하여 가장 가까운 어머니와 처에게까지 말을 삼가도록 했다. 곱슬머리와 옥니박이는 매우 인색하고 각박한 데서 말을 말라 한 것이다. 이렇게 말을 할 때에는 그 대상을 선별해서 해야 할 것으로 경계하였다. 그리고 말전주를 엄격히 금하였다. 말을 옮긴 뒤 생길지도 모를 구설을 두려웠기 때문이다. 시집살이를 벙어리, 장님, 귀머거리로 석 삼 년을 살라는 것도 다름 아닌, 말전주의 후환을 염려한 것이라 하겠다. 각박한 세상, 인정 한 푼어치 붙일 곳 없는 참상이 빚은 속담이다. '이 떡 먹고 말 말아라.'는 물론 뇌물을 주고 입막음을 한 것이다. 이를 보면 당시 사회의 부패상을 짐작하고도 남음이 있다. 이는 부패상과 함께, 언어의 역기능이 얼마나 암적 존재인가를 말하고 있는 것이다.

금언(禁言)의 속담으로는 또 험담을 하지 말라는 것이 있다.

- 내 말은 남이 하고, 남 말은 내가 한다.
- 범도 제 소리 하면 오고, 사람도 제 소리 하면 온다.
- 시골 놈 제 말 하면 온다.
- 호랑이도 제 말 하면 온다.

이는 소박한 언어 윤리이기도 하며, 또 하나의 언어로 인한 화근을 표현한 것이기도 하다. 저들은 남의 허물을 탓하게 되면 그가 온다고 함으로 남의 말을 삼가게 하였다.

또 저들은 인생을 무상하다 보았고, 자라는 자손에 대해 자신이 없었다. 그러기에 막말이나, 장담은 금물이었다.

- 입 찬 말은 묘 앞에 가서 하라.
- 쇠 모시 키우는 놈 하고, 자식 키우는 놈은 막말을 못한다.

그리고 신중한 언어생활을 반영하는 속담으로는 다음과 같은 것도 있다.

- 길이 아니거든 가지 말고, 말이 아니거든 듣지 마라.
- 말이 아니면 같지 마라.
- 길이 아니면 가지 말고, 말이 아니거든 탓하지 마라.
- 패군(敗軍)한 장수는 용맹을 말하지 않는다.
- 열 벙어리가 말을 해도 가만히 있거라.

이들은 약자가 지켜야 하는 적응의 윤리를 강조한 것이다. 저들은 말 같지 않은 것을 그냥 '같지 말고, 듣지 말고, 탓하지 말기'로만 만족하였다. 저들은 말을 잘못한 것이 아니라, 무심히 한마디 한 말로 변이 나는 것을 자주 목격하였으니, 공연한 일에 입을 끼어 넣어 화근을 자초할 필요가 없었던 것이다.

- 실없는 말이 송사 건다.
- 웃느라 한 말에 초상난다.

## (2) 적극적 언어생활의 추구

우리 속담에는 소극적·부정적 면만이 아닌, 적극적·긍정적 언어생활을 강조하는 속담도 많다. 수용과 방어와는 달리 적극성과 공격성을 드러내는 것이다. 이는 소극적 언어생활에서와는 달리 장광설을 환영하며, 말하기를 즐기고, 능변을 찬양하는 것이다. 사람의 일이나, 사회적 현상은 모두가 반드시 진리는 아니기 때문에 속담의 내용은 유리·상반되기도 한다.

더구나 Irving J. Lee도 언급하고 있듯, 언어는 단어의 일면밖에 반영하지 못한다. 사물은 무한한 속성을 지니고 있어 무엇이라 표현되었을 때 이미 그 일면만이 한정적으로 표현되기 때문이다. 그리고 우리의 민족성은 정치적 사회적 입장에서 볼 때 양반(지식계급)과 상민(일반대중)으로 나뉘어 지배를 하고 지배를 받는 두 계층으로 이루어졌다. 그리하여 일반대중인 상민(常民)은 여기서 벗어나 그들도 삶의 자유를 구가하고자 했다. 홍경래(洪景來)의 난이나, 전봉준(全奉準)의 봉기도 바로 이런 움직임의 일단이라 하겠다. 그러니 민중의 생활체험에서 우러나온 속담도 자연 이런 적극적이고 긍정적인 삶이 반영되게 마련이었다.

저들은 말은 구설과 재앙의 화근이라 생각하였지만, 할 말은 속 시원히 하여야 한다고도 생각하였다.

- 고기는 씹어야 맛이 나고, 말은 해야 시원하다.
- 고기는 씹어야 맛이요, 말은 해야 맛이다.
- 말은 해야 맛이고, 고기는 씹어야 맛이다.
- 죽어서도 무당 빌어 말하는데 살아서 말 못할까?
- 말 안 하면 귀신도 모른다.

'혀 밑에 죽을 말 있다.'고 한 민중이다. 위의 속담은 억압 속에서도 정의와 진리에 살겠다는 이 겨레의 가냘픈 소망의 표현이다. 아니면 억눌린 서민의 몸부림이라 하여도 좋다. '죽어서도 무당 빌어서 말하는데 살아서 말 못할까?'라고 자못 극단적인 생각까지 하였다. 이들은 속 시원히 말을 하되, 바른 말을 사실대로 해야 한다고 생각하였다.

- 거짓말하고 뺨맞는 것 보다 낫다.
- 단 장을 달지 않다고 말을 하여?
- 말은 바른대로 하고, 큰 고기는 내 앞에 놓아라.
- 입은 삐뚤어져도 말은 바로 해라.

이로 미루어 우리 민족은 공명정대하게 살려던 심지·성정을 지녔음을 추론할 수 있다.

그러면 이렇게 공명정대하게 말을 해야 한다고 생각한 이들의 언어에 대한 가치관은 어떠한가? 이들은 무엇보다 사회생활 및 처세의 수단으로 능변, 달변이 필요 불가결하다고 생각했다. 군자의 평가 기준인 신언서판(身言書判)의 언(言)이기보다 원만한 사회생활을 하기 위한 '말하기'를 높이 샀다.

- 말만 잘 하면 천 냥 빚도 가린다.
- 말 잘 하고 징역 가랴?
- 말 한마디로 천 냥 빚 갚는다.
- 천 냥 빚도 말로 갚는다.
- 말 한마디에 천금이 오르내린다.
- 힘센 아이 낳지 말고, 말 잘 하는 아이 낳아라.
- 일 잘 하는 아들 낳지 말고, 말 잘 하는 아들 낳아라.

그리하여 심한 경우는 '거짓말도 잘 하면 오려논 닷 마지기보다 낫다.'고 하는가 하면, '말이 고우면 비지 사러 갔다 두부 사 온다.'고까지 하였다. 이렇게 말은 잘 해야 하는 것으로 보았다.

또한 언어의 윤리로서 말은 차근차근 하여야 한다고 여겼다.

- 머리는 끝부터 가르고, 말은 밑부터 한다.

말을 주고받는 수작(酬酌)의 원리는 '가는 말이 고와야 오는 말이 곱다.', '오는 말이 고와야 가는 말이 곱다.'고 상대에 따라 응대가 달라지는 것이니, 점잖고 부드러운 말을 하도록 주문하였다.

특히 듣는 사람의 윤리는 오히려 엄하다고 할 정도여서 '철없는 아이 말', 나아가 '광부(狂夫)의 말'까지도 귀를 기울이라고 하였고, 심하면 강요하기까지 하였다.

- 오는 말이 미우면 가는 말이 밉다.
- 애기업개 말도 귀담아 들어라.
- 아이 말도 귀여겨 들어라.
- 늙은이도 세 살 먹은 아이 말을 귀담아 들어라.
- 광부의 말도 성인(聖人)이 가려 쓴다.
- 쑥떡같이 말 말아라.

그러나 말을 곧이곧대로 다 받아드리라는 것은 아니다. 듣는 사람이 알아서 가려들어야 한다고 보았다.

- 한 편 말만 듣고 송사 못 한다.
- 안방에 가면 시어머니 말이 옳고, 부엌에 가면 며느리 말이 옳다.
- 여자의 말은 잘 들어도 폐가하고, 안 들어도 망신한다.
- 남의 말 다 들으면 목에 칼 벗을 날 없다.
- 아이 말 듣고 배딴다.

그리고 '듣기 좋은 이야기도 늘 들으면 싫다'고 되풀이되는 말에 짜증도 내고, 이와는 달리 누구를 시켜 말하기보다 자기가 직접 찾아가 말하는 것이 빠르다고 화법(話法)을 일러 주기도 한다.

우리 속담은 이렇게 소극적·부정적 언어생활과 적극적·긍정적인 언어생활의 두 가지 유형으로 나뉜다. 이들 가운데 주류를 이루는 것은 역시 사회적인 배경으로 말미암아 소극적·부정적 언어생활이었다. 다만 이런 가운데 상황에 따라 적극적·긍정적인 언어생활을 권장하였다 할 것이다.


## 3. 결어

속담은 오랜 세월에 걸쳐 응결된 민중의 지혜가 민중의 승인을 받아 정착됨으로 생활의 지침이 된 것이다. 우리 속담은 봉건적 시대를 배경으로 하여 생성된 것이다. 따라서 언어 사용에 있어 소극적 부정적 면을 많이 반영하고 있다. 그러나 이에 그치는 것은 아니다. 억눌린 서민은 내면적으로 이에서 벗어나려 몸부림쳤다. 그리하여 '힘세고', '일 잘하는' 아이보다 '말 잘' 해서 출세할 아들이 소원이었고, '말'이 '천 냥', 혹은 '천금'에 해당하는 것으로 보았다. 그래서 저들은 '구설의 두려움, 남남세언(喃喃細言)의 부허성(浮虛性), 과묵의 위엄'보다는 오히려 '말의 중요성, 공명한 발언의 필요성, 상대방의 발언 경청'에 눈을 떴다.

오늘날은 민주사회다. 각자의 의견이 존중되고, 자기의 의사를 발표해야 하는 시대다. '침묵이 금'이라는 것도 일리가 없는 것은 아니나, 분명히 의사를 밝히는 것이 보다 필요하고 합리적이다. 속담에 반영된 언어관 내지 언어생활에 대한 교훈을 참고하며, 새로운 언어관 내지 언어생활의 윤리를 확립하여 건전한 언어생활을 하도록 하여야 하겠다.

* 이 글은 '속담에 반영된 언어관', 박갑수, 『국어의 표현과 순화론』, 지학사, 1984를 2015년 개고한 것이다.

# 속담에 반영된 딸과 며느리
## — 한·일·영어의 발상과 표현 —

## 1. 서언

    '며느리라는 이름이 붙으면 내 자식도 밉다.'

    이는 일본의 속담이다. 같은 사람이라도 이름을 바꾸면 이렇게 달라지는 것인가? 아니면 사람의 역할이 달라지면 애증(愛憎)의 감정이 이렇게 천양의 차이를 보이는 것인가?

    속담은 그 사회의 전통과 제도, 그리고 그 사회 구성원의 심지 성정(心志性情)을 반영한다. 그렇다면 우리의 '딸'과 '며느리'는 속담에서 어떤 위상, 어떤 모습을 보이는 것일까? 우리 속담에 반영된 우리 조선(祖先)들의 발상과 표현을 더듬어 보기로 한다. 일본어와 영어권의 속담과 비교하면서…….

    사물에 관한 속담은 그 사물의 이름이 들려지는 경우와 그렇지 아니하고 비유나 상징을 통해 간접적으로 표현되는 경우가 있다.

여기서는 '딸'과 '며느리'란 말이 구체적으로 문면에 드러나 있는 속담만을 대상으로 하여 보기로 한다.

속담은 다음 자료를 바탕으로 논의될 것이다.

이기문(1962), 속담사전, 민중서관

藤井乙男(1979), 諺語大辭典, 日本圖書

大塚高信・高瀬省三(1976), 英語諺辭典, 岩波書店


## 2. '딸'과 관련된 속담

딸에 관한 속담은 우리의 경우 약 30개가 있다. 일본의 경우는 열댓 개, 영어의 경우는 그 수가 많아 약 50개나 된다.

우리 속담에 반영된 딸은 첫째, 사랑스러운 존재로 나타난다. 이는 흔히 며느리와 대조하여 표현되는데, 이들은 각각 사랑과 미움이란 대조적 대상으로 나타난다.

가을볕에는 딸을 쪼이고, 봄볕에는 며느리를 쪼인다.

배 썩은 것은 딸을 주고, 밤 썩은 것은 며느리 준다.

죽 먹은 설거지는 딸 시키고, 비빔 그릇 설거지는 며느리 시킨다.

딸 손자는 가을볕에 놀리고, 아들 손자는 봄볕에 놀린다.

딸의 시앗은 바늘방석에 앉히고, 며느리 시앗은 꽃방석에 앉힌다.

살갗은 '가을볕'보다 '봄볕'에 거칠어지고, 잘 탄다. 그래서 '봄볕'에는 딸이나 딸 손자, 곧 외손자를 쐬게 하지 않는다. 똑같이 썩은 것이라 하여도 배 썩은 것이 밤 썩은 것보다는 낫기에 이는 딸에게 준다. 시앗(妾)에 대한 태도도 딸과 며느리에 따라 애증을 달리 하여 심한 차이를 보인다.

둘째, 딸은 '도둑'으로 나타난다. 딸을 출가시키자면 많은 돈이 들기 때문에 이렇게 인식된 것이다.

딸 셋을 여의면 기둥뿌리가 팬다.
딸 셋이면 문 열어놓고 잔다.

또 '딸은 산적 도둑이라네.'라고 하여 음식이나 곡식 등을 시집으로 가져가는 사람이다. '딸의 차반은 재 넘어가고, 며느리 차반은 농 위에 둔다.'도 같은 내용의 것이다.

딸을 도둑으로 표현한 것은 일본 속담에도 많이 보인다. '딸아이는 강도 여덟 사람', '딸 하나에 일곱 장(檣)을 열었다.', '따 셋을 두면 재산을 탕진한다.', '딸아이의 작은 주머니는 생각보다 많이 들어간다.' 같은 것이 그것이다. 일본에도 딸의 혼비(婚費)가 많이 들어가기에 이런 속담이 생겨난 것이다. 영어권의 속담 '두 딸과 하나의 뒷문은 악명 높은 도둑이다(Two daughters and a back door are three arrant thieves)'도 같은 발상의 표현이다. 딸의 결혼에 돈이 많이 들어가는 것은 동서양이 같은 모양이다.

셋째, 딸은 어려운 남으로 표현된다. 딸은 출가외인(出嫁外人)이라고, 타인으로 의식되고, 어려운 존재로 여겼다. 그래서 남처럼 형식을 갖추어야 했고, 조심스러웠다.

> 딸의 굿에 가도 전대가 셋
> 딸의 굿에를 가도 자루 아홉을 가지고 간다.
> 아들네 집 가 밥 먹고, 딸네 집 가 물 마신다.
> 영감 밥은 누워 먹고, 아들 밥은 앉아 먹고, 딸의 밥은 서서 먹
> 는다.

넷째, 딸은 서운한 존재로 표현된다. 남존여비 사상 때문에 딸은 이미 태어날 때부터 서운한 존재였다. 그리고 또 시집을 가며 부모에게 서운한 마음을 안겨 주었다. 이러한 상황을 반영하는 속담이 '딸은 두 번 서운하다'라는 것이다.

우리 속담과는 달리 일어와 영어권의 속담에는 모전여전(母傳女傳)을 나타내는 속담이 많다. '딸은 어머니를 따른다.', '딸을 보기보다 어머니를 보라.'는 일본의 속담이고, '딸은 어머니의 발자취를 따른다.', '모녀 상사'는 영어 속담이다. 영어 속담은 한 수 더 떠 '어머니가 솥 안에 들어간 적이 없다면, 딸은 결코 거기서 찾

지 않는다.'고까지 한다. 이밖에 영어 속담에서는 딸은 아들과는 달리 결혼 적령기에, 그것도 혼인을 시킬 수 있을 때에 시키라고 한다. 일본 속담도 적기(適期)에, 또는 연말에 결혼시킬 것을 권하고 있다. 이러한 생각은 비록 속담에는 반영되어 있지 않지만 우리 조상들도 가지고 있던 생각이다. 노처녀가 되기 전에, 추수(秋收) 뒤에 '치운다'고 한 것이 그것이다. 그리고 영어 속담에는 어머니의 물렁한 교육을 경계하는 것이 많다. '걸음이 가벼운 어머니는 걸음이 무거운 딸을 만든다(Light-heeled mothers make leaden-heeled daughters.)'도 이러한 것의 하나다. 어머니가 바지런하면 딸은 게으름뱅이가 된다는 말이다.

## 3. '며느리'와 관련된 속담

며느리에 관한 속담은 우리의 경우 약 60개나 된다. 이에 대해 일본 속담은 그 반인 30여 개, 영어 속담은 겨우 두 개뿐이다. 우리에게는 며느리가, 서양에서는 아내가 그만큼 비중이 컸음을 보여 주는 단면이다.

우리 속담에 반영된 며느리는 첫째, 증오의 대상으로 나타난다. 이는 딸을 살피는 자리에서 확인된 것으로, 고부(姑婦) 갈등을 나

타낸 것이다. 이러한 속담은 딸과 대조시켜 표현한 것 외에 다음
과 같은 것도 보인다.

열 사위는 밉지 아니하여도 한 며느리가 밉다.
미운 열 사위 없고, 고운 외며느리 없다.
며느리 시앗은 열도 귀엽고, 자기 시앗은 하나도 밉다.
흉이 없으면 며느리 다리가 희단다.
굿하고 싶어도 맏며느리 춤추는 꼴 보기 싫다.

이러한 고부갈등은 일본 속담에도 많이 보인다. 이 글의 서두
에 보인 '며느리라는 이름이 붙으면 내 자식도 밉다.'는 그 대표적
인 것이다. '며느리와 시어미, 개와 원숭이', '며느리와 시어미 사
이가 좋은 것은 뜻밖의 일'도 이러한 것이다. 영어 속담 '시어미와
며느리는 폭풍우요, 마구 쏟아지는 우박이다.'도 같은 것이다.

며느리와 사위는 다 같이 타성(他姓)의 사람이다. 그런데도 사위
는 사랑을 받고, 며느리는 미움을 받는다. 이는 시어머니의 입장
에서 볼 때, 며느리는 내 사랑하는 아들을 빼앗아간 적대자이기
때문이라 하겠다. 고부간의 갈등은 이른바 오이디프스(eudiphs) 콤
플렉스가 발현된 것이다.

둘째, 며느리는 시아버지의 사랑을 받는다. 며느리는 시어머니
의 미움을 받는 대신 시아버지의 사랑을 받는다. 이는 오이디프

스 콤플렉스의 전형이라 하겠다.

　　며느리 사랑은 시아버지, 사위 사랑은 장모
　　사위 사랑은 장모, 며느리 사랑은 시아버지
　　장모는 사위가 곰보라도 예뻐하고, 시아버지는 며느리가 뻐드
　렁니에 애꾸라도 예뻐한다.


　셋째, 며느리는 공을 인정받지 못한다. 며느리는 '들 적 며느리, 날 적 송아지'라고 고된 일만 하며 산다. 그리고 대를 이을 자식을 낳아 준다. 그런데도 그 공이 인정되지 않는다. '고양이 덕과 며느리 덕은 모른다.'나, 여기서 한 단계 더 나아가 '고양이 덕은 알고, 며느리 덕은 모른다.'는 속담은 이러한 사정을 반영한 것이다.

　넷째, 며느리는 고부간의 갈등을 계승하는 존재다. 시어머니에게 학대를 받고 고생한 며느리라면 내 며느리는 학대하지 않을 법도 하다. 그렇건만 현실은 오히려 더 심하게 나타나는 것으로 본다. '며느리 자라 시어미 되니 시어미 티 더 한다.'가 그것이다. 이는 정약용의 '이담속찬(耳談續纂)'에 보이는 것으로, 일본 속담에도 '며느리가 시어미 된다.'로 나타나고 있다. 영어 속담 '시어미는 자기가 며느리였다는 것을 기억하지 않는다.'도 이러한 것이다. 이러고 보면 고부간의 갈등은 영원히 사라질 수 없는 것인지도 모른다.

다섯째, 며느리는 시집 귀신이 되어야 한다고 본다. 이는 개가 (改嫁)를 금지한 유교의 윤리가 여인을 구속하는 것이다. 그리하여 '사위는 백년이요, 며느리는 종신 식구'라고 하였다. 이는 영어권 속담에서 '아들은 그가 결혼할 때까지 내 아들이고, 딸은 그의 일생 내 딸이다.'라고 영원한 딸로 보는 것과 대조적이다. '영원한 딸'이란 사위가 장모를 극진히 위함을 의미한다.

일본 속담에는 우리와는 다른, 좀 색다른 것도 보인다. 그것은 며느리는 자기네보다 낮은 데에서 구하라는 것이다. '며느리는 아래에서, 사위는 위에서', '며느리는 뜰에서 얻어라.', '며느리는 숲에서 취하라.' 같은 것이 이런 것이다. 이러한 속담은 헤브루 속담에도 보이는 것이다. '네가 아내를 맞을 때에는 사다리를 내려가라; 친구를 선택할 때는 올라가라.'고 한다. 일본 속담에는 또 '며느리 교육은 처음에 하라.'가 보인다. 이는 우리의 '색시 그루는 다홍치마 적에 앉혀야 한다.'와 같은 발상의 표현이다.

이상 속담에 반영된 딸과 며느리에 대해 살펴보았다. 오늘날의 여인들을 보며 그간 세상이 많이도 변했다는 생각을 하게 된다. 과거와는 달리 우리 여인들은 최고의 권리와 자유를 누리는 시대에 살고 있기 때문이다.

(한글＋漢字문화·2001년 3월호)

# 속담 속의 까막까치와 참새

## 1. 서언

칠석(七夕)이 가까이 다가오고 있다. 이날 밤에는 은하수(銀河水)를 사이에 두고 동서로 갈려 있는 견우(牽牛)와 직녀(織女)가 1년에 한 번 만난다는 전설이 깃들어 있는 날이다. 이날 까막까치는 사랑하면서도 1년 내내 헤어져 있는 견우와 직녀를 안타깝게 여겨 이들을 위해 사랑의 가교를 만들어 준다고 한다. 이것이 소위 오작교(烏鵲橋)다. 그래서 칠석날은 까막까치를 볼 수 없는가 하면, 그 이튿날엔 머리의 털이 다 빠진 것을 보게 된다고 한다. 까막까치가 머리를 맞대어 오작교를 놓고 직녀가 건너가게 했기 때문에 머리털이 다 빠졌다는 것이다.

까막까치들은 사랑하는 연인들을 위해 일 년에 한번 대견한 일을 한다. 이런 사랑의 천사들을 위해 금년에는 이들이 속담에 어떻게 나타나 있는지 살펴보기로 한다. 그것도 일어 및 영어 속담과 비교하여 보기로 한다. 일본에는 까치에 관한 속담이 거의 전

무한 형편이다. 이에 '꿩 대신 닭'은 아니지만, 까치걸음을 걷는 '참새'도 아울러 살펴보기로 한다. 속담은 다음 자료를 바탕으로 하여 추출된 것이다.

이기문(1962), 속담사전, 민중서관
藤井乙男(1979), 諺語大辭典, 日本圖書
大塚高信・高瀬省三(1976), 英語諺辭典, 岩波書店


## 2. 속담에 반영된 까마귀

까마귀와 관련된 속담은 한국어의 경우 48개, 일본어 42개, 영어 49개가 보인다. 서양 신화에서는 까맣고, 예언 능력이 있고, 썩은 고기를 먹는 새 전부를 까마귀라 한다. 우리의 경우도 '까마귀'란 이름이 그 빛깔이 '까맣다'는 데 연유한다. 따라서 까마귀의 특성은 무엇보다 '검다'는 것이 가장 큰 특성이라 하겠다. 이러한 속담에는 다음과 같은 것이 있다.

까마귀가 검기로 마음도 검겠나?
까마귀 검어도 살은 아니 검다.
까마귀 검다고 속조차 검을 줄 아느냐?

이렇게 까마귀는 겉이 검지, 살과 속은 검지 않은 것으로 본다. 까마귀는 이런 외형과는 달리, 일반적으로 흉조로 보기 때문에 '죽음', '불길'을 많이 나타낸다. '까마귀가 울면 사람이 죽는다.', '초상이 나려면 까마귀가 깍깍 짖는다.', '병환에 까마귀'는 죽음과 관련된 것이고, '까마귀 열두 소리에 하나도 좋지 않다.', '아침에 까치가 울면 좋은 일이 있고, 밤에 까마귀가 울면 대변(大變)이 있다.', '염병에 까마귀 소리', '돌림병에 까마귀 소리' 등은 불길하다는 것과 관련이 있는 속담이다. '죽음'이나 '불길'과 관련된 것은 대부분 까마귀 소리와 관련된 것이다.

이밖에 까마귀는 '망각'과 관련을 갖는다. 우리는 까마귀가 무엇을 잘 잊는 성격의 새라 본다. 그리하여 무엇을 잘 잊으면 '까마귀 고기를 먹었나?'란 속담을 인용한다. '까마귀 떡 감추듯', '까마귀가 알 물어다 감추듯 한다.'도 다 같은 까마귀의 망각적(忘却的) 특성을 나타내는 것이다.

이 밖에 까마귀는 효도를 하는 새로 형상화된다. 이는 까마귀를 반포조(反哺鳥)라 하는 것과 관련된다. '까마귀 안 받아 먹듯'이 그 보기다.

이러한 한국의 속담의 특성은 대체로 일본 속담에도 그대로 나타난다. 이들 예를 한두 개씩 보면 다음과 같다.

검다 : 까마귀 머리가 하얗게 될 때까지/ 까마귀의 검은 것은

갈고닦아도 듣지 않는다.

불길 : 까마귀 울음이 좋지 않다./ 까마귀 소리를 흉내 내면 입
　　　 귀에 염증이 생긴다.

망각 : 까마귀의 밤 묻기/ 까마귀의 물건 감추기

효도 : 까마귀는 어버이의 은혜를 갚는다./ 까마귀는 새 중의 증
　　　 삼(曾參)


'죽음'에 관한 속담은 차이가 있다. 한국의 경우는 죽음이 까마
귀의 울음과 연관되는데, 일본의 경우는 그렇지 않다. '까마귀가
물을 끼었으면 이웃사람이 죽는다.'와 같이 목욕과 오히려 관련이
있다. 일본 속담에는 이 밖에 한국 속담에 보이지 않는 점후(占
候), 예지(豫知) 관계 속담이 보인다. '새가 목욕을 하면 비가 온
다.', '까마귀는 삼년 앞을 안다.'와 같은 것이 그것이다.

영어 속담에는 '검정'과 '배신'의 이미지를 나타내는 것이 많다.
'까마귀는 그의 날개를 더 검게 할 수 없다.', '까마귀는 그의 깃
을 더 검게 할 수 없다.'는 속담은 까마귀가 더 할 수 없이 검다
는 것을 나타낸다. 까마귀는 먹이를 주거나 기르면 은혜를 갚는
것이 아니라, 배신한다고 본다. '까마귀를 기르면, 그가 너의 눈을
쪼아낼 것이다.'와 같은 것이 그것이다. 영어 속담에는 이 밖에
까마귀가 농사에 피해를 주어 처치 대상이라거나, 까마귀가 파종
한 씨를 파먹기 때문에 파종을 좀 더 많이 해야 한다는 속담이

여럿 보인다. 까마귀와 관련된 속담에 불길하다거나, 효도를 나타
내는 것은 보이지 않는다.


## 3. 속담에 반영된 까치

까치와 관련된 속담은 한국의 경우 10개, 일본의 경우 1개, 영
어권의 경우 8개가 보인다. 까치는 일본의 경우는 규슈(九州)의 일
부 지역에만 분포되어 천연기념물로 지정될 정도로 귀하다. 일본
에는 까치보다 까마귀가 흔하다.

까치는 우리 속담에서 앞에서도 보았듯, '아침에 까치가 울면
좋은 일이 있고, 밤에 까마귀가 울면 대변이 있다'고 할 정도로
희작(喜鵲)이라 일러진다. 그리고 까치는 조잘거리기를 잘 하는 것
으로 본다. '조잘거리기는 아침 까치로구나.', '종잘거리기는 아침
까치로구나.'가 그것이다. 그리고 까치는 집을 잘 뺏기는 새로 알
려져 있다. '까마귀가 까치집을 뺏는다.', '소리개 까치집 빼앗다.'
가 이런 것이다. 그리고 이는 말쑥하고 날씬한 용모와는 달리 배
가 희어 흰소리 잘하는 사람에 비유된다. 또한 까치와 같은 미물
도 집이 있고 먹을 것이 있다하여, 집 없는 것을 한탄하고, 사람
이 먹을 것이 없어서야 되겠느냐고 자위를 하게 한다. '까막까치

도 집이 있다', '날아다니는 까막까치도 제밥은 있다.'가 그것이다.

일본의 속담은 오작교를 이르는 '까치의 다리(鵲の橋)' 하나가 있을 뿐이다. 이는 회남자(淮南子)에 의하면 오작이 은하를 건너는 다리로서 만들어 직녀성을 건너게 하는 것으로 되어 있다.

영어권의 속담에서 까치는 주로 '시끄럽다', '말이 많다'는 이미지를 나타낸다. 다음의 속담이 이런 것이다.

> 까치와 같이 시끄럽게 떠든다.
> 까치와 같이 설교한다.

> 여자와 까치는 언제나 재잘거린다.
> 세계의 사람에게 알리려는 것이 아니면 여자와 까치에게는 아
> 무것도 말하지 말라.

그리고 까마귀의 경우와 같이 까치가 농작물에 폐해를 주기 때문에 3월에 잡거나, 피난처를 찾도록 소원하러 가라고 권하는 것을 보여 준다.

## 4. 속담에 반영된 참새

참새와 관련된 속담은 한국 15개, 일본 21개, 영어권 5개가 보인다. 한국의 경우 참새는 집 주변에서 볼 수 있는 가장 흔한 새다. 우리 속담에 반영된 참새는 '이익에 집착한다', '작으나 제 구실을 한다', '재잘거린다', '반항을 한다', '뛰지 걷지 않는다'와 같은 특성을 지니는 것으로 나타난다.

'이익에 집착한다'는 속담으로는 '참새가 방앗간을 그저 지나랴?', '참새 방앗간이지.'와 같은 것이 있다. 이는 자기에게 유익하거나, 욕심나는 것이 있는 경우 지나치지 못함을 의미한다. '참새는 작아도 알만 잘 깐다.', '참새는 작아도 일만 잘 한다.'는 참새가 작으나 제 구실을 잘 한다는 것을 나타낸다. '재잘거린다'거나, '조잘거린다'는 말은 말이 많은 것, 특히 잔소리가 많은 것을 가리킨다. '참새를 까먹었다.', '참새를 볶아 먹었나, 재잘거리기도 잘한다.'와 같은 속담이 이런 특성을 드러내는 것이다. '반항한다'는 특성은 참새가 작고 약한 새이나, 심히 괴롭히면 반항하고 대항한다는 것이다. '참새가 죽어도 짹한다.'나 '참새가 방앗간에 치어 죽어도 짹하고 죽는다.'가 이런 것이다. '걷는 참새를 보면 그 해에 대과한다'는 참새는 뛰지 걷지 않는다는 것을 비유적으로 나타낸 속담이다. 이 밖에 '천 마리 참새가 한 마리 봉만 못하다.'와 같은 속담이 있는데, 이는 참새의 질이 좋은 것은 못 됨을 말한 것이다, 그러나 참새가 소의 등에 앉아 '네 고기 열 점이 내 고기 한 점만 하냐?'고 한다고 하듯, 참새는 질적 자부심도 가진 새이기도 하다.

일본 속담에서 참새는 '시끄럽게 지저귄다', '변변치 않다', '뛰는 습성이 있다'와 같은 것이 주요 특성으로 나타난다. '시끄럽다'는 것은 한국·일본·영어권에서 다 같이 나타나는 특성이다. '참새의 지저귐 같다'가 이런 속담이다. 이는 참새의 지저귐이 시끄럽다는 말이다. '변변치 않다'는 것은 '참새의 천성(千聲), 학의 일성(一聲)'과 같은 것이 그것이다. 이는 질적 차이를 나타내는 것이기도 하다. '참새의 눈물만큼'은 매우 적음을 뜻해 역시 질과 관련된 속담이라 할 것이다. 참새는 시끄럽게 지저귀는 것과 함께 걷지 않고 뛴다는 것이 또 하나의 특성이다. '참새의 종종 뛰기(小躍)', '참새는 백까지 뛰는 것을 쉬지 않는다.'나, '참새는 백까지 뛰는 것을 잊지 않는다.'는 속담이 다 이런 것이다. 이들은 끊임없이 뛰(踊)는 참새의 습성과 함께, 이런 습성을 고치기 힘들다는 것을 나타낸다. 이 밖의 대부분의 속담은 참새가 비유로서 쓰인 것이다.

영어권 속담의 참새는 별다른 특성을 보이지 않는다. 특수한 예가 하나 있다면 그것은 '늙은 새는 길들이기 힘들다.'는 것이다. 이는 반드시 참새의 특성이라기보다 생물의 특성이라 할 것이다. 일본 속담 '참새는 백까지 뛰는 것을 쉬지 않는다.'는 본질적으로 길들이기나 순화가 힘들다는 것을 나타내는 속담이다.

# 5. 결어

  속담 속의 까막까치와 참새에 대해 한국 속담을 중심으로, 일·영의 속담까지 아울러 살펴보았다. 이들은 인류 공통의 성격과 함께, 민족적 특성에 따라 같고 다름을 보인다.

  까마귀는 한·일·영 다 같이 그 외형에 따라 '검다'는 특성을 드러낸다. 그리고 한·일 속담은 또 '불길, 망각, 효도'라는 특성까지 같이 한다. 이러한 공통성과는 달리 일본 속담은 우리와는 달리 까마귀의 '점후(占候), 예지성(豫知性)'을 드러내고, 영어권 속담은 '배신(背信)'의 이미지를 강하게 드러내는가 하면, 농작물에 피해를 주어 '처치의 대상'으로 본다는 차이를 보인다.

  까치는 한영 속담에서 많이 조잘댄다, 시끄럽다는 공통성을 보인다. 그리고 한국 속담에서는 무엇보다 까치가 기쁜 소식을 전한다는 특성과 함께, 흰소리를 잘 한다, 집을 잘 뺏긴다는 특성을 드러낸다. 이에 대해 일본 속담은 사랑의 '까치의 다리' 하나가 보일 뿐이다. 그리고 영어 속담에는 농작물에 폐해를 주어 처치의 대상이라는 것이 추가된다.

  참새는 삼국의 속담에 시끄럽게 재잘거린다는 공통 특성을 보인다. 이 밖에 한국 속담은 '이익에 집착한다, 작으나 제 구실을 한다, 괴롭힐 때 반항한다'는 특성을 나타낸다. 이에 대해 일본 속담은 '질적으로 변변치 않다, 뛰는 습성이 있다'는 특성이 추가된다. '까치걸음'과 함께 참새의 종종걸음은 이들의 특성이다. '까치걸음'은 삼국의 속담에 전혀 반영되어 있지 않고, 참새의 '종종걸음(踊)'은 한일 속담에 강하게 부각되어 있다. 영어 속담은 특이성이 드러나지 않는다.

비교를 통해 특성은 드러난다. 평범한 조류이나, 이렇게 비교를 통해 우리의 정체성을 확인해 보는 것은 바람직한 일이다. 사물의 실체를 좀 더 많이 잘 알았으면 좋겠다.

(2015년 음 6월 17일)

# 속담 색인

## 한국속담

ㄱ

452

## 외국속담

454